विषाद मठ

विषाद मठ

रांगेय राघव

अनन्य प्रकाशन

प्रकाशक : *अनन्य प्रकाशन*
ई-17, पंचशील गार्डन, नवीन शाहदरा
दिल्ली-110032
फोन नं. 011-22825606, 22824606
E-mail : prakashanananya@gmail.com

संस्करण : 2025

आईएसबीएन : 978-81-961081-7-5

मूल्य : ₹ 175

शब्द-संयोजन : कम्प्यूटेक सिस्टम, दिल्ली-110032

मुद्रक : हर्ष प्रिंटर्स, दिल्ली-110094

VISHAD MATH
by Rangeya Raghava

दो शब्द

जब मुगलों का राज्य समाप्त होने पर आया था तब बंगाल की हरी-भरी धरती पर अकाल पड़ा था। उस समय बंकिमचंद्र चटर्जी ने 'आनंद मठ' लिखा था। जब अँगरेज़ों का राज्य समाप्त होने पर आया तब फिर बंगाल की हरी-भरी धरती पर अकाल पड़ा। उसका वर्णन करते हुए मैंने इसीलिए इस पुस्तक को 'विषाद मठ' नाम दिया।

प्रस्तुत उपन्यास तत्कालीन जनता का सच्चा इतिहास है। इसमें एक भी अत्युक्ति नहीं, कहीं भी ज़बर्दस्ती अकाल की भीषणता को गढ़ने के लिए कोई मनगढ़ंत कहानी नहीं। जो कुछ है, यदि सामान्य रूप से दिमाग में, बहुत अमानुषिक होने के कारण, आसानी से नहीं बैठता, तब भी अविश्वास की निर्बलता दिखाकर ही इतिहास को भी तो फुसलाया नहीं जा सकता।

'विषाद मठ' हमारे भारतीय साहित्य की महान परंपरा की एक छोटी-सी कड़ी है। जीवन अपार है, अपार वेदना भी है, किंतु यह शृंखला भी अपना स्थायी महत्त्व रखती है।

–रांगेय राघव

पुरानी कहानी

साँझ बीत चली थी। झोंपड़ों पर अँधेरा छाने लगा था। पेड़ों पर धुँधलापन रात की नीरव कालिमा की तरह मँडराने लगा था। जंगल में दूर कोई मधुर स्वर हवा की झूम में मचलता और कोमल-सा दिशाओं में व्याप उठता था। नीले आसमान में दूज का कँटीला चाँद तैर रहा था। दूर-दूर फैले हुए तारे रात की सनसनाहट से काँप उठते थे।

एक ओर मछुओं का गाँव था दूसरी ओर ताल के परे किसानों, मुख्यतः किसानों का। चारों तरफ हरियाली छा रही थी। तालों पर नीले रंग के बैंगनी फूल खिल रहे थे। मच्छरों से घिरे तालों पर जब हवा गूँजती थी, पेड़ सनसना उठते थे और उन पेड़ों के बीच-बीच में बसे बाँसों के घरों में हवा खटर-खटर कर उठती थी, या ऊपर लगे टीनों के ऊपर से फिसलती भाग जाती थी। गाँव में अनेक पाड़े थे। उसका नाम था उत्तरी कटोली। कर्णफूली चटगाँव के एक ओर थी, तो गाँव दूसरी तरफ और समुद्र, पास ही गाँव से, गरजता था, लरजता था, फेन तीर पर फुंकार उठते थे, मछुओं की अधिकांश नावें सरकार ने ले ली थीं; क्योंकि जापानी हमले का खतरा था।

शाम को ही मछुए नावें किनारे से सटा देते और शोर मचाते हुए जालों को खींचने लगते। मछुआरिनें मछलियों को बड़ी साध से उठाकर डलियों में, टोकरियों में सजाकर रखतीं और बच्चे ऊधम करते हुए एक-दूसरे के पीछे दौड़ा करते या पानी में कूद-कूद हो-हल्ला करते। बूढ़े अपने नारियलों पर से मुँह हटाकर कहते, ''अरे, क्या गाँव नहीं लौटना है अब? रात घिरने लगी।'' और सारा का सारा समाज एक शोरगुल करता धीरे-धीरे लौटने लगता। घर की बूढ़ियाँ भात पकाकर रख देती और अपने-अपने चबूतरों पर खड़ी हो, चिल्ला-चिल्लाकर लड़तीं या बातें करतीं। ''हरिकृष्ण के बच्चे ने आज चरन की बड़ी मछली का काँटा खींचा ही क्यों जो हाथ में लग गया? चरन की बहू क्या करती?'' और कोई कहती, ''क्यों, चरन की बहू अंधी है जो बच्चा देखकर रोका नहीं! बच्चा आखिर क्या जाने!'' दूसरी तरफ की औरतें दूसरी तरह काँय-काँय करतीं और जब वे लोग भी लौट आते, सबका शोर एक-आध घंटे बिना सिलसिले के गूँजता रहता और फिर सब बँट जाते और सरे-शाम वे खा-पीकर या तो ढोल बजाते, अजीब-अजीब भजन गाते या सो जाते। जब कभी कर्णफूली के माँझी मिलते, शिकायत करते कि उनका काम रात को देर तक चलता है, तब समुद्र-तीर के माँझी मुस्कराते, अपनी अच्छी तकदीर पर अपने

आप रीझते और फिर अपना रोना ले बैठते कि नावें घट रही हैं। नए-नए कानून सिर पर लग गए हैं। दाम बढ़ रहे हैं। जाल जो टूटे हैं उनकी मरम्मत का कहीं कोई सिलसिला ही नहीं लग पाता और वे सब अपने को दुखी कहते, फिर उदास हो जाते और आते अंधकार को देखकर भीतर ही भीतर उनका हृदय काँप उठता।

दूसरी ओर के गाँव के किसान सदा की भाँति किस्मत को कोसते, ईश्वर का अधिक भय करते, अधिक लड़ते और कचहरियों में जाकर सिर टेकते, आए दिन सिर-फुटौवल की नौबत आती; किंतु फिर भी जब कोई बाहर का आदमी आता, वे गँवारों-से उसे देखकर सकपकाते, उसके सामने बोलती बंद रहती, किंतु उसके जाने के बाद, उसे गालियाँ देते, आपस में एक-दूसरे का मजाक उड़ाते और अपने बैलों को पानी देते हुए दूसरों के घरों के बाहर अपने घर के सामने के कूड़े को सरका देने का प्रयत्न करते पकड़े जाने पर लड़ते और थोड़ी देर बाद चौधरी के घर के सामने इकट्ठे होकर समझौता करते या और लड़ते और फिर महँगाई का ज़िक्र करते, निराई या गोड़ाई पर बहस करते और चट्टोपाध्याय को गालियाँ देते। चट्टोपाध्याय का पक्का मकान पेड़ों की आड़ में से चमका करता। चौधरी कहता, ''आदमी फिर भी बुरा नहीं है। इसका बाप तो पराई बहू-बेटियों पर नज़र फेंकता था।'' इस अपराध को विस्तारपूर्वक जानने की हर जवान को इच्छा थी, किंतु खुले आम चट्टोपाध्याय के भय के कारण, उसके कर्जों से दबे रहने के कारण किसी बूढ़े ने इस बात का कभी भी ज़िक्र नहीं किया। सुबह उठकर पुरुष खेतों पर चले जाते, औरतें घर का काम करतीं; बच्चों के बदन से सदा तेल-सा निकलता रहता और वे गुदड़ियों पर आकर लोटते, किलकारियाँ मारते और दिन के अंत तक फिर जो अँधेरा आता, झोंपड़ियों से धुआँ उठने लगता।

बूढ़ा हेमंतपद चुपचाप बैठा अपनी झोंपड़ी में नारियल पीता रहा। खटिया पर पड़ा बसंत कभी-कभी कराह उठता था। ज़मीन पर बिछी चटाई पर इंदु सिकुड़ी-सी सो रही थी। सन्नाटे में जब नारियल की गुड़गुड़ में वह कराहें मिलकर अजीब आवाज़ पैदा करतीं; बूढ़े का ध्यान टूट जाता और वह भयंकरता से खाँसने लगता।

''बाबा!'' बसंत का क्षीण स्वर सुनाई पड़ा।

वृद्ध ने कहा, ''क्या है बसंत?''

"पानी दोगे बाबा?''

बूढ़े का दिल एकबारगी उस करुण शब्द को सुनकर विचलित हो उठा। बसंत फिर बुदबुदा उठा, "भूखी ही सो गई लगती है बिचारी! दिन-भर की थकी-माँदी चुपचाप हिरन के बच्चे-सी। सोने दो उसे। बाबा, तुमने कुछ खाया? आह! पानी!''

बूढ़े ने कुछ नहीं सुना। वह बोला, ''दुर पगले इतना दुखी क्यों होता है? आज घर में चावल नहीं है तो क्या कभी भी नहीं होगा? कल ले आएँगे। ले, तू पानी पी ले।''

बूढ़ा मटके में से गिलास भर लाया और बसंत खटिया पर टेढ़ा होकर गट-गटकर पीने लगा। बूढ़े के मुँह पर एक खिसियानी हँसी फीकी-फीकी-सी डोल गई। नारियल की गुड़गुड़ाहट ने उसकी गूँज पर फैलते हुए धुआँ उगलना शुरू कर दिया।

बसंत चुप नहीं हुआ, ''बाबा! तो जापानी आएँगे? चावल लेकर आएँगे?''

वृद्ध एक बार अनबूझ-सा बैठा रहा, जैसे वह कुछ भी सोच नहीं सका। बोला, ''बेटा, असल में भोला सब कुछ होकर भी पागल है। पहले सावन में तार काटने का झूठा इलज़ाम लगाकर दारोगा ने उससे ज़बर्दस्ती का जुर्माना वसूल किया था। गरीब को अपनी बहू की सुहाग की चूड़ियाँ बेचकर रुपया चुकाना पड़ा था। तभी से वह पागल हो उठा है। क्रोध से अंधा हो गया है। तभी तो वह कस्बे से जब लौटता है, जापानियों के नए गुन सीखकर आता है। देवता समझता है उन्हें, देवता! कहता है, बरमा को जीतकर उन्होंने आज़ाद कर दिया है। मुझे तो विश्वास नहीं होता बसंत! गरीब की तो गरीब ही जानता है। अरे, हमारे दुःख की ही कौन सुनता है, जो कभी कोई पराए की पहचान कर सका है।''

इसके बाद एक असह्य नीरवता छा गई। बसंतपद कई दिनों से मलेरिया में पड़ा सड़ रहा था। वह एक बत्तीस साल का जवान था, किंतु गंदे खाने और पाड़े के अमर मच्छरों ने उसे मलेरिया की क्रीड़ा-भूमि बना दिया था। पारी का बुखार आता था। कड़कड़ाकर जब उसे सर्दी लगती, बूढ़ा उसे घर के सब कपड़ों से ढककर आग जलाने की दौड़-धूप में भयंकरता से खाँसता और इंदु दौड़-दौड़कर बाबा की सहायता करती। बसंत बड़बड़ाता रहता; कभी-कभी पागल की तरह बर्रा उठता। आज चार महीने से मलेरिया ने उसको पकड़कर झकझोर दिया था। उसकी सारी शक्ति ऐसे ही झड़ गई थी जैसे फूलों से पराग और जब बुखार उसका बदन तोड़कर चुचाता हुआ भागता, झोंपड़ी की संधियों से आती हवा उस पर जहर का काम करती थी। इंदु कभी-कभी कारखाने वालों को गाली देती, जो लड़ाई के कारण उक्त स्थान से लगभग सात मील दूर पर खुल गया था। बसंत वहीं काम करने जाता था और आज बीमारी के कारण निकाल दिया गया था। घर की आमदनी बंद हो गई थी। फसल तैयार हो रही थी। सबको अबकी आशा थी कि बड़े चढ़े हुए दामों पर बिकेगी, किंतु जब औरों के घर भात की गंध उठती, ये तीनों निराश से एक-दूसरे की सूरत देखते और इंदु को देखकर वृद्ध की आँखों में कभी-कभी पानी आ जाता, जिसे छिपाने के लिए वह मुँह फेर लेता। बसन्त मानो अपनी बीमारी के हफ्ते अपनी पसलियों पर हाथ रखकर गिन सकता था।

बूढ़े का नारियल मंदा हो चला था। आखिरी दो-चार कश खींचकर खाँसते हुए उसने अपनी चिलम औंधा दी और अपने आप बड़बड़ा उठा, "बेटा, सोया नहीं?''

बसंत हँस पड़ा। मानो कंकाल की अपराजित आत्मा पुकार उठी, ''सोया कब था में, बाबा! नींद ही नहीं आती जो घुटनों का दरद! आह चैन नहीं मालूम देता। कभी कमर, कभी सिर... कैसा चलता दरद है यह? तुम भी नहीं सोए अभी! मैं जो कंबख्त रात-दिन यह खाँ-खूँ करता हूँ, कोई मानुस सो सकेगा क्या इसमें?''

''कुछ नहीं, मैं तो नारियल पी रहा था। पेट में कुछ खलबली-सी पड़ गई थी। यह भी तो एक बुरी आदत ही है।''

बसंत ने कहा, ''बाबा भैया होते तो तुम कुछ देर सो तो सकते। मैं तो अब ठीक

नहीं हो सकता। तुम क्यों व्यर्थ मुझ पर पैसा तोड़ रहे हो?''

"छिः छिः," बूढ़े ने कहा, ''असगुन की बात न छेड़ा कर तू यों ही। बात-कुबात का ध्यान नहीं करता। अब क्या तू कोई बच्चा है!''

बसंत चुप हो रहा।

बूढ़े की आँखों के आगे अनेक चित्र खेलने लगे। उसे धीरे-धीरे फिर याद आने लगा। बसंत का बड़ा भाई शिशिर उसके जीवन की बागडोर था। कितने प्यार से पाला था उसे! आज वह ही टूट गई तो इस टट्टू का क्या, चाहे जिधर मुड़ जाए। चला गया वह निरमोही, इस बूढ़े को छोड़कर चला गया।

बूढ़े की अंतरात्मा पर वज्र का-सा प्रहार होने लगा।

उसकी माँ ने उसके लिए क्या न किया। किंतु वह तो अच्छी ही रही। यह दिन तो न देखे उसने। स्वागल आई, स्वागल मरी। रहमान कहता था—उसने पाड़े में वैसी औरत नहीं देखी। बसंत छोटा ही था तब नौ-दस बरस का शिशिर जब स्वदेशी आंदोलन में ज़ोर-ज़ोर के नारे लगाता था, श्यामपद उसे समझाता। किंतु बालक भला कब समझ सका है कोई? सिपाही ने चाँटे मारकर भगा दिया, तब कैसा रूठकर आ रोया था माँ के पास! कैसी-कैसी साधें थीं! सब लुट गईं, क्योंकि वही न रहा, जो रहता तो न जाने कितनी इच्छाएँ थीं, कितने अरमान थे। एक-एक करके सब चले गए! ब्याह के तीसरे ही साल इंदु का जनम हुआ और यह आई, उधर माँ उठ गई। बूढ़े ने इसे अपने सीने से लगाकर पाला था। वह हँसती थी, बूढ़ा हँसता था। वह रोती थी, बूढ़े का हृदय फटने लगता था। और आप वह असहाय-सी चटाई पर सिकुड़ी-सी सो रही थी, वही कच्चा-पक्का खाकर।

बूढ़े का बेटा कलकत्ते की एक मिल में काम करता था। एक बार जब वह घर आया, उसने बताया था, सबर्ब में नदी से कुछ मील दूर पानी की एक मैली धारा के किनारे जो टीन और टाट के घर बने थे, उन्हीं में से एक में वह भी रहता था। उसने बताया था, मज़दूर रात में कैसे सस्ती औरतों के पीछे मतवाले हो जाते, ताड़ी पीते और आपस में रात-रात भर चिल्ला-चिल्लाकर लड़ते। गाँव में वैसी बदबू नहीं आती जैसी उन घरों में आती है। किसानों के लिए उस घुटी हवा में रहना कठिन है। और फिर वह चला गया लौटकर। अगली बार जो खबर आई बूढ़ा उसे सुनकर सुन्न पड़ गया। सावन के महीने में चारों तरफ तहलका मच गया। एक रात रेल की पटरियों पर कुछ लोग घूमते रहे। दूसरे दिन से उधर पुलिस पहरा देने लगी। गांधी बाबा गिरफ्तार हो गए थे। चारों तरफ ऊधम मच रहा था। कभी-कभी जो कोई शहर से लौटता बताता कि लॉरियों की लॉरियाँ भरे गांधी वाले गिरफ्तार हो रहे हैं। फौज का जगह-जगह, नाके-नाके पर पहरा है। जरा चूके कि धाँय। कोई पाँच से ज्यादा एक जगह इकट्ठे नहीं हो सकते। दो बार भीड़ पर गोली चल चुकी है। लोगों ने दुकानें बंद कर दीं, मगर पुलिस ने डंडे मारकर उन्हें दुकान खोलकर बैठने पर मजबूर कर दिया। कोई किसी की सुनवाई नहीं करता। और दूसरे ही दिन पुलिस के दारोगा आए थे जिन्होंने गाँव पर जुर्माना किया था। बूढ़ा

रहमान था कि रेल की पटरियों पर जा रहा था। एक सिपाही ने बुलाया और पकड़कर कहा, ''बदमाश, पटरी उखाड़ने आया था?'' और तब छोड़ा जब सारे टेंट में लगे पैसे छुड़ा लिए। उन दिनों धाँधली थी। जिसको चाहा पकड़ लिया। चाहे कुछ भी किया। बोलता कौन? किसमें इतनी हिम्मत थी!

और एक दिन खबर आई, शिशिर की मिल में हड़ताल हुई। मालिकों ने गड़बड़ के डर से फाटक बंद करा दिए और जब मज़दूर सड़क पर इकट्ठा होने लगे, पुलिस ने लाठीचार्ज कर दिया। मज़दूरों ने बदले में ईंटें फेंकना शुरू किया और पुलिस ने गोली चलाई।

भाग्य की बात! वही अभागा मुँह के बल गिरा। आग भड़काकर पुलिस लौट गई, किंतु उसके बाद कलकत्ते की रेल जैसे कभी इस ओर लौटकर नहीं आई। बूढ़े की निराश आँखें सूने पेड़ों से टकराकर आसमान से उलझ गईं। वह अपना हृदय सँभाले रह गया था।

बूढ़े की आँखों में पानी भर आया। उसने एक बार ज़ोर से नाक साफ की और फिर उसके दिमाग में वह चित्र जल्दी-जल्दी दौड़ने लगे। बसंत सुनकर विक्षुब्ध हो गया था। उसके हाथ का गँड़ासा अपने आप उठ गया। ''भैया को मार डाला?'' उसके शब्द गले में अटक गए थे।

बूढ़े के दिल की दहशत चिल्ला उठी, ''बसंत! क्या कर रहा है? वह तो लौटेगा नहीं। कहाँ है न्याय? क्यों बेटा, तू भी छोड़ जाएगा? इंदु का ध्यान कर उसे ढाढ़स बँधा। तू अब बच्चा तो नहीं रहा?''

बसंत का उठा हुआ हाथ झुक गया था।

भड़कते हिंदुस्तान का हाथ रुक गया, जिसने अठारह सौ सत्तावन को पुनर्जीवित करने का प्रयत्न किया था। गदर का जोश कभी का ठंडा हो चुका था। इक्का-दुक्का व्यक्तिवादी क्रांतिकारी उठता, किंतु ब्रिटिश साम्राज्य के महान् वैभव में कीड़े की तरह मसलकर अंधकार में फेंक दिया जाता था।

बूढ़ा कहने लगा, ''बेटा बसंत, कितना बदल गया है ज़माना! तेरे बाबा सुनाते थे कि कंपनी बहादुर के राज में बड़े अत्याचार होते थे। अब क्या नहीं होते? गरीबी से परेशान होकर ही तो शिशिर कलकत्ते गया था और कांग्रेस के आंदोलन में वह शहीद हो गया था।''

बूढ़ा खाँसने लगा। बसंत ने करवट बदली।

''बाबा!''

बूढ़ा चौंक उठा, ''क्या है बेटा?''

बसंत ने कराहकर फिर करवट बदल ली। वह कुछ बोला नहीं। वह चुपचाप सोचता रहा। बार-बार जो लहरें पत्थर से टकराती हैं, हर बार छितराती ही तो हैं। लेकिन धीरे-धीरे पत्थर की जड़ काट देती हैं। पर आदमी जो सोचता है वही तो सदा नहीं होता। उसकी आशाएँ तो सदा बन-बनकर बिगड़ जाती हैं।

बूढ़ा फिर खाँसने लगा। श्यामपद इस बारे में कुछ पूरा-पूरा न सोच सका। बसंत शायद सो गया था। हाँ, इंदु सो रही थी। यही तो उसकी सोने की उम्र थी।

बूढ़े को याद आया। एक बखत था, आदमी पेट भर के खाता था, आराम से सोता था। अब तो किसी के पास कुछ नहीं।

वैसे भी अपना अतीत हर किसी को अच्छा लगता है और वर्तमान की तुलना में स्वर्ग ही लगता है। वह चौंककर आतुर-सा अँधेरे की ओर देखकर कुछ ढूँढ़ने लगा। उसका हृदय आतुर हो उठा।

रात की अलसाई सनसनाहट बढ़ चली। सुंदर जंगल में से कभी-कभी गीदड़ों के हूँकने की कर्णभेदी ध्वनि झोंपड़े के तार-तार को छूकर कंपा देती। जवाब में सड़कों पर घूमते आवारा मरियल कुत्ते चिल्लाने का प्रयत्न करते, किंतु पेट खिंचकर ज़बान घरघराती भूँक के साथ बाहर लटक पड़ती।

वृद्ध ऊँघने लगा। उसका शिशिर जैसे अंधकार में खड़ा होकर उसे बुलाने लगा। बूढ़ी छाती में वृद्ध का हृदय ऊमस के बादलों की तरह भारी हो गया। उसे याद आने लगी। शिशिर उसकी आँखों का तारा था। उसने कभी पिता के विरुद्ध बात नहीं की, जैसे गरीब के नाखून दबकर भी लाल नहीं होते। अराकान की निर्जन पहाड़ियों से लौटकर जब वह कलकत्ते गया था, वृद्ध का हृदय न जाने क्यों कुछ सूना-सूना-सा हो गया था। अराकान से लाए पाइप जब वह मुँह से लगाकर धुआँ छोड़ता, इंदु हँसती थी और शिशिर बसंत से कहता था, ''देखता है न बसंत! इंदु की आँखें बिलकुल अपनी माँ पर पड़ी हैं। बेटी बिलकुल माँ पर पड़ी है।''

बसंत सदा का खिलाड़ी। हँसकर कहता था, ''आदत तो तुम्हारी-सी है भैया, एकदम, क्या कहने!'' और एक पेट के जाए दोनों स्नेह से गुदगुदी भर देते वृद्ध के हृदय में, अपनी संतान पर रीझते हृदय में। तब जैसे बूढ़े को दुनिया-भर का दुःख और काम वास्तव में कभी नहीं लगा।

वृद्ध के सूने उदास नयनों की कोरों पर फिर तरलता छा गई। अंधकार में उसने देखा, बसंत सो गया लगता था। उसके नयन बाहर चलने लगे। अंधकार में उसके नयन चलने लगे। बाहर पेड़ों के ऊपर अब कुछ धुँधलापन छा गया था। दूर जंगल में से एक हृदय दहलाती करुण आवाज़ अँधेरे की निर्जन सनसनाहट पर तड़प रही थी।

''बाबा!'' बसंत फिर बात करने लगा।

''बेटा, सोओगे नहीं?'' वृद्ध ने उसे समझाते हुए कहा।

"नींद नहीं आ रही है, बाबा। बहुत कोशिश करता हूँ, लेकिन आँख नहीं लगती। सोचता हूँ, भैया चले गए तो कितनी हालत बिगड़ गई, अगर मैं और चला गया तो तुम और इंदु...''

बूढ़ा काँप उठा। किंतु उसने कड़ेपन से कहा, ''बसंत, तुझसे कह दिया, ऐसी बात न किया कर। कुसौनी कहीं का!''

बसंत हँसा। उसने कहा, "अच्छा, बाबा एक बात पूछूँ, बताओगे?''

वृद्ध ने कहा, ''क्या है? कह तो।''

''यह दूर जंगल में रोने और कराहने की कैसी आवाज गूँज रही है?''

वृद्ध ने ध्यान से सुना क्योंकि वह ज़्यादातर ऐसी बातों पर कभी ध्यान नहीं देता था, तिस पर बुढ़ापे के कारण वह शीघ्र ही बहुत दूर के शब्द सुन भी नहीं पाता था। कुछ देर तक वह सुनता रहा और फिर एकाएक हँस पड़ा।

बसंत की बुखार से तपी हड्डियाँ थर्रा उठीं। वह कोई ऐसी ही बात सुनने के लिए तैयार हो गया। उसे याद था, शिशिर की मौत की खबर सुनकर वृद्ध एकदम ठिठक गया था, जैसे सूखे पेड़ के ठूँठ पर एकाएक बिजली गिरती है। सदा की सहेली इंदु चिल्लाकर रो पड़ी थी और वह स्वयं पागल हो उठा था। भोला हतबुद्धि देख रहा था, किंतु बूढ़ा? उफ! जैसे सदमा दरार पाकर पानी की तरह उसके हृदय में उतर गया था। उस दिन नींद में से चौंककर वृद्ध पहली बार भयंकरता से हँसा था। अपने बेटे का खून सुनकर हँसा था। अपनी मजबूरियों की भयानक यंत्रणा में चिल्ला उठा था यह सोचकर कि उसके बेटे को घेरकर चिनगारियाँ धू-धू कर रही होंगी। वह अपने बालों को नोचता ठहाका मारकर हँस उठा था, जैसे वह कोई सहानुभूति नहीं चाहता था। टूक-टूक होते कलेजे की चटक पर हँसा था। अरे, वह गरीब अपनी अंतिम थाती को लुटते देखकर केवल हँसा था? उसको हँसी जैसे सालों की भीषण गुलामी का भयानक हाहाकार थी। उसके बाद बसंत ने देखा कि जब सबकी व्यथा कम होने लगी, सबके दिल का ज्वार धीरे-धीरे उतर चला, तब भी बूढ़ा चैन से नहीं बैठ सका। वह कभी-कभी बसंत को पागल-सा लगता। उसका वह मीन बसंत के दिल में एक डर बनकर छिप गया। आज वही भयंकर हँसी अपना डरावना आँचल फैलाने लगी थी। वृद्ध जब उस उन्माद में होता, वह किनारे पर खड़े मनुष्य को धारा में गिरता देख लेता था, अचानक आँधी में पाल भरकर नाव को डगमगाता पाता, जब पतवारें खो जाएँ तब वह रोने की जगह हँसता।

बूढ़े की हँसी मुर्दे पर अंतिम गिद्ध की तरह मँडराकर धीरे-धीरे उड़ती हुई दूर होने लगी थी।

''बेटा, कुछ नहीं। वह कुछ भूखे भिखारी हैं जो जंगल में घास और पेड़ों की छालें खाने के लिए इकट्ठी कर रहे हैं। वे भिखारी हैं। आज उनके पास खाने को कुछ नहीं बचा, इसलिए जंगल में भटक रहे हैं। उनका जीवन एक पाप ही है। पेट के लिए आदमी क्या नहीं करता? खाने को चावल नहीं मिलता, दाल नहीं मिलती। पहले मौत सताती थी, अब जिंदगी सताती है।''

बूढ़ा चुप हो गया। बसंत की कराहों से झोंपड़ी जाग उठी। सहसा ही इंदु चौंककर जाग उठी। उसकी भयभीत आँखों में प्राणों का मोह चिल्ला रहा था। वह एक पंद्रह बरस की दुबली-पतली लड़की थी। उसकी आँखों के नीचे पतन का-सा निराशा भरा अंधकार गड्ढों में सिकुड़कर बैठ गया था। बूढ़े की शकल की एक दूर की छाया उसमें ऐसे दीखती थी जैसे बहुत दूर के पहाड़ की छाया निकट के जल में। उसके बाल रूखे थे, किंतु उसके मुख पर बचपन था। बैठे हुए गालों पर भी एक सुकुमारता थी, कदाचित् आते यौवन

का उन्माद सिर झुकाए नम्र हो गया था।

"बाबा! बाबा!!" उसकी झंकारती आवाज़ ने वृद्ध को चौंका दिया। बसंत की कराहें रुक गईं।

"क्या है बेटी?" वृद्ध ने उदास मुँह से पूछा और उसके मुख को निहारने लगा।

"कुछ नहीं," इंदु बोली, "मैं एक सुपना देख रही थी, भयानक। मैं कुछ कहना चाहती थी, मगर सब भूल गई हूँ अचानक ही, मैं क्या कह रही थी?"

वृद्ध ने कहा, "सो जा बेटी! मैं जानता हूँ, तू क्या कह रही थी। तू कहना चाहती थी कि बसंत काका का दर्द कैसा है। सो जा, अभी रात है; आधी रात गए ऊधम न कर, सो जा!"

इंदु झेंपकर लेट गई। उसने आँखों को मूँद लिया और फिर बच्चों की तरह सोने का प्रयत्न करने लगी।

बूढ़ा बैठा रहा। कभी वह बसंत को देखता, कभी इंदु को। अपने बारे में प्रायः उसने सोचना ही छोड़ दिया था।

दूर जंगल में से भूखों की करुण कराहें पत्ते-पत्ते को दहलाती आकाश के तारों को झंकृत कर रही थीं। पूर्वजों ने उन्हें तारा नहीं, देवता कहा था। आज वह देवता भी पत्थर थे। वह ध्वनि एक भीषण व्याकुल उन्माद बनकर मृत्यु की पगध्वनि-सी गूँज रही थी, थिरक रही थी।

रात अभी बहुत पड़ी थी, जीवन से भी बोझिल, भूख से भी कठोर, आहों से भी ऊष्ण।

बूढ़ा देखता रहा। इंदु झपक गई थी। बसंत कराह उठता था।

नई बात

पहाड़ी चटगाँव में चारों ओर सेना दिखाई दे रही है। फौजी सामान, फौजी कठोरता और दृढ़ता या चंचलता। उस रम्य स्थान में मनुष्य निश्चिंत रहा होगा, किंतु वहाँ एक सनसनी और विक्षोभ है। एक ओर असम, दूसरी ओर कॉक्स बाज़ार और स्वयं चटगाँव एक भयद आशंका से आप्लुत थे।

उत्तरी कटोली के पथों पर कुछ भूखे भिखारी सो रहे थे। दिन-भर कुछ खाने को नहीं मिला था। दुकानों की छाया में रात की सूनी अँधेरी ने गाँव के मैले पथों पर जीवित लाशों को जैसे अकाल की भूख मिटाने के लिए लुढ़का दिया था। नींद की गोद में जर्जर हड्डियाँ कुछ देर के लिए सुख पा रही थीं।

भोला सो रहा था। वह आज से अनेक वर्षों पूर्व चटगाँव के इस गाँव में आकर बस गया था। एकाएक रात के सन्नाटे में गौरी उसे जगाने लगी। भोला उनींदे स्वर में शिकायत कर उठा, "क्यों? सोने दे न!"

उसे गौरी की यही आदत नापसंद थी कि बखत-बेबखत मसखरी करने का उसे दोष था। वह फिर सोने लगा। किंतु जब गौरी ने उससे कुछ कहा, जिसमें शोभा शब्द का उच्चारण एक भयमिश्रित स्वर में किया गया था, वह एकबारगी उठ बैठा और गुर्राता हुआ बोला, ''हाँ, अब कह! क्या बात है?''

गौरी ने घबराते हुए कहा, "शोभा अभी घर नहीं आया है।''

भोला ने चौंककर कहा, ''क्या कहा? घर नहीं आया है?'' फिर अपने आप वह कह उठा, "आएगा कैसे? उसे साधु बनने का जो शौक है। हो जाए कमबखत। एक बार हो ही जाए। पीछा तो छूटे रोज़-रोज़ का। जान की साँसत कर रखी है।''

गौरी कंजी आँखों से उसे देखती रही। उसे अपने मरद पर बड़ा घमंड था। भोला ने फिर चेतकर कहा, ''तो अब क्यों कहा है मुझसे? पहले कहती तो कहीं जाता। कहीं क्या? वहीं गया होगा, समुद्र-तीर पर। लगाए न बैठा वह एक चाटी (धूनी)। और ज़रा ठहरकर कहती तो सबेरे उजाले में आसानी से ढूँढ़ लाता। रात को उतरा है तेरी छाती में दूध, बुलाओ, ढूँढ़ो, हुँ," भोला करवट बदल कहते-कहते लेट गया, ''कहाँ जाएगा और, सुबह ही आ जाएगा। समझी! सो जा, सो जा।"

गौरी कुछ बड़बड़ाने लगी, ''तुम्हें चिंता नहीं राम! लिए-दिए एक है।''

भोला काटकर बोला, "सो तो परमात्मा की मर्जी है। किसी के दर्जन हैं, हमारे एक ही सही। है तो?''

विषय बदल गया। एक होना जब कोई बड़ी बात नहीं रही, परिस्थिति सरल हो गई। दोनों फिर सोने लगे।

इसी समय दूर एक घरर-घरर का शब्द आसमान में गरजने लगा। दूर कहीं जंगल में कुछ बंदूकें चलने का शब्द हुआ। भूखे चौंककर जाग उठे। गाँव में कोलाहल मचने लगा। जिसको जिधर ठौर मिलता, वह वहीं छिपने का प्रयत्न करता। आज सातवीं बार जापानी हवाई जहाज़ हमला करने आए थे। पहली पाँच बार वह कस्बे पर ही बम गिराकर लौट गए, किंतु छठी बार दो-एक जहाज़ इधर भी आए और मछुओं के गाँव पर एक बम गिरा तो ताल के पार तक के घर गिर गए। उसी में रहमान के झोंपड़े के चौतरे की धज्जियाँ उड़ गईं। रहमान की बूढ़ी औरत, जो अकसर बीमार रहती थी, घर के ही साथ चल बसी और तभी से उसका आदमी इस अकाल वज्रपात से व्याकुल हो कुछ पागल-सा हो उठा था। उसके कोई लड़का नहीं, लड़की नहीं, खुद कमाता और खेत करता। अकेले ही उसे अपना खेत जोतना पड़ता और जब सफेद छरछरी दाढ़ी के बीच पसीना भर जाता, वह पेड़ की छाया में बैठकर चुपचाप अपने माथे पर हाथ रखकर बैलों की तरफ देखता रहता। पहले बुढ़िया आकर उसे कुछ खाने को दे जाती, घर जाकर साँझ को खाने को तैयार मिलता तो अब वह सब भी खुद ही करना पड़ता और वह रात को ऐसा पड़ जाता जैसे उसमें अब उठने का ताव नहीं है।

गाँव के लोग तब से भयभीत हो गए थे। आज आसमान में वही गरज सुनकर उनका हृदय काँप उठा। सबके हृदय में केवल एक आशंका थी कि कहीं मुझ पर न गिर पड़े।

निरस्त्र जनता का कोष खुला पड़ा था, जैसे खुले खेत पर तुषार बार-बार हमला कर उठता है। अपनी सूखी हुई छातियों से टूटे-फूटे बच्चों को चिपकाकर औरतें काँप उठीं। घर खुले थे, पथ खुले थे, माँ खुली थी, बच्चा खुला था—आज राष्ट्र दयनीय-सा निस्सहाय पड़ा था।

भोला सिहर उठा। गौरी, जिसके कारण वह अपनी जन्मभूमि आगरे को छोड़कर आज सुदूर बंगाल में पड़ा था, उसकी बगल में थरथर काँप रही थी।

''तुमने तो कहा था, जापानी अच्छे हैं!'' गौरी ने भोला पर व्यंग्य कसा। भोला चुप रहा। वह सोचने का प्रयत्न करके भी कुछ सोच न सका।

"बोलो न?'' गौरी ने रुआँसी होकर कहा, ''देख रहे हो शोभा को? नहीं आया अभी तक। न जाने कहाँ होगा? जाओ, तुम ढूँढकर लाओ उसे मैं कहती हूँ, कहीं उसे कुछ, राम न करे...''

''क्या बक-बक कर रही है,'' भोला रोक उठा, "चट्टोपाध्याय ने कहा है, जापानी अच्छे हैं, वह हमें नहीं मारेंगे। तब फिर क्यों चिल्ला रही है? उनकी दुश्मनी अंग्रेज़ों से है, हमसे नहीं। फौजों पर बम गिराएँगे। हमने उनका क्या बिगाड़ा है? डर मत गौरी...''

किंतु भोला स्वयं काँप रहा था। उसे लगा जैसे उसके सिर पर ही धधका हुआ बम आ गिरा हो। बूढ़ा रहमान उस ध्वनि को सुनकर पागल-सा पथ पर चिल्ला रहा था। भोला ने देखा, वह पागल हो गया था।

गौरी रोने लगी। भोला अजीब सकते की-सी हालत में निष्प्राण-सा उसकी बगल में बैठा रहा। अपने प्राणों का मोह उसे भीतर खींचता था और शोभा की याद उसे रह-रहकर बाहर खींच रही थी। कहीं पास में बच्चों और औरतों का करुण क्रंदन असहाय भारत माता की तरह पुकार उठा।

जहाज़ आकाश में मँडराते रहे, गोलियाँ नीचे से प्रबल वेग से चलती रहीं। देश की रक्षा आज ऐसी सेना कर रही थी जिसका देश की जनता से कोई संपर्क नहीं था। एक ओर वह फासिस्टवाद से लड़ रही थी, दूसरी ओर आज़ादी माँगने वालों को कुचल रही थी। भोला सहसा बाहर निकल आया और उसके निकलते ही गौरी का हृदय एक अज्ञात आशंका से काँप उठा। एक क्षण वह ठिठकी खड़ी रही और एकदम भोला के पीछे दौड़ पड़ी। रात के अंधकार में भोला आगे बढ़ चुका था। कुछ न दीखने पर गौरी आर्त स्वर से पुकार उठी, ''कहाँ हो, मेरे शोभा, मेरे बेटा...''

तब पड़ोस में ध्वंसकारी बम के भीषण विस्फोट ने उस आवाज़ को दबा लिया। घर जलने लगा। आग की लपटों ने बाँसों से टकराती उस आवाज़ को झुलसा दिया था। केवल एक हाहाकार मच रहा था। आज़ादी अपने मुँह को छिपाए जलते घर के नीचे दबी छटपटा रही थी। किसानों के हृदय व्यथा के विष से भीग गए थे।

गौरी फिर चिल्ला उठी, "कहाँ हो? शोभा, मेरे बेटा!''

जहाजों की घहर उसके निर्बल चीत्कार पर अट्टहास कर उठी। गौरी ने देखा, कालीपद का घर अभी तक ऊँची-ऊँची लपटों में झहरा रहा था। बाहर कालीपद खड़ा था। उसकी

बहू सहमी-सी काँप रही थी। छोटे-छोटे बच्चों के मुँह से आवाज़ नहीं निकल रही थी। लपटों का उजाला एक बार जगमग कर उठता था, फिर दूसरे ही क्षण अंधकार अपने जबड़े फैलाकर सबको मुँह में भर घृणित आवाज़ करता हुआ चबाने लगता था। गौरी सब कुछ भूलकर खड़ी रही। उजाले में उसने देखा, छोटे-छोटे बच्चे ज़मीन पर बैठे जलती आग को देख रहे थे। और आग बढ़कर अब करीम खाँ का घर निगलने को जीभ बढ़ा रही थी। करीम खाँ की अकेली जवान विधवा अपना एकमात्र बच्चा लिए किसी तरह अपना पेट पाल रही थी। वह घबराकर बाहर भागने लगी और धोती के पैर में अटकते ही मुँह के बल धड़ाम से गिरी। बच्चा गिरकर रोने लगा। धुएँ ने अँधेरा कर दिया। एक बार फिर लपटों की रोशनी में गौरी ने देखा कि स्त्री के मुँह से खून बह रहा है। रह-रहकर उस स्त्री के हाथ बच्चे के लिए ऊपर उठ जाते हैं, गिर जाते हैं। बच्चा झोंके खाकर बार-बार चिल्ला उठता है। वह स्त्री अपने प्राणों का मोह उस बालक में एकत्र किए उसकी प्राण-रक्षा के लिए आर्तनाद कर रही थी। उसके हाथ काँप रहे थे। गौरी को लगा, जैसे वह उसे ही बुला रही थी। स्त्री चिल्लाकर मूर्च्छित हो गई। लपट ने उसके कपड़ों को पकड़ लिया था। गौरी ने दौड़कर बालक को अपने हाथों में उठा लिया। लपट ने आगे बढ़कर अपनी लपलपाती जीभ से गौरी की धोती को चाटना शुरू कर दिया। गौरी भाग चली। वह ठोकर खाकर धड़ाम से गिरी और उसे कुछ भी ध्यान नहीं रहा।

उपहार

पौ फटने लगी। भोला पहले कुछ भी न सोच सका कि वह कहाँ जाए। उसे आशंका थी कि शोभा न होगा। कालीपद के घर गया होगा, किंतु न जाने क्यों वह पहले समुद्र-तीर की ओर चल दिया, जहाँ उसे उसके मिल जाने की पूरी उम्मीद थी। वहीं वह साधु धूनी रमाए बैठा होगा, जिसने लड़कों पर डोरे डाल रखे हैं कि सोना बनाना सिखा देगा।

आसमान में प्रभात का उज्ज्वल तारा दमक रहा था। चारों ओर एक स्वच्छ नीरवता धीरे-धीरे शीतल वायु पर झकोरे खा रही थी। प्रभात की कोमलता में उसे व्यथा की यह बोझिल नीरवता खटक गई। उसे अपनी जन्मभूमि का ध्यान हो आया। जब वह छोटा था, तब रुनकते की नीली कछारों में खेला करता था और सूरदास की टूटी झोंपड़ी में नंदू बैठा-बैठा बाँसुरी बजाता। बूढ़ा पुजारी बालकों को इकट्ठा करके कृष्णजी के गीत सुनाता और फिर कृष्णलीला होती। गाँव के लोग कभी-कभी नौटंकी देखने इकट्ठे होते और भोला जब रास में नाचता, लोग एकटक देखते रह जाते। टीलों के पीछे आँखमिचौनी होती। चाँदनी फैली कि गाँव-भर के लड़के पाली में दोनों तरफ बँट जाते और रात-रात कबड्डी होती। वह बचपन था। और उसके बाद भोला को याद आया, जब वह पंद्रह बरस का था, स्टेशन के कंकड़ डालने का काम करने लगा था। जमादार ने एक दिन उसे कोड़ों से मारा था और भोला के प्रतिवाद करने पर उस पर और अधिक ही मार पड़ी थी।

उसके दूसरे दिन से भोला खेत पर काम करने लगा। बड़े भैया महादेव ने संकुचित होकर कहा, ''तू चलाएगा रे हल? नाच-गाने का क्या होगा?'' भोला कुंठित हो गया था। गौरी के व्याहते समय जो ठाकुर ने दंगा किया कि जाट के घर ऐसा नगाड़ा नहीं बजेगा, पनाले बह गए खून के। लेकिन उस सबसे क्या? नंदू भी तो महादेव दादा से मिल गया था गवाही देने। और दोनों बड़े भाइयों ने, बाप की लाश उठी भी नहीं थी कि तमाम अपना बँटवारा कर लिया, और भोला के लिए छोड़ी काश्त की ज़मीन, जिसमें कुछ भी बो दो, घास के सिवा कुछ भी नहीं उगा। भोला एक खेत यहाँ करता, दूसरा फिर काफी दूर पर। बैल थकते सो थकते, खुद इतना थक जाता कि जब गौरी कहती कि आज जिठानी ने कहा, ''सौत को जब देखो तब...''

वह झल्ला उठता। बच्चों के पीछे नित नए झगड़े होते। फिर भी वह चलता चला जा रहा था। लेकिन जो कहर हो गया, फिर क्या गुंजाइश थी? भैया थे कि जौ की पकती थी, छोटे भैया दूध बेचकर काम चला लेते थे और गौरी तब तीन दिन भूखी रही थी। गाँव में राह चलते उसे देखते और मुँह देखने को तरस-तरस जाते। एक दिन न कहा उसने, "भैया के ही हो आते।'' कहती थी, "भीख नहीं माँगेंगे हम, ठाकुर नहीं तो ठकुरात से कुछ कम भी नहीं। हमारे बाबा जब गढ़ी में बैठते तब...''

वह साँस लेकर कहती, ''क्या करोगे अब? चलो न? कहीं शहर चलकर रहेंगे। कोई काम मिलेगा वहाँ?''

भोला उस पर उन दिनों चारों-पाँचों कपड़ों से फिदा था। वह काला था, वह फक गोरी थी। और एक दफे जब कुछ शहरी बाबू गाँव आए थे, ठिठक गए थे देखकर। उन्हीं दिनों लौटा रघुनाथ। रंगून की हालत सुनी, सुनी कि भोला तैयार हो गया फौरन। एक बार खयाल आया गौरी कहाँ रहेगी? मगर गौरी ने सब सँभाल लिया।

रेल चढ़े, जहाज़ उतरे। दिनों लग गए। रेल की गूँज तीन दिन तक सिर घुमाती रही। और जब दोनों रंगून में काम करने लगे, दोनों भूल गए अपना सारा दुःख। यहाँ पैसा मिलता था। गाँव में बौहरा क्या कभी सिर उठाने देता था? वहाँ सब चल रहा था, यहाँ सबमें जान थी। गौरी ने कहा, ''कैसी मरजाद? यहाँ कौन जानता है?''

किंतु दिन एक-से कभी नहीं रहते। कुछ ही दिन बाद बर्मी झगड़े शुरू हुए कि हिंदुस्तानी पागल हो गए। भोला था। वैसे कभी अब्दुल्ला के हाथ का खाया पिया नहीं, मगर उस दिन दोनों भाई-भाई की तरह रात भर पहरा देते रहे थे। दंगे रुकने पर सुना, कलकत्ता बड़ा शहर है, वहाँ मजूरी ज्यादा मिलती है, काम भी कम करना पड़ता है। गौरी तो तैयार बैठी थी। कहती थी, ''यहाँ के लोग न धर्म मानते हैं, न करम।''

भोला कहता, ''देश-देश की रीत है...''

''भली है,'' गौरी कहती, ''मगर यहाँ तो हया-सरम भी नहीं।''

कलकत्ता! हावड़ा के जूट के कारखाने। पहले तो खाँसते-खाँसते हालत बिगड़ गई। मेट की फटकारों को सुन-सुनकर उसकी आदत पड़ गई, मगर उस शाम जब गौरी ने कहा कि मेट ने कहा था...और कहते-कहते वह क्रोध से पागल हो गई। दूसरे ही दिन

वे चटगाँव चल पड़े, जहाँ का ग्रामीण जीवन उसे बहुत भाया। गाँव वालों ने पहले अविश्वास किया, किंतु करीम खाँ की माँ, जो तब जिंदा थी, फौरन हिलमिल गई। उसका एक फूफी का लड़का था जो मुरादाबाद में नौकर था और गाँव की काली औरतों ने इस कंजी आँखों वाली की भरी देह देखकर डाह की। उनके मरदों ने सीधे या बहाने से उसके बारे में जानकारी प्राप्त की, और सब ठीक हो गया। शोभा, जो रंगून में ही पैदा हुआ था, सदा का हठी था।

भोला ने सोचा, कितना ढीठ था, कितना चंचल! और गौरी से तो सदा ही उसकी लड़ाई रहती। आज बारह बरस हो गए यहीं, और शोभा गाँव का अपना था। गौरी उसे दुलारती, वह ऐंठ जाता। आज उसे उस पर क्रोध आने लगा। गौरी ने ही बिगाड़ा था उसे, वरना रात-रात भर बाहर रहने की उसकी मजाल?

वह लौट चला। पगडंडी पर चलते-चलते वह एकबारगी ठिठककर खड़ा हो गया। सामने एक लाश पड़ी थी। सिर, बदन, सब जैसे सूखा लक्कड़। आँखों में एक डर। भोला उसके मुँह का डरावनापन देखकर सहम उठा। तन पर एक गंदी कफनी-सी धोती थी। उसकी सिकुड़ी खोल सूखकर कर्री हो चली थी। भोला उसे देखता रहा। कोई पास में नहीं दीखा। लाश का विकृत मुँह देख वह कुछ भी तय नहीं कर सका। शायद कोई भूखा भिखारी मर गया था। सहसा उसने देखा, लाश के मुँह पर एक कीड़ा बिलबिलाने लगा। भोर की नीरव शीतलता में उस काली लाश पर वह घिनौना कीड़ा भोला का अंतःकरण चिल्ला उठा, "वह भी आदमी है, किसी की गोद का लाल, किसी रोते बच्चे का सहारा!"

बच्चे की याद आते ही उसे शोभा की याद ने सजग होकर घेर लिया।

जैसे-जैसे भोला गाँव के समीप पहुँचने लगा, उसके पैर भारी होने लगे। मन की आँधी मानो घहरा उठी थी। एक करुण स्वर हवा पर तैर रहा था।

खेतों की छोटी-छोटी मुँडेरों पर किसान बैठे रात की बममारी का ज़िक्र कर रहे थे। भोला जब पास गुज़रा, पाँचकौड़ी उसे देखकर उदास दृष्टि से मुस्करा उठा। गाँव के दूसरे छोर पर रहने वाला वह व्यक्ति सदा से भोला का मित्र रहा है। उसने कहा, ''कहाँ लगी भोर, हो आए?'

''कहीं नहीं, शोभा दीखा था क्या?''

"क्यों, क्या हुआ?'' उसने आशंकित होकर पूछा।

''कुछ नहीं, रात को घर नहीं लौटा। इसी से तो उस बदमाश को ढूँढ़ रहा हूँ, एक आफत है।''

''रात को नहीं आया? कहाँ रहा पाजी? अजब लड़के हैं। माँ-बाप तो हैं ही नहीं। वहीं तुम्हारा छोकरा चाँदू। अब भी भला कोई वक्त है? घर से गायब है। मगर भैया, मैं तो कहीं आता-जाता नहीं। आना हो आओ, न आना हो न सही, बेटा से कह चुका हूँ, कोई मुट्ठी भर भात भी नहीं देगा। आना फिर?''

भोला विदा लेकर आगे बढ़ा। उसका हृदय भीतर ही भीतर घुट रहा था। आज चटगाँव के आँसू बाहर निकलना भूल चुके थे। भीतर ही भीतर आग घुमड़ रही थी। यह

वह आग थी जिसे गरीबी ने कुचल दिया था।

घनी हरियाली शुरू हो गई। बीच-बीच में वे घर दीखने लगे। भोला ने देखा, ताल पर बत्तख फूलकर तैर रही थी। चलते-चलते उसने सुना, कोई कह रहा था, "ओ माँ, सत्यानासी को जगह ही नहीं मिली। अच्छा अँगरेज़ों का दुश्मन है यह हमारा दोस्त! काका आए हैं। कहते हैं, खेत के बीचोबीच एक बम फटा है। फसल का ढेर हो गया, फसल का ढेर।"

भोला अधिक न सुन सका। मोड़ के पीछे ही वह रुक गया। सामने अब्दुल शकूर का घर था। उसने देखा, आम के पेड़ पर चढ़ा शोभा कोयल की आवाज़ में कुहू करता कच्ची अमिया तोड़कर खा रहा था। ताल में शबनम छपाक-छपाक पत्थर फेंकती, छींटे उछलते और वह थोड़ी-थोड़ी देर बाद रिरियाकर कहती, "एकठो दोओ, शोभदा।"

"ले एक और," तपाक से जो शोभा ने हाथ में अमिया लेकर नीचे देखा—कि बाप रे! धड़ाम से एक बार डाली से झूलकर कूद पड़ा नीचे और बंदरों की तरह उछलता हुआ सामने आ खड़ा हुआ।

"कहाँ गया था?" भोला का कर्कश स्वर उसके चेहरे के रंग को बदलता उसके दिल से जा टकराया।

"कहीं तो नहीं काका," उसने चंचलता छोड़कर कहा। भोला उसे बहुत प्यार करता था, क्योंकि शोभा का मुख बिलकुल गौरी का-सा था। बच्चे होने पर माँ-बाप का प्रेम बँट जाता है। किंतु भोला और गौरी के पारस्परिक व्यवहार में कोई फर्क नहीं आया। शोभा की सहमी हुई सूरत देखकर रात-भर की परेशानियाँ खो गईं और यह स्नेह से पूछ बैठा, "माँ के पास गया था?"

शोभा ने सिर हिला दिया, "नहीं।"

शबनम अभी तक दूर खड़ी थी। अब पास आकर खड़ी हो गई। चौदह बरस की लड़की। बचपन से ही हाड़तोड़ मेहनत करते-करते उसे यह कभी अनुभव भी नहीं हुआ कि वह जवान हो गई थी। उसका बाप अब्दुल शकूर, जिसकी ठोड़ी पर थोड़े-से बाल थे और गाल बिलकुल बैठ गए थे, एक लड़ाकू था। रोज़ किसी न किसी से लड़ना और संझा गए उसी के घर जाकर नारियल पर से चिलम उतारकर पीना, हिंदू हो या मुसलमान।

भोला ने उसे प्यार से देखकर कहा, "अच्छी है, बेटी?"

शबनम ने शरमाकर सिर नीचा कर लिया। शोभा बड़ा खुश हुआ। अपना बड़ा-सा सिर ऊपर-नीचे हिलाने लगा और भोला ने देखा, शबनम बहुत दुबली हो गई थी। भयानक गड्ढे की अँधियारी खिलखिलाती धूप में अधिक साफ दिखाई देती थी।

"अच्छा," भोला कह उठा, "चलो, घर चलें। गौरी राह देखती होगी।"

दोनों चल पड़े। हाट के परे पहुँचकर शोभा ने कहा, "रात जब जहाज़ आए थे, मैं बाबा श्यामपद के यहाँ घुस गया।"

"और रात भर कहाँ रहा?"

"कहीं तो नहीं!" जवाब असली न होकर ऐसा था कि न पूछो।

“तो कौन दूर था तू जो घर नहीं आ सका?

“नहीं काका! यह तो बम गिरने के बखत की बात है। जब जहाज़ आए तब बाबा ने मुझे बसंत काका की खटिया के नीचे कर दिया। इंदु भी वहीं थी। बाबा ने कहा—क्यों नहीं बैठता एक ठौर तू? कुत्ते की तरह मारा-मारा डोलता है। क्या तेरे माँ-बाप कुछ नहीं कहते...”

और एकदम जीभ काटकर चुप हो गया। यह वह क्या कह गया। भोला ने फौरन कहा, “और तूने क्या कहा? जग हँसाई कराई न?” फिर रुककर कहा, “कुछ हुआ तो नहीं?”

“होता क्या? बसंत काका तो खाट पर ही रहे। साफ कह दिया, खाट क्या लोहे की ढाल है जो उसके नीचे छिपूँ? मगर मुझे तो बड़ा डर लगता था काका, उस वेला। कहीं पर बम फटा था। उसकी धड़ाक से मेरा दिल काँप उठा। बाबा सकते की-सी हालत में थे। फिर भी वे खड़े थे, जैसे उन्हें अपने प्राणों का भय नहीं था। मैंने कहा—बाबा, तुम भी लेट जाओ।”

बाबा ने हँसकर कहा, “सो क्यों लेट जाऊँ? गाँव के बच्चे-औरत अनाथ पड़े हैं! एक मैं ही बचकर क्या कमाल करूँगा जो...”

और वह फिर हँस पड़े। उसकी हँसी रुक भी नहीं पाई थी कि बूढ़ा रहमान भागा-भागा आकर झोंपड़े में घुस आया और पागल-सा बकने लगा, “भइया श्याम, अब क्या बचा है जो फिर यह ज़ालिम आ गए।”

उसकी भर्राई आवाज़ से झोंपड़ा दहल उठा। इसके बाद कुछ देर तक वही करुण चीत्कार गाँव में गूँजती रही, बच्चों का रोना औरतों के चिल्लाने में डूब गया था।

“कुछ नहीं हुआ। कुछ नहीं, हाँ कुछ भी नहीं,” कहकर सहसा ही रहमान उठाकर हँस पड़ा और विक्षिप्त बाबा श्यामपद को पकड़कर चिल्ला उठे, “मुझे भूख लग रही है। भूख लग रही है मुझे। है कुछ खाने को?”

बाबा ने पानी का गिलास भरकर दिया। रहमान पानी पीकर कुछ गिड़गिड़ाया और पेट पर हाथ रखकर कराहने लगा। और इससे पहले कि कोई कुछ कहे, निकलकर भाग गया।

बाबा ने कठोर स्वर में कहा, “बसंत यह पागल हो गया लगता है। पहली बममारी की दहशत बैठ गई है इसे। मगर ऐसी भूख भी क्या?”

तभी जहाज़ लौट गए। हम लोग बाहर निकल आए। इंदु ने बसंत से कहा, “सो रहे हो?”

बसंत ने कराहकर करवट बदली और कहा, “सोने देता कौन है, बेटी?”

बाबा अपना नारियल सुलगाने लगे।

कालीपद की बहू का कर्णभेदी शब्द रोना नहीं, उसके हृदय का घोर हाहाकार था। मलबे के सामने बैठी वह घुटनों में सिर छुपाए रो रही थी। कालीपद कह रहा था, “अब रोकर क्या होगा हरिदासी? घर लौट आएगा क्या? होना था सो हो गया। अपना-अपना

भाग्य है। किसी के नहीं तो अपना ही सही। रोने से तो कुछ हाथ आने का नहीं। करीम खाँ की विधवा तो रात ही रात जल गई। देख न! पड़ोस तो देख। अपनी जान है, जहान है। परमात्मा ने बचाया तो। करीम खाँ की बहू तो बची भी नहीं। अब क्या है? अच्छा है, बिचारी राह लगी। यहीं कौन अपना था?''

भोला और शोभा ने देखा, वे दोनों घर जल चुके थे। भस्म में से भभक निकल रही थी और कुछ जलने से बची चीजें अब बच्चे इकट्ठी कर रहे थे। शोभा की आँखों में नफरत थी, ठंडा गुस्सा काँप उठा था। रात तक कुछ नहीं था और अब दोनों घर खँडहर पड़े थे। भोला सोचने लगा-अगली बममारी में ये भी सड़कों पर मर जाएँगे। शोभा चुपचाप चल रहा था। कालीपद भोला को देखकर सहम गया था। भोला से पूछा, ''कहाँ गए थे, भैया?''

''कमबख्त को ढूँढ़ने।'' भोला बुड़बुड़ाया। शोभा चिल्ला उठा, ''काहे की भीड़ है यह काका, अपने घर में किसकी भीड़ है इतनी?''

वह बात कहते-कहते दौड़ गया और भोला पीछे-पीछे।

गौरी खाट पर पड़ी बर्रा रही थी। उसके हाथ और पैर जल गए थे। कमर पर एक कपड़ा था। किसी ने अनजानते पानी डाल दिया था, जिसके कारण कहीं-कहीं भीतर का गोश्त तक खिंच आया था। उसकी आँखें अथमिची थीं और मुँह से घर्राती आवाज़ निकल रही थी।

भोला पागल-सा देखता रहा। शोभा रोता हुआ पास जाकर पुकार उठा, "अम्माँ! अम्माँ! यह क्या कर लिया तूने? बोल न, अम्माँ!''

अतीव स्नेह से उसका गला भर आया था। बाँग्ला बोलते-बोलते वह बीच में बोल उठा, "ओ मेरी मैया!''

गौरी ने पानी माँगने के लिए होंठ हिलाया। पास बैठी किसी औरत ने पानी पिलाया। स्त्रियाँ अवाक् देखती रहीं। भोला वज्राहत-सा खड़ा रहा, जैसे श्मशान में अपने प्रिय को जलते देखकर मनुष्य संसार की सत्ता पर अविश्वास कर उठता है। जैसे, अब दुनिया में बाकी क्या है?

गौरी ने आँखें खोल दीं। उसके सिर से बहता खून उसके गालों पर जम गया था। बड़े यत्न से उसने कहा, ''बच्चा कहाँ है?''

एक बूढ़ी बोली, ''यह रहा—सो रहा है।''

गौरी के होंठों पर एक हँसी खेल उठी। सामने कहा, ''शोभा, छोटा भैया देखा?''

शोभा का कंठ रुद्ध हो गया। उसने पूछा, "क्या माँ?''

''उसे तू पालेगा?'' गौरी ने कराहकर पूछा।

शोभा देखता रहा। गौरी की आँखें किसी को खोजने लगीं। भोला उसके पास आकर बैठ गया। वह हतबुद्धि, निष्प्रभ, मलिन-सा शून्य दृष्टि से गौरी को देखता रहा। मौत कैसे अचानक ही आदमी को घेर लेती है! कोई जान भी नहीं पाता। अभी कल तक जो घर की हर बात में दिलचस्पी लेती थी, अपने ऊपर भार लेती थी, आज यही शोभा को एक

और जीवन का बोझ देकर जा रही है। भोला ने देखा, वह कुछ कहना चाहती थी। उसने पानी पिलाया। शोभा ने बालक को गोद में ले लिया। गौरी यह देखकर मुस्कराई। उसके नयनों में एक संतोष की छाया थी। भोला को देखकर उसकी आँखें भर आईं। आज वह जा रही थी।

भोला अवरुद्ध ''आ गए?'' उसने भोला से क्षीण कंठ से कहा। ''कहो न?'' और उसकी दृष्टि में वह परवश ममत्व से उठा। भोला के आँसू गालों पर बह आए। गौरी के होंठ हिले और सब समाप्त हो गया। स्त्रियों का रोना फूट निकला। भोला पागल-सा देखता रहा और शोभा एक हाथ माँ की लाश पर धरे तथा दूसरे से बालक को पकड़े शून्य दृष्टि से देखता रह गया।

शोभा चुप था।

औरतें रह-रहकर रो रही थीं। भोला की आँखों से आँसू टपक रहे थे, पर शोभा चुप था।

साँप

घर के भीतरी भाग में बैठे हुए भी कमलापति चट्टोपाध्याय ध्यान में तल्लीन थे। ज़मीन पर चटाई बिछी थी। ऊपर एक तख्त था जिस पर सफेद चादर, सफेद गावतकिया और सफेद कपड़े पहने वृद्ध, मोटे चट्टोपाध्याय उस पर बैठे थे। छरहरे बदन का गुमाश्ता रुद्रमोहन उनके सामने खड़ा था।

''बैठ जाओ रुद्रमोहन, बैठ जाओ। खड़े-खड़े कब तक बात करोगे?'' चट्टोपाध्याय ने उसे हाथ से तख्त का एक कोना दिखाते हुए कहा। रुद्रमोहन बैठ गया। उसकी पतली शक्ल पर ग्यारह बजकर पाँच वाली मूँछें खड़ी रहती थीं और उसे देखकर विश्वास करना पड़ता था कि वह व्यक्ति अवश्य राह चलती औरतों को घूरता होगा। उसकी आदत थी कि तकादा करने उसी समय किसानों का द्वार घेरता था जब औरतें रहती थीं और मरद काम पर चले जाते थे।

चट्टोपाध्याय ने कहा, ''तो तुम क्या कह रहे थे? भोला की बहू मर गई? कितना बुरा हुआ, राम-राम, बहुत बुरा हुआ।''

रुद्रमोहन की आँखों के सामने वह मांसल गठन झलमलाकर तैर गई।

चट्टोपाध्याय ने फिर कहा, "अबकी तो कम ही नुकसान हुआ है, रुद्रमोहन; लेकिन अब क्या ठिकाना है? समझ में कुछ नहीं आता। इससे जापान को क्या फायदा हो सकता है?'' वह कुछ देर चुप रहे और उससे बोले, ''क्या बात कहते-कहते रुक गए थे तुम?''

"जी, मैं कह रहा था कि गाँव के लोग बहुत परेशान दीखते हैं। सब कहते हैं, अबकी शायद भाग्य खुलें। फसल लाखों में एक हुई है। आपने नालियाँ बनवाने का हुक्म सरकार से बदलवाया था न? बूढ़ा श्यामपद तो बस आप ही के गुन गाता फिर रहा है।

पर इधर जो दो बार बम गिर चुके हैं और पाँचकौड़ी का खेत तबाह हो गया है, सबके सब किसानों पर एक दहशत-सी छा गई है। मालिक, आप अत्याचार...''

चट्टोपाध्याय चौंक उठे। वह एकदम कह उठे, "अत्याचार? कौन कहता है, मैं अत्याचार करता हूँ? कौन कहता है कि मैं लोगों को सताता हूँ? तुम बताओ रुद्रमोहन, बताओ तुम। मैं अत्याचार करता हूँ?''

गुमाश्ते ने कहा, "आप नहीं मालिक! गाँव वाले कहते थे, यह बम गिराने वालों का अत्याचार।''

''सो तो है ही,'' वृद्ध ने कहा, ''अत्याचार न कहाएगा यह तो क्या कुछ और नाम हो सकेगा इसका? किसका न जाने घर, किसका जाने सिर, वह तो फेंक जाएगा ही और मरेंगे तो वही न, जो नीचे पड़े हैं। सरासर अत्याचार!''

और रुद्रमोहन ने ऐसे देखा जैसे सारा संसार भी यदि एक होकर आपको अत्याचारी कहे तो मैं मानने को तैयार नहीं। उसने कहा, ''बसंत मिला था श्यामपद का। कहता था, बीमार हूँ। मालिक से कहना कुनैन दे दें तो काम चल जाए।''

''मगर,'' वृद्ध ने सोचते हुए कहा, "कुनैन तो थोड़ी ही है। उसे दे देना क्या ठीक होगा? दे देंगे थोड़ी-सी, दे ही देंगे, अपना ही किसान है। बेटा समझता हूँ बसंत को, रुद्रमोहन, मैं बेटा मानता हूँ। बचपन में इसी घर का नमक खाया है उसने।''

बूढ़ी नौकरानी पास ही हुक्का रख गई। वृद्ध ने नली को मुँह में लगा लिया और हुक्का गुड़गुड़ाने लगे। धुआँ रह-रहकर उगलते ही छितराकर विलीन हो जाता।

''कुनैन की क्या? आजकल तंबाकू नहीं मिलता। सब चीजें महँगी हो गई हैं भैया, जाने कहाँ जाती हैं! फौजें ले जाती हैं, ठीक ही है। ये गोरे कितनी सिगरेटें पीते हैं। एक वह अमरीका से जो और आए हैं, चरित्र नहीं होता रुद्रमोहन, चरित्र देखा है उनका, उफ! उफ! परसाल जब कलकत्ते गया था, वेलिंगटन स्क्वायर के पास लोगों ने बताते हुए कहा—यहाँ हर रोज़ एक्सीडेंट होता है, हर रोज़। मानुस की कीमत क्या जानें वे लोग?''

वृद्ध चट्टोपाध्याय फिर हुक्का गुड़गुड़ाने लगे। गुमाश्ता चुप ही रहा।

वृद्ध ने फिर कहा, ''भाग्य है अपना-अपना, वह नहीं टल सकता। हाथ की लकीरें ही जब चाकू से खुरचकर बदली नहीं जा सकतीं तो भाग्य की लकीरें? कहती थी चंद्रशेखर की माँ, तुम्हारी मालकिन, कौन मिटा सकता है भैया, तीन बार भोलानाथ पर नित्य बेलपत्र चढ़ाती है, यह सब उन्हीं की देन है, उन्हीं की; न वह देते, न हम यहाँ होते, न तुम ही...''

चट्टोपाध्याय हँस उठे। उनका बड़ा स्थूल शरीर हिल उठा जैसे कोई गट्ठर हिल उठता है। गुमाश्ते को अंतिम विचार अच्छा नहीं लगा। आज मालिक न जाने कहाँ-कहाँ की सुना रहे थे।

''तुम नहीं जानते,'' वृद्ध ने फिर शुरू किया, ''चंद्रशेखर ने मुझे बताया था। ढाके की उसकी दुकान आजकल मज़े में है। पहली अगस्त में जो हड़ताल हुई तो दुकानें बंद हो गईं। उसके बाद कुछ फायदा होने लगा है।''

गुमाश्ते ने अब शुरू किया, ''मालिक, एक नई खबर है।''

चट्टोपाध्याय ने सिर हिलाया, मानों कहे जाओ।

गुमाश्ते ने कहा, ''पहली ज्येष्ठ में जो कमला बेटी का ब्याह हुआ था, लगान आपने न कर दिया था कम? घर-घर किसानों ने आपको आशीर्वाद दिया था। मगर अब किसानों को अपनी चाल में फँसाने एक सरकारी अफसर आया था। कहता था, खड़ी फसलें बेच दो।''

चट्टोपाध्याय स्तब्ध रह गए। उनके विचार जल्दी-जल्दी दौड़ने लगे। इसका अर्थ हुआ कि यदि सरकार फसल खरीदने में सफल हो गई तो गोदामों का चावल निकालने पर मजबूर होना पड़ेगा, क्योंकि आखिर वह कहाँ जाएगा? कंट्रोल के दाम पर बेचने से क्या मिलेगा? उन्होंने मन ही मन लक्ष्मी का स्मरण किया। उन्हें विश्वास नहीं हुआ। बोले, ''सरकार फिर अड़ंगा डालने लगी।''

गुमाश्ते ने उन्हें तीव्र दृष्टि से देखा, चट्टोपाध्याय हुक्का गुड़गुड़ा रहे थे। उन्होंने रुद्रमोहन की वह पैनी दृष्टि नहीं देखी। अपने ही विचारों ने उन्हें व्याकुल कर दिया। सारे के सारे व्यापारी यही कर रहे हैं। सरकार अब व्यापार में भी हाथ डाल रही है। कोई नहीं है हमारा भला करने वाला।

वह सिहर उठे।

और सरकार के डर से तो हम माल हटवाकर भी नहीं रख सकते। फिर गोदामों में घुन लगे तो क्यों न लगे? बीस हज़ार मन चाबल में घुन? चट्टोपाध्याय की इच्छा हुई कि वह रो पड़ें। आज बाज़ार में दाम तीस रुपया है। कल चालीस हो, पचास हो, कौन जाने। एक तो मौका आया है। सारे ज़मींदार नए घर बनवा रहे हैं और वही हैं कि धरम-धरम करके सब कुछ खोते जा रहे हैं।

वृद्ध ने कहा, ''रुद्रमोहन, कैसे भी हो, कैसे भी हो...''

वह चुप हो गए और गुमाश्ता बोल उठा, "आप मुझे कुछ बता रहे थे न?''

"हाँ," चट्टोपाध्याय ने कहा, "जानते हो, मुस्लिम मंत्री हैं सब। मीरजाफर, एकदम मीरजाफर! अँगरेज़ों ने मिलकर चाल चली है। समझते हो न इसका मतलब? हिंदुओं का सर्वनाश है। किसानों का सर्वनाश है। फौजें ले जाएँगी सब। सरकार का कुछ भरोसा है? वह अमरीका भेजेगी, आस्ट्रेलिया भेजेगी और तब हम भूखे मरेंगे।''

पड़ोस के किसी घर से किसी औरत के रोने की तीव्र आवाज़ आने लगी। चट्टोपाध्याय ने कहा, "देखा रुद्रमोहन, हरनाथ की बेटी मर गई है। इतना बड़ा कुनबा है उसका। फसल होने पर ही तो पैसा पाएगा। अब दवा भी नहीं करा सका। बेचारी गुज़र गई। मैंने तो कहा था—जो कर सकेंगे हम भी करेंगे, मगर क्या हुआ? मर गई।''

फिर वही करुण क्रंदन।

''फसल खरीदनी होगी, सरकार के हाथ में पड़ने से बचानी होगी—''

रुद्रमोहन ने काटकर कहा, ''मालिक, आपका नमक खाकर क्या कोई उसे भूल सकेगा? किसान तो आप ही के गुन गाते हैं, आप ही के। हिंदू हो, मुसलमान हो, कौन

भेद करते हैं आप? अँगरेज़ों का क्या है? लोग न उनसे प्यार करते हैं, न उन पर विश्वास ही। लेकिन मालिक, बसंत को कुनैन मिल जाती...।''

वृद्ध ने काटकर कहा, "मैंने मना किया है, रुद्रमोहन? तो ले जाओ, हाँ ले जाओ। बखत पड़े ही आदमी आदमी के काम आता है। मेरे विचार में बात करो न? हो सके तो हो। चंद्रशेखर की कपड़े की दुकान के लिए उसे ही ठीक करो न? लड़का तो ठीक है। हाथ का तो खिलाड़ी नहीं?''

बुझता हुक्का हाथ से दूर सरकाकर वृद्ध ने कहा, "चंदू की सेहत कुछ दिनों से खराब हो रही है। मालकिन कहती थी, बेटे पर काम का ज़ोर ज्यादा है! कैसे हो रुद्रमोहन! दुकान पर बैठे-बैठे तो कोई भी सामान बेच सकता है। मगर ऐसे आदमी की ज़रूरत है, जो घर-बाहर एक ढंग सँभाले। क्यों, ठीक नहीं रहेगा बसंत?''

गुमाश्ता सोचने लगा। बूढ़े की बात उसे बहुत जँची। "हो क्यों नहीं सकता, मालिक! ढूँढ़ने पर क्या इस गाँव में कोई भी न मिलेगा? क्या गाँव के लोग इतने कृतघ्न हैं कि अपने अन्नदाता को भूल जाएँ? नहीं, मालिक का नमक न चुकाया तो जीने से क्या लाभ है फिर? मिलेगा! मैं बात करूँगा। जरूर मिलेगा।''

फिर कुछ देर दोनों चुप रहे जैसे वृद्ध भजन कर रहे थे; गुमाश्ता अपनी सोच रहा था।

वृद्ध ने फिर कहा, ''मुझसे क्या पूछते हो, रुद्रमोहन? मैंने तुमसे कभी कुछ कहा है? अरे भाई, इन बातों को तुम मुझसे ज्यादा समझते हो।'' और पुकारकर बोले, ''चंदू की माँ, ओ चंदू की माँ!''

''आती हूँ'' कहती हुई एक मोटी स्त्री द्वार पर आ खड़ी हुई। गुमाश्ता खड़ा हो गया। स्त्री उसे देखकर मुस्कराई।

"सुना तुमने?'' वृद्ध ने कहा, ''सरकार फसल खरीद रही है। अब क्या करना है? हम तो कह देंगे ले लो, यह जमींदारी भी ले लो। क्या करेंगे हम?''

''ओ बाप रे! अब तो हाथ का कौर भी न खाने देगी!''

और मालकिन कहती चली गई। वृद्ध हाँ में हाँ मिलाते रहे। गुमाश्ता सुनता रहा।

संवेदना

उत्तरी कटोली के किसानों के पाड़े में कुछ दिन के लिए हलचल पड़ गई। बसंत खेत पर जाकर धान के गट्ठर बाँधता और बूढ़ा श्यामपद काट-काटकर एक ओर ढेर का ढेर लगाता जाता। इंदु बसंत का हाथ बँटाती और वे आपस में बातें करते।

बसंत ने कहा, ''बाबा, अफसर तो कहते हैं, लौट गया।''

श्यामपद ने हँसिया चलाते हुए कहा, ''लौट न जाता तो करता क्या? कहीं ठौर

थी अपना काला मुँह छिपाने को? खड़ी फसल खरीदेंगे/बेच दो।'' उसने हाथ रोककर कहा, ''क्या छोड़ा है सरकार ने? परकी कितने के बिके थे? खेतों पर रात-रात-भर पहरा हमने यों ही नहीं दिया है। रेल काटते हो। तार काटते हो। तुम ज़िम्मेदार हो, नहीं तो जुर्माना देना होगा। भली रही।'' और वह फिर खेत काटने लगा।

गाँव के सारे किसान फसल कटाने में लगे हुए थे। अब्दुल शकूर बात-बात पर शबनम को डाँटता और भोला बगल से निकलते हुए सुनकर कहता, ''क्या हुआ शकूर? लड़की को खा जाएगा क्या?

अब्दुल शकूर कहता, ''तू कौन है जो बीच में बोल रहा है? जा, अपना काम कर।''

और भोला उसे देखकर हँसता। खेत में काम करते समय उसकी आँखें कभी-कभी किसी को खोजने लगतीं और वह शोभा को देखकर व्याकुल हो जाता। गट्ठर के गट्ठर बाँधने में लगे रहने पर भी वह बीच-बीच में बालक की ओर देख लेता। बालक धूल में खेलता रहता। घर में उसे रखने को कोई था ही नहीं। भोला साँझ के वक्त व्याकुल होकर सो रहता। बाप-बेटे में बहुत कम बातचीत होती। दोनों एक-दूसरे को देखते, मगर एक-दूसरे की नज़र बचाकर शोभा भोला को ही माँ की असमय मौत का ज़िम्मेदार समझता और भोला अपने सूनेपन को देखकर स्वयं ही अपने आप को अपराधी समझता।

पाँचकौड़ी ने हँसिया फेंककर कहा, "कहो भोला, बस एक दिन का और काम है।''

भोला नारियल पर से मुँह हटाता हुआ बोला, ''हाँ, ज्यादा नहीं।'' वह धुआँ छोड़ने लगा।

धूप आसमान में फड़फड़ाया करती। दूर हरियाली में छिपे घर ऊँघते रहते।

''परकी,'' श्यामपद ने फिर कहा, "जो बेचे उससे दूने का भाव लगेगा अबके। अब्दुल शकूर से मिला था वह रुद्रमोहन। कहता था, अफसर को बेचोगे? अरे, यह सरकार की नई चाल है। क्या मालूम वह कहीं बाहर भेज देना चाहती हो। यहाँ तो मालिक की बात है। क्या मालिक भी अँगरेज़ों-से हैं?''

बसंत ने काटकर कहा, ''सुनेंगे तो अपनी। कहने को तो एक रास्ता होगा? अफसर का क्या? पेट भरने के लिए नौकरी करोगे तो उन्हीं के इशारे पर तो चलोगे? मेरी राय में मालिक ही ठीक हैं। इतना धर्म करते हैं, पूजा-पाठ करते हैं, और वह ले भी कहाँ जाएँगे जो?''

''मैंने तो कह दिया मेरी फसल,'' श्यामपद ने हाथ फैलाकर कहा, "मालिक की है। हमारे बाप-दादा सदा से मालिक के बाप-दादा को जानते रहे हैं, हम किसी और को नहीं जानते। ऐसा पेट भी क्या जो कहे, सब मैं ही खा लूँ। तू अपना खा, हम अपना खाएँ। अबके ही क्या अनहोनी हो गई ऐसी? क्यों?''

''सब चाल है, एक नंबर चाल,'' बसंत ने नतीजा निकाला।

और फिर रुद्रमोहन ने कहा कि तुमसे हम खड़ी फसल नहीं लेते। चाहो काट दो और दाम लो, चाहे बेच दो और कटाई करो, कटाई की मेहनत लो। मैंने तो दूसरी बात ही ठीक समझी। अपना हिस्सा माँग लिया है, मगर सोचता हूँ कि क्यों न जब दाम बढ़

रहे हैं, सब बेच दूँ; और जब पैसा हाथ है तो क्या नहीं खरीद लेंगे।''

बसंत ने बिलकुल स्वीकार किया और बात समझ में आने की थी, लिहाज़ा आ गई। किसानों ने अपनी राय में दाम बढ़ाकर माँगे और रुद्रमोहन ने पहले पुराने कर्जे, बैनामे और रसीदें चुकता कराके श्यामपद को कुल सवा दो सौ रुपए थमा दिए; तब श्यामपद के पैरों के नीचे से धरती खिसक गई और उसने कहा, "मालिक, इससे कितने दिन काम चलेगा?''

''अरे, तेरा सारा कर्ज़ा चुक गया, पागल,'' रुद्रमोहन ने सिर हिलाकर कहा, "सोचते हो, सूद दे दिया, बड़ा अहसान कर दिया। कभी मूल पर भी ध्यान दिया। वह तो जैसे पचाने को ही लिया था। क्यों? जाओ, मंगल मनाओ भैया। दूसरे का हड़प किया रुपया पचाकर कोई सुख की नींद नहीं सोया। समझे? जाओ।''

श्यामपद पागल-सा सुनता रहा। घर आकर उसने सवा दो सौ रुपए निकालकर बसंत के सामने रख दिए और व्याकुल-सा कह उठा, ''बसंत, आज चावल का दाम तीस रुपया नहीं, पैंतीस रुपया मन है, पैंतीस। कह तो, कितने रोज काम चलेगा इससे। मैंने सोचा था, इंदु का ब्याह हो जाएगा इस वर्ष और अब...''

वह खिसियाकर हँस दिया।

"अब," उसने फिर कहा, ''अब कुछ नहीं होगा। एक भद्रलोक से बात हुई थी। उन्होंने कहा था—समझ में नहीं आता क्या होने वाला है। किंतु इतना अवश्य है कि यह आँधी के पहले की उमस है।''

''कैसी आँधी? बाबा, आँधी क्या?'' इंदु ने विस्मय से पूछा।

''आँधी?'' वृद्ध ने चौंककर कहा, ''बाबू कहते थे, मौत की आँधी।''

शब्द कुछ देर तक झोंपड़े में गूँजते रहे और बूढ़े ने हताश स्वर में कहा, ''फिर भी, फिर भी क्या चट्टोपाध्याय के रहते हम भूखे मर जाएँगे?''

बसंत ने कहा, ''बाबा! आज ही ऐसे घबराने की क्या बात है? रुद्रमोहन मिला था। कहता था, तू ढाका जाकर छोटे मालिक की कपड़े की दुकान पर काम क्यों नहीं कर लेता? मैंने कहा, खेत कौन करेगा? खेत, उसने कहा, तेरे बाबा अभी तो तुझ जैसे दस को पाल ले सकते हैं। इंदु का ब्याह नहीं करना है?''

''फिर तूने क्या कहा?'' वृद्ध ने उत्सुकता से पूछा। मन में एक हर्ष की हिलोर दौड़ गई। उसको रुद्रमोहन योग्य समझता है।

बसंत ने कहा, "मैंने तो कहा है, बाबा से पूछकर ही कह सकूँगा। खेत के बखत लौट आने देंगे? ज़मीन तो पुश्तैनी है, बाबा! अपने बाप-दादा यही करते आए हैं। क्या ऐसे ही छोड़ देंगे सब कुछ?''

वृद्ध ने प्रसन्नता से सिर हिलाया, फिर कहा, ''किंतु हरज ही क्या हैं, बसंत? कुछ दिन तो काम चलेगा ही। क्या देंगे?''

"पच्चीस रुपया और खाना कहा है।'' बसंत ने हिचकिचाकर कहा।

"लेकिन, तू रह लेगा रे अकेला?'' उसे शिशिर की याद ने व्याकुल कर दिया।

''लेकिन,'' उसने फिर कहा, ''शहर की नौकरी खतरे की झोंपड़ी ही है, बेटा!''

बसंत समझकर कहा, ''बाबा, बखत आने पर क्या नहीं होता।''

"हाँ," बूढ़े ने फिर समझौता किया, "सो तो करने वाला अपनी ही मर्ज़ी से करता है। अपने-अपने करम भी तो नहीं भूलने चाहिए। फिर भी बेटा, भाग्य ही जो ठहरा।''

''तो फिर क्या रही? जाऊँ न? कौन ऐसा दूर है?'' ढाका पुराना शहर है। बसंत गाँव से ऊब गया है। कुछ दिन जाकर रह आने की इच्छा साधन प्राप्त होते ही बलवती हो उठी है। और उसने फिर कहा, ''बाबा! गाँव में ही क्या है? बाबा, रहमान तो पागल होकर कहीं चले गए। भोला है। मगर कुछ उसका क्या? खेती करता है तो उसकी मजूरी, बिना फसल के इधर-उधर की मजूरी, वह तो मजूर है, कोई ज़मींदार तो है ही नहीं। और इंदु को जो एक ठौर लगा देना है। न हो, आ जाया करूँगा छुट्टी लेकर मेरा खर्च ही क्या होगा वहाँ? खाना तो अपने है ही और...''

वृद्ध ने उठकर कहा, ''जैसी भगवान् की इच्छा।'' और वह झोंपड़े के बाहर हो गया।

उसी शाम शोभा माँ की धरोहर को गोद में लिए संध्या की धूमिल वेला में अब्दुल शकूर की झोंपड़ी में झाँक उठा। अब्दुल शकूर उस समय चिंता में मग्न बैठा नारियल पी रहा था। उसने शोभा को देखकर कहा, "आ बेटा, भीतर आ जा न।''

शोभा सोते बालक को खाट पर लिटाकर नीचे आकर बैठ गया। अब्दुल शकूर ने देखा, उसके चहरे पर एक संजीदगी थी, एक गंभीरता उस पर गहरी हो चली थी। वह आँखें, जिनमें एक तरल हँसी झूमा करती थी, उनमें इस कच्ची उमर में ही एक भयाकुल उन्माद की छाया झलकने लगी थी। उसकी लाज-भरी आँखें शुष्क हो चली थीं। कल तक जो शोभा झोंपड़े में झाँकते न झाँकते अब्दुल शकूर के कान खा-खा जाता, यहाँ तक कि चिड़चिड़ा शकूर काँय-काँय करने लगता, आज वह भोला से भी गंभीर आकर बैठ गया था और गंभीर दृष्टि से—वह दृष्टि जो साँझ में खेतों की सनसनाहट की तरह नीरव थी—आज कुछ सोचने का प्रयत्न कर रहा था।

उसने कहा, ''शोभा, आजकल तू क्या सोचा करता है यों रात-दिन? मैं तो तेरी सूरत पर वह बात ही नहीं देखता।''

शोभा ने देखा और सुना। वह कुछ बोला नहीं। उसके होंठों पर एक मुस्कान छा गई, जैसे सूखी कछारों पर लौटती लहरें अपने फेनों को छितरा जाती हैं। शकूर ने देखा और मन ही मन संदिग्ध-सा, गहराई में पैठकर उसके व्यवहार को समझने का प्रयत्न करने लगा।

शोभा कितना चंचल था, किंतु इस बालक की ज़िम्मेदारी ने उसे कितना बदल दिया था। मरते समय उसकी माँ उसे सौंप गई। शोभा ने अपनी माँ को दम तोड़ते देखा था और वह उस वक्त भी रोया नहीं था। यही तो बूढ़ी काकी ने बताया था। काठ हो गया था इसका हिया भीतर ही भीतर, जैसे घुन लग गया हो। भोला तो उसके बाद आज तक ठीक नहीं हुआ। बात तो अब भी करता है, मगर यों ही उखड़ा-उखड़ा-सा। स्त्री का मरना

क्या हुआ, सारी ममता ही चली गई। बेटे से तो कभी उसे घुल-मिलकर रहते हुए नहीं देखा। खेत बिके, मतलब खड़ी फसलें बिकीं, तो कभी उसकी आँखें झपकीं और कभी चमकीं, किंतु उसने कुछ नहीं कहा। जब पाँचकोड़ी ने गंगाजल फेंककर गाय के मर जाने पर प्रायश्चित्त किया तब भी वह सूना-सूना-सा ही देखता रहा, जैसे आज वह होती तो जाने क्या होता! वह मन ही मन मुस्कराया। जोरू किसकी नहीं मरती, मगर इसकी तो, हाँ, जोरू ही और थी। किंतु इसमें तो कोई कुछ नहीं कर सकता था। उसने बात टालने को कहा, ''शोभा, तेरे बालक का नाम क्या है?''

शोभा चिहुँक उठा। उसने कहा, "काका, मैं क्यों? शबनम ने बताया, ''इसका नाम कासिम था, सो अब है।''

''नाम तो बड़ा अच्छा है। बेचारा, न माँ है, न बाप। अच्छा है, पल जाएगा।''

''कैसे होगा काका? चावल तो मिलना दुर्लभ हो गया है। काका और मैं दोनों काम ढूँढ़ने जाते हैं, मगर पेट को पूरा नहीं पड़ता। उधर के रास्ते में रोज़ दो-तीन भिखारी मरे मिलते हैं। कौन जाने वे भिखारी ही हैं कि मज़दूर किसान हैं? सुनते हैं, कॉक्स बाज़ार में अकाल पड़ गया है। दाम बहुत बढ़ गए हैं। मजूरी ही मुश्किल से मिलती है। तुम्हारे पास तो खेत हैं, और जाने कुछ न होगा क्या? मगर हम तो इस हाथ लेते थे, उस हाथ देते थे, और अब समझ नहीं पड़ता क्या होगा?''

शकूर ने कहा, ''बेटा फसल बेचकर एक हफ्ता हुआ। जो था वह उठ चला है। पास में था ही क्या? पहली बार जो ज़मीन रेहन की थी सो छुड़ाने में ही सब, हाँ, सब निकल गया। समझ नहीं पड़ता, अब क्या होगा? होगा क्या?'' वह चिड़चिड़ाकर बोला, ''मरेंगे, और क्या होगा?''

बालक उठकर खाट पर बैठ गया था। वह एकबारगी रो देने वाला था कि शोभा कह उठा, ''क्यों कासिम! यह रोना-धोना क्या है? काका को हाथ नहीं जोड़ा तूने?''

शकूर ने देखा, शोभा और कासिम एक थे। बच्चे ने दोनों हाथ उठाए और मिला दिए। हथेलियों का मिल जाना उसकी नज़र में कोई बड़ी बात न थी। शोभा और अब्दुल शकूर दोनों हँस पड़े। बालक पेट के बल खाट से उतरकर ठुमुक-ठुमुक चलता शोभा की गोदी में आ गया। शोभा ने प्यार से पुचकारकर उसे गोदी में बिठा लिया। बालक थोड़ी देर इधर-उधर देखता रहा और बोला, "काकी?''

"काकी?'' शोभा हँस पड़ा, ''काका, जानते हो, इसकी काकी कौन है?

अब्दुल शकूर ने सिर हिलाया। उसकी बकरे की-सी दाढ़ी पहले हिल उठी।

''अरे और कौन? मैं।'' कहते हुए शबनम ने प्रवेश किया और बालक ने उसे देखते ही अपने छोटे-छोटे हाथ फैला दिए। शबनम ने उसे गोदी में उठा लिया और उसके गाल चूमने लगी। बालक ने विरोध किया। जब उसकी कुछ न चली तो उसने शोभा की ओर देखकर कहा, ''काका! काकी! कान!''

''देखा काका!'' शोभा हँस उठा। अब्दुल शकूर से वह कहने लगा, ''खोका कहता है कि काकी तंग करती है, उसके कान खींचो।'',

तीनों इस बात पर बड़े ज़ोर से हँस उठे। बालक भी हँसने लगा।

बालक की आँखों में अभी छोटे होने के कारण एक स्वाभाविक प्रतिध्वनित चमक थी, जिसके कारण हर बालक को देख एक प्राकृतिक करुणा का स्रोत मनुष्यमात्र में उमड़ आता है।

जब तीनों चुप होकर पुलकती आँखों से बालक को देख रहे थे, बालक अचानक ही शोभा से कह उठा, "काका, दूध।"

शोभा चौंक उठा। उसने शबनम को देखा, शबनम ने शोभा को और फिर दोनों ने बालक को। एक उदासी ने आँखों में घर कर लिया।

अब्दुल शकूर ने देखा, दोनों चुपचाप बालक को देख रहे थे। उसने कहा, "शब्बो! देख न! थोड़ा भात तो ला दे। कासिम की क्या है? यह तो खा सकेगा। क्यों रे," उसने शोभा से मुड़कर कहा, "तू घर रखेगा इसे? फिर कैसे?"

"माँ ने जो दिया है, काका..."

शोभा की बात समाप्त होने के पहले ही शबनम उठ गई और बोली, "थोड़ा तो देना ही होगा .."

शोभा ने स्वीकार कर लिया।

धोखा

किसानों को फसल बेचे लगभग डेढ़ महीना हो चुका था। हाथ का थोड़ा-बहुत पैसा भी खर्च हो चुका था। चावल न जाने कहाँ खो गया था। दुकानों और प्रकट गोदामों में केवल धूमिल अंधकार के अतिरिक्त कुछ नहीं था। छोटे-छोटे टुटपुँजिए दुकानदार, सिवा इसके कि सड़क पर आ खड़े हों, और कोई चारा नहीं था। चावल का दाम आसमान पर चढ़ रहा था। हाथ की पूँजी उस भाव पर चावल कितने दिन खरीद सकती थी। जो भी मिलता था वह मानो दलालों की अपराजित करुणा थी। बड़े-बड़े व्यापारियों की दया पर सारा चटगाँव अकाल के दाँतों के बीच में धरा था। सब जानते थे कि दोनों पाट आकर अब शीघ्र ही कचक जाएँगे।

पाँचकौड़ी माथे पर हाथ मारकर कहता, "इतनी बड़ी फसल बिकी थी, तब चावल कहाँ गया?"

कालीपद ने कहा, "रुद्रमोहन कहता था, सबका सब सरकार ने खरीद लिया और अब पता नहीं क्या हुआ?"

पाँचकौड़ी ने हाथ पर हाथ मारकर कहा, "होगा क्या? ले गई डायन! ले गई और बेटा, अब दाँतों के बीच जीभ चबाकर हम अपना पेट भरेंगे।"

"क्या हुआ? क्या हुआ?" कहते हुए श्यामपद ने कहा, "बसंत ने लिखा है, ढाका में भी चावल नहीं मिल रहा है। मगर चंद्रशेखर ने काफी इकट्ठा कर लिया है। सारा का

सारा देश आ जा...''

"काका,'' पाँचकौड़ी ने कहा, "अकाल पड़ेगा क्या?''

किसी ने कोई उत्तर न दिया। थोड़ी देर बाद सब उदास मुँह अपने-अपने घर चल पड़े।

कालीपद की बहू चबूतरे पर घुटनों के बीच सिर किए बैठी थी। बममारी में जो कुछ बचा था उसी को फिर से दीवारों के रूप में खड़ा करके उन पर गुदड़ियाँ और पत्ते डालकर फिर एक घर बना लिया गया था। बाहर चबूतरे के किनारे मटके रखे रहते, जिनके तीनों तरफ काँटे लगाकर रात को कालीपद स्वयं चौथी तरफ सोता। दोनों बच्चों को लेकर बहू भीतर सोती। दिन और रात का यह व्यतिक्रम पहाड़ों में टकराने वाली निरुद्देश्य वायु की तरह बीतता चला जा रहा था। आज कालीपद के आते ही बहू ने अपना घूँघट पलट दिया। कालीपद ने देखा, वह रो रही थी। वह व्याकुल-सा देखता रहा।

बहू रिरियाने लगी, ''आज क्या हुआ? चूल्हा भी नहीं जलेगा आज। बच्चे सहमकर रो रहे हैं। मुझसे नहीं देखा जा सकता यह सब। एक-एक करके सब गहने बिक गए। मेरे था ही क्या ऐसा जो कुनबा भरती, और अब वह भी न रहे? और...''

"मगर,'' कालीपद ने शुष्क स्वर से कहा, ''मैं क्या कर सकता हूँ हरिदासी? एक-एक करके सब कुछ तो बिक गया। रही-सही बाप-दादों की थोड़ी-सी ज़मीन है, घर है। तू क्या ठीक समझती है कि वह सब भी कुल चुकता करके पूरी हो जाए?''

''मालिक के यहाँ गए थे? कहा नहीं, दया करो?'' हरिदासी ने झिझकते हुए कहा, ''हम तुम्हारी प्रजा हैं। गाय तक को लोग भूखा रहने पर रोटी देते हैं और फिर हम तो तुम्हारे किसान हैं।''

''कहा था हरिदासी, सब कहा था। क्या नहीं कहा मैंने? लेकिन वह तो गुस्सा होकर बोले—गधा कहीं का। गहना क्यों बेच आया? हमारे पास नहीं ला सकता था? फसल तुमने बढ़ाकर नहीं बेची? कर्ज़ा तो सब चुका गए, फिर अब आकर झूठ बोलता है? यह कौन कुबेर का भंडार है। रुद्रमोहन ने कहा—मालिक, दया करिए। उसे ज़मीन बेचनी पड़ जाएगी।''

''जमीन?'' हरिदासी चौंक उठी, ''क्या कहा? ज़मीन?''

"हाँ, ज़मीन ही।'' कालीपद ने भर्राए स्वर से कहा, ''फसल नहीं, ज़मीन! बाप-दादों की एकमात्र धरोहर। उसे बेचना होगा हरिदासी। मैंने तो मालिक के पैरों पर सिर रख दिया। बेचूँगा तो आप ही को, दया मानकर आप लौटा देंगे। परमात्मा क्या कभी यह जोग नहीं बनाएगा? आपके पास है तो मेरे पास है। किसी और से मैं कहाँ माँगने जाऊँगा? आपकी काश्त करता हूँ, आपका नौकर बनकर रहूँगा। मालिक ने कहा—पागल हुआ है। एक-दो दिन और देख, बाप-दादों की जायदाद ऐसे नहीं बेची जाती। हरिदासी, मालिक देवता है, देवता। मगर ज़मीन तो बेचनी ही होगी।'' उसने गंभीर स्वर में कहा, जैसे डूबता हुआ पानी में से चिल्लाता है, बचाओ-बचाओ, और कोई उसकी सुनकर भी समझ नहीं पाता।

झोंपड़े में छुटकी रोने लगी। हरिदासी ने उसे उठा लिया। गोद में लिटाकर अपने सूखे स्तन से उसका मुँह लगाकर चुप कराने की व्यर्थ कोशिश करने लगी। बच्ची घुटकर रोती रही। हरिदासी की आँखों में पानी भर आया। पाँच बरस का बालक आकर पास ही खड़ा आँखें मींच रहा था। उसके शरीर की एक-एक हड्डी दिखाई दे रही थी। केवल पेट फूलकर तूंबी-सा हो गया था।

कालीपद दोनों हाथ सिर पर धरे बैठा रहा और फिर थोड़ी देर बाद वह झोंपड़े में घुसकर कुछ कागज़ हाथ में लेकर बाहर निकला। हरिदासी टूक-टूक होते हृदय को थामे बैठी रही। वह बाप-दादों की ज़मीन बेचने जा रहा था। उसके जाने के बाद वह एक बार ज़ोर से रो उठी और फिर चुपचाप सुबकने लगी।

उसी समय अब्दुल शकूर के झोंपड़े में शबनम ने कहा, ''बाबा, नीमू, चंदा और गफ्फार सबके सब घर छोड़कर भाग गए।''

''क्यों? शोभा,'' शोभा ने उसकी ओर देखा, ''सचमुच छोड़ गए?'' शकूर का स्वर काँप रहा था। उसने फिर कहा, "अब नीमू की बुढ़िया कहाँ रहेगी? चंदा की तो बहू थी न? और गफ्फार चला गया? वह तो ऐसा कृतघ्न न था न।''

''बाबा,'' शबनम ने कहा, "उन्हें गए आज तीन दिन हुए। ज़मीन नहीं थी, कुछ नहीं था, क्या करते?"

"तो वे क्या करेंगे अब?''

शोभा ने कहा, "मैंने उन्हें आज जंगल में जड़ी-बूटी ढूँढ़ते देखा था।''

अब्दुल शकूर चुप हो गया। वह एकाएक फिर चिड़चिड़ाकर बोल उठा, ''सत्यानास होगा रे शोभा, सत्यानास। भोला कुछ लाता है?''

"नहीं, कुछ नहीं मिलता। जाते हैं, ज़्यादा से ज़्यादा कभी कोई मजूरी मिलती है, कभी नहीं भी। इधर चार-पाँच दिन से तो हम दोनों को कुछ नहीं मिला। दादा फिर गए हैं। कहते हैं, पहाड़ताली से चौबीस मील दूर काम मिलता है।''

''ओ, कुछ नहीं, सब झूठ है। वहाँ तो इतनी भीड़ है कि पच्चीसों भूखे लौटते हैं। कहते हैं, लोग गाँव छोड़-छोड़कर भाग रहे हैं। मैं कहता हूँ, कहाँ जाएँगे ये लोग। घर-बार छोड़कर भिखारी न हो जाएँगे, अभागे, शोभा तू...'

अब्दुल शकूर कुछ नहीं कह सका। उसका कंठ अवरुद्ध हो गया। उसने उसके हाथ पर हाथ रख दिया और फिर कहा, ''औरतें अनाथ होकर शहर जा रही हैं। कहते हैं, कस्बे में कंट्रोल की दुकानों पर घंटों लोग खड़े रहते हैं और कुछ भी नहीं मिलता।''

''कन, कनट...बाबा, यह क्या?'' शबनम पूछ बैठी। एक हाथ से उसने कासिम के गाल पर थपथपी दी।

अब्दुल शकूर ने उदास होकर कहा, ''कहते हैं, सरकार ने दाम लागू कर दिए हैं; जो बेचे उसी से बेचे, मगर व्यापारी उससे नहीं बेचते। हर बात में सरकार कब्ज़ा जमाती है। चावल कहते हैं, नहीं रहा, इसलिए दाम बढ़ गए हैं। पचपन रुपए मन चावल! बेटी, ऐसा तो कभी नहीं हुआ, कभी नहीं हुआ।''

शबनम चुप हो गई। बालक ने शोभा के पास घिसटकर कहा, ''काका, ... भूखा...

तीनों चौंक पड़े। शकूर ने पराजित नयनों से इधर-उधर देखा और दोनों हाथों से सिर पीट लिया। शोभा सूने नयनों से ज़मीन कुरेदता रहा और शबनम रो पड़ी। बालक सहम गया। उसने शोभा की गोद में चढ़ते हुए फिर कहा, "काका''... भूखा...''

अब्दुल शकूर ऊपर हाथ उठाकर कहने लगा, ''उठा ले अल्ला! अब तो उठा ले! क्या होगा ऐसे जीकर? बच्चे तड़प रहे हैं, औरतें घर छोड़ रही हैं, आदमी भाग रहे हैं, क्या यही हमारी मेहनत का फल है? ऐसा कौन-सा पाप किया था मेरे अल्ला...''

किंतु कोई आकाशवाणी नहीं हुई। शबनम ने कहा, ''बाबा, आज शोभा तीन दिन का भूखा है। किसी से माँगता है तो कासिम के लिए। कभी-कभी ताल में से मछली मार लाता है। सागर पर भी कोई नहीं जाता। बीस-तीस मछुए जाते हैं केवल, बाकी सभी भूखे मर रहे हैं। वहाँ तो रोज़ चार-चार, पाँच-पाँच आदमी मर जाते हैं।"

अब्दुल शकूर काँप उठा। मन ही मन वह थर्रा उठा। कितना भयानक था यह सब! शोभा झोंपड़े के बाहर चलते मरियल कुत्तों को देख रहा था।

शबनम कहने लगी, ''भद्रलोक भी बड़े परेशान हैं। उन्हें भी चावल नहीं मिलता। मास्टर की बुढ़िया नौकरानी मिली थी। कहती थी, पूरा नहीं पड़ता। मैं कहती हूँ बाबा, सारी कटोली में मालिक के सिवा खाता ही कौन है! कोई माड़ तक तो देता नहीं।''

"और तैंने मुझसे कहा तक नहीं, शोभा!''

"कहकर ही क्या होता, काका?'' शोभा पूछ बैठा। एकाएक शबनम चिल्ला उठी, ''बाबा, एक बात कहूँ!''

चिल्लाहट से बच्चे का ध्यान टूट गया। उसने अबकी बार शबनम से कहा, ''काकी भूख।''

शबनम काँपते स्वर में बोल उठी, ''बाबा! माँ की चूड़ियाँ हैं न दो सोने की, उन्हें भी बेच आते...''

अब्दुल शकूर की आँखों में पानी आ गया। वही जो मरते वक्त उन्हें शबनम के लिए छोड़ गई थी। कैसे दर्द भरे स्वर में कहा था उसने कि शबनम को पहरा देना। एक बार मन बोल उठा—वह नहीं, वह नहीं, किंतु फिर उसकी दृष्टि शबनम के सूखे चेहरे पर अटक गई। वह उसे छाती से चिपकाए रो पड़ा। शोभा पागल-सा बैठा रहा। शबनम ने रोते हुए बच्चे को गोद में उठा लिया और पुचकारने लगी। अब्दुल शकूर ने काँपते हाथों से एक हँड़िया में से वह चूड़ियाँ निकाल लीं और देखकर लड़खड़ाकर धप से बैठ गया।

बालक ने शबनम से फिर कहा, "काकी, भूखा!'' शबनम एकदम से रो पड़ी। वह बालक को कैसे समझाती। बालक का गला चटकने लगता था। वह रह-रहकर खाँसता था और उसकी आँखों से आँसू गिरने लगते थे। शोभा चुप बैठा रहा। वह कुछ बोला नहीं, न उसने इधर-उधर ही देखा, मानो यह सब करने को उसमें कोई शक्ति ही न बची थी।

बालक ने फिर कहा, ''काका, भूखा...''

शबनम ने देखा, शोभा यह सुनते ही फूट-फूटकर रो उठा। वह, जो उस दिन अपनी माँ की लाश पर सदमा खाकर नहीं रोया, एक दूसरी चोट से रो उठा था। अब्दुल शकूर के हाथ में सोने की चूड़ियाँ चमक रही थीं।

बाहर पथ पर किसी ने कहा, "कहाँ से आ रहे हो, कालीपद?''

''बाबा! मालिक के घर गया था।''

अब्दुल शकूर ने बाहर आकर देखा, श्यामपद और कालीपद बात कर रहे थे। श्यामपद ने देखकर कहा, ''क्यों भैया, क्या खबर है?''

अब्दुल शकूर ने चूड़ियाँ कसकर मुट्ठी में दबा लीं, उसके मुँह से बोल नहीं निकला। वह देखता रहा। कालीपद ने ही कहा, "बाबा, मालिक को सब निपटा आया।''

"क्यों? क्या हुआ?'' श्यामपद ने अचरज से पूछा।

''ज़मीन बेच दी।'' और वह ऐसा लगा जैसे गिर जाएगा। श्यामपद ने कहा, "अच्छा किया कालीपद, अच्छा किया। मैं वहीं जा रहा हूँ, मैं भी ज़मीन रेहन रखने जा रहा हूँ, रेहन।''

अब्दुल शकूर ने कहा, ''काका तुम क्यों व्याकुल हो रहे हो? पागल हो गए हो? बसंत कुछ नहीं भेजता?''

"पंद्रह रुपया भेजे थे इस महीने, अब फिर पंद्रह-बीस दिन बाद भेजेगा। मगर उससे क्या काम चलता है शकूर?''

कालीपद को सहारा मिला। शकूर ने कहा, ''बाप-दादों की ज़मीन...''

''बाप-दादा नहीं रहे भैया, उनके रहते यह सब नहीं हुआ। अब क्या पत्थर खाकर बाप-दादा को रोएँ? मुझसे तो इंदु को नहीं देखा जाता। भूख लगने पर कुम्हलाकर रो उठती है। रेहन ही रख रहा हूँ। कभी तो मिल जाएगी? क्या कभी हम नहीं छुड़ा सकेंगे? इंदु से कहना नहीं, बच्ची है। दुखी होगी। उसको इस सबसे क्या?''

कालीपद और श्यामपद अपनी-अपनी राह चले गए। अब्दुल शकूर झोंपड़े में लौट आया। शबनम ने पूछा, "बाबा, क्या हुआ?''

''कुछ नहीं, कुछ नहीं,'' वह बर्रा उठा, ''कल हमें भी यह ज़मीन बेचनी होगी। फिर?''

शबनम चुपचाप देखती रही। बालक ने फिर कहा, ''काकी, भूखा...''

और जब शोभा घर लौटकर आया, उसने देखा, कालीपद की बहू उसके कंधे पर सिर धरे रो-रोकर कह रही थी, "मैं तो समझी थी, तुम मुझे छोड़ गए। गाँव में कितने ही तो छोड़-छोड़कर जा रहे हैं। मरद का क्या? जहाँ रहे वहीं कमा लिया। मगर मैं क्या करती?'' एकाएक गफ्फार की बहू के घर से रुद्रमोहन पेड़ों की आड़ से निकला और कालीपद एक लंबी साँस छोड़कर बोला, ''हरिदासी, गफ्फार अपनी बहू को छोड़कर चला गया न?''

शोभा ने देखा, समझा और फिर भी व्याकुल-सा कह उठा, "काकी! थोड़ा माँड़

दे दो तो इसका पेट भर जाए।''

हरिदासी गरजकर बोली, "भिखारी होकर राजा बनेगा! फेंक न दे इस लौंडे को! तेरे दम न देखूँ हाय बिल्ली के भाग...''

और शोभा चुपचाप अपने घर में घुस गया जहाँ भोला ओढ़कर सो रहा था।

उसे बड़ी ज़ोर की भूख लग रही थी। मटके में से पानी निकालकर पिया और कासिम को छाती से चिपकाकर लेट गया। संध्या झुकने लगी! पाड़े में अब धुएँ की घुटक नहीं होती, बल्कि आदमी का दम घुटता था। चारों ओर नीरवता छा रही थी। शोभा सिसकते बालक को थपकी देने लगा।

कागज़ के फूल

आलीशान इमारतों से भरे कलकत्ते में मनुष्य की सत्ता का गौरव अधिक नहीं। वहाँ मनुष्य इसलिए रहते हैं कि उन्हें अपने-आपसे कभी फुरसत न मिल सके। हज़ारों चलते हैं, किंतु मनुष्य को मनुष्य अपनी जेबों को सँभाले रखकर, केवल परदेशी या भीड़ के रूप में पहचान सका है। वहाँ दया का अर्थ है अपने आप को खोखला कर देना। लाखों आदमियों के कोलाहल में, व्यक्ति का जीवन, जैसे चलती हुई मशीन के नाद में अपना व्यक्तित्व खो चुका है।

धरमतल्ला के पुराने और नए मकानों में एक होड़-सी हो रही है। किंतु लोग फिर भी अपने-अपने कार्य में व्यस्त हैं। मनुष्यों के चेहरे पर एक अजीब दहशत है, जिसे अपनी सत्ता का न्याय न दे पाने की परवशता कह सकते हैं। कलकत्ते की सड़कों पर अनेक राजा आए, महाराजा आए, दूसरे देशों की बड़ी-बड़ी धनी मंडलियाँ या राजदूत आए, किंतु आज बिलकुल नई बात हुई है। सड़कों पर न जाने कहाँ-कहाँ के भिखमंगे आ-आकर इकट्ठे हो गए हैं। उनकी दर्दनाक आवाज़ें इमारतों में रहने वाले और राह पर चलते लोगों के सिर पर हत्या का पाप बनकर छा गई हैं। खाने का कौर मुँह तक ले जाते हैं, तभी आवाज़ आती है—''हाय, मैं मरी! कुछ तो दो!'' और आरतें रो देती हैं, मर्दों के हाथ वहीं के वहीं रुक जाते हैं। ज्योत्स्ना ने जब से वह दृश्य देखा है, उसकी आँखों में सोते समय भी वही भयानक चित्र घूमते रहते हैं और वह काँप उठती है।

वहीं एक छोटे-से फ्लैट में कुछ लड़के बहस कर रहे हैं।

कमरा कुछ देर सन्नाटे से भरा रहा। दीवारों पर कुछ चित्र टँगे थे। एक ओर गांधी का, दूसरी ओर सुभाष का। बीच में कृष्ण का चित्र है। अरुण आराम से कुर्सी पर लेटा सिगरेट पी रहा था। किशोर खड़ा हुआ खिड़की से बाहर देख रहा था। इकबाल चुपचाप कोई अखबार लिए सब कुछ भूला हुआ था।

अंत में किशोर ने कहा, ''सुखेनदा कब आए अरुण?''

"ओ तो कल सुबह ही क्यों?"

''कुछ नहीं, यों ही पूछा था।''

''ओह!''

कमरे में फिर सन्नाटा छा गया। किशोर ने धीरे से कहा, "अरुण बाबू! यह भी देखना था।''

अरुण हँस पड़ा। उसने कहा, ''अभी तो कुछ भी नहीं देखा है, किशोर बाबू! जिस दिन देखोगे उस दिन पूछने की भी फुरसत नहीं मिलेगी।''

"यानी?'' किशोर ने अकबकाकर पूछा।

अरुण चुप हो गया। इकबाल के नयनों में विक्षोभ काँप उठा।

इकबाल उठ खड़ा हुआ। किशोर ने सवालिया जुमले (?) की भाव-भंगिमा से उसे देखा।

''मैं जा रहा हूँ।'' उसने कहा।

"वही तो पूछता हूँ। कहाँ?''

''आज एक रिलीफ-किचन खुलने की बात है।''

अरुण अबकी मुस्करा उठा।

"तुम हँस क्यों रहे हो हर बात पर?'' उसने कोफ्त से पूछा।

''कुछ नहीं,'' अरुण ने कहा, ''भूखे मरते आदमी को टुकड़े डालने से बेहतर कोई काम नहीं। इस तरकीब से उसे उसके भाग्य पर विश्वास कराया जाता है, और वह आदमी न होकर दूसरों की बर्बर करुणा पर पलने वाला एक जानवर हो जाता है न? इसीलिए तो?''

इकबाल लौटकर अपनी कुर्सी पर बैठ गया। अरुण ने सिगरेट का अंतिम लंबा कश खींचकर सिगरेट फेंक दी और धुएँ का गुबार उगल दिया। इकबाल ने तीखी दृष्टि से देखकर कहा, "तो तुम यह चाहते हो कि भूख से मरते को उपदेशों से जीवित रखना चाहिए और जब वह तड़पे उसे राष्ट्र, देश और अंतर्राष्ट्रीय पेचीदगी बतानी चाहिए।

किशोर सूखी हँसी हँसा और चुप हो गया। भीतर से आवाज़-सी आई और ज्योत्स्ना चुपचाप-सी आ खड़ी हुई। उसने चारों ओर दृष्टिपात किया और फिर टहलती हुई खिड़की के पास जाकर खड़ी हो गई। धीरे-धीरे उसके चेहरे का रंग बदलने लगा। कलकत्ते के वैभव ने आज नई वस्तु देखी थी। उसके कारण भूले हुए जीवन को विस्मित और करुण ही नहीं होना पड़ा, बल्कि वह स्तंभित रह गया। सड़कों पर भूखे घूम रहे थे। ढीले-ढीले कंकालों की बीभत्स काया हाहाकार कर रही थी। ज्योत्स्ना ने देखा और वह आर्द्र हृदय देखती रही।

इकबाल अपनी कुर्सी से उठ खड़ा हुआ। उसने ज्योत्स्ना के पास जाकर कहा, "ज्योत्स्ना दीदी, एक बात पूछता हूँ, बताओगी? इन्हें खाना चाहिए या क्रांति? क्रांति चाहिए इन्हें या खाना, बोलो दीदी, खाना चाहिए या क्रांति?''

अवरुद्ध कंठ ज्योत्स्ना कुछ भी न कह सकी। उसने अपनी आँखें नीची कर लीं जिनमें सत्ता के प्रति पश्चात्ताप झलक रहा था।

"तुम कहीं घर के बाहर नहीं जातीं न?" अरुण कह उठा, "अखबार भी नहीं पढ़तीं न? तुम्हें क्योंकर और अधिक मालूम हो सकेगा, बोलो। किंतु आज कलकत्ते की सड़कों पर लोग दम तोड़ रहे हैं। बंगाल धीरे-धीरे डूब रहा है। सड़कों पर बेघर-बार मनुष्य थोड़े-से चावल के पीछे मर रहा है।"

ज्योत्स्ना ने दृढ़ता से कहा, "मैं पूछती हूँ, कौन ले गया वह चावल? बंगाल में अकाल पड़ा है, इकबाल भैया?"

अबकी अरुण चीख उठा, "पूछती हो, कौन ले गया? हिंदुस्तान को गुलाम किसने बना रखा है, यह मैं पूछता हूँ। किसने जहाज़ बनाए हैं? किसने उनमें बोरे लादे हैं? पूछो मीरज़ाफरों से, क्यों उन्होंने देश के साथ गद्दारी करके वे बोरे लादे हैं।"

कमरे में एक उत्तेजित भावना चक्कर मारने लगी। चारों ओर से उदास वायु आ-आकर उस कमरे में इकट्ठी हो रही थी। दीवार पर गांधी मौन था, सुभाष मौन था, कृष्ण एक निर्मल छवि की भाँति पौरुषहीन था। सबमें एक विषादिनी अमरता सत्वर विष की भाँति घुली हुई थी। ज्योत्स्ना अपने पाँवों के नाखूनों को देख रही थी जैसे वह कोई चित्र थे, जिन पर से दृष्टि हटाकर देखने का उसमें साहस ही नहीं बचा था। अरुण के तीव्र शब्द अब भी वायु में अछोर ग्लानि लिए गूँज रहे थे। कुचले फन में जो तड़प फुंकार उठती है, वही उसके उच्छ्वसित शब्दों में डाँवाडोल हो रही थी। इकबाल अब कुर्सी पर चुपचाप बैठा था। कुछ देर बाद उसने ही कहा, "सरकार का अपराध देखना हमारा काम नहीं। कीचड़ में पत्थर डालकर छींटे उछाल दिए तो क्या कमाल किया? लेकिन अपना होने से ही हमारा सब कुछ अच्छा है, यह भी तो नहीं कहा जा सकता। तो क्या यह कह सकते हुए मैं गलत हूँ कि हमें स्वयं उस संगठित शक्ति की आवश्यकता है जिसके कारण अन्य देशों की जनता शत्रु से सफलता से लड़ रही है।"

इकबाल ने उस फुफकारती साँपिन को पलट दिया था। अब वह पेट ऊपर करके छटपटा रही थी, वह जो काटने की बेहोशी में अपने आप ही तड़प रही थी। बातचीत का नया पहलू, नया पृष्ठ सामने खुल गया था।

ज्योत्स्ना सहमी-सी बाहर देखने लगी। उसने देखा, एक बूढ़ा किसी सड़क चलते बाबू के सामने हाथ पसारकर कुछ माँगने लगा। बाबू ने करुण दृष्टि से उसे देखा और कुछ इशारा किया जिसका बहुत कुछ अर्थ था, लाचार हूँ। बाबू चला गया। बूढ़ा ज़मीन पर बैठकर सिर ठोंकने लगा। एक झुकी हुई स्त्री ने आकर उससे कुछ कहा। बूढ़े ने उसे देखा और उत्तर में अपनी निराश आँखें फैला दीं। एक बच्चा दौड़ता हुआ आया और स्त्री के पैरों पर गिर गया जैसे दौड़ने से उसे चक्कर आ गया था। स्त्री रोने लगी। बूढ़ा फिर चिल्लाने लगा, "हाय! कुछ दो बाबू! यह बालक मर जाएगा।" और माँ बच्चे को लेकर वहीं सड़क के किनारे लेट गई।

ज्योत्स्ना चुपचाप खड़ी देखती रही। उसका कलेजा मुँह को आने लगा। बड़ी कठिनाई से ही वह अपने आँसुओं को रोक सकी।

किशोर एक दुबला-पतला युवक, कॉलेज का विद्यार्थी है। इकबाल से उसकी

जान-पहचान कभी सहपाठी रहे होने के नाते और अरुण से क्योंकि वह रिश्ते में मौसी का लड़का लगता है और अमीर घराने का है। बी.ए. पास कर लेने के बाद उसे कोई काम करने की ज़रूरत नहीं, क्योंकि बाप की ज़मींदारी बाप के साथ उठकर नहीं चली जाएगी और अरुण ही उसका वारिस बनेगा। पिता ने जब-जब उसे गाँव बुला भेजा है, वह गया ज़रूर है, मग़र सदा बहाना करके लौट आया है कि कलकत्ते में शेयर मार्केट में एक दिन में दस लाख कमा लेने की ताकत है और आज तक उसने कुछ भी नहीं कमाया है। पिता के घर में अनेक रिश्ते की विधवाएँ पलती हैं और वह इसलिए ब्याह नहीं करता; क्योंकि उसमें फिर स्त्री को आज़ादी नहीं मिल सकेगी। पहले ज्योत्स्ना से दिल ही दिल प्रेम किया था, मगर वह उसकी शादी हो जाने से अव्वल, विधवा हो जाने से दीगर बिलकुल टूट चुका है और किशोर मूर्ख है, तभी तो वह इकबाल आदि मुसलमानों से इतनी मित्रता रखता है।

किशोर के पिता की जब से मृत्यु हुई, बड़े भाई ही सब काम चलाते हैं। एक स्कूल में मास्टर हैं और वैसे बीमा के एजेंट हैं। स्त्री को मरे आठ साल हुए, तब से इन्हीं दोनों को अपना बच्चा समझकर पाला है।

अरुण को क्रोध बहुत जल्दी घेर लेता है। साधनों से अधिक शिक्षा; और शिक्षा के उथले पानी में गंभीर बैठे जाने वाली बुद्धि। इकबाल ढाका के एक क्लर्क का भतीजा और मुर्शिदाबाद के एक क्लर्क का बेटा है। दोनों के पूरी गृहस्थी है। और इकबाल इसी से अपना कामचलाऊ है।

कलकत्ते की सड़कों पर वास्तव में लोग चलने में हिचकिचाने लगे थे।

किशोर चाहता था, भूखों की कुछ मदद करे, किंतु जिसकी जड़ें मजबूत नहीं, वह शाखा क्या फैलाएगा! अरुण को कुछ ठीक नहीं लगा। उसने कहा, ''बताओ, हम कर भी क्या सकते हैं? है हमारे पास कोई शक्ति? जिसके पास ताकत नहीं उसके विचार अमली नहीं, मानसिक व्यभिचार हैं।''

इकबाल ने हाथ हिलाकर कहा, ''भैया, एक हाथ से गाँठ खोलने वाले विरले क्या नहीं हो? समझो एक आदमी नहीं, राष्ट्र को देखो। तुम्हें यह भी मालूम है कि कोई-कोई बेल पेड़ को ऐसे छिपा देती है कि पेड़ का महत्त्व ही समाप्त हो जाता है।''

''देयर यू आर,'' किशोर चीख उठा, ''यही तो। अगर हमारे शक्ति है तो सब ठीक है।''

अरुण ने चिढ़कर पूछा, "ठीक है। क्या ठीक है?"

''सब ठीक है, शक्ति की आवश्यकता है।''

''आवश्यकता? अगर यही देखनी है तो 'अमृतबाज़ार पत्रिका' के कॉलम देखो। आवश्यकता! यही तो सबसे बड़ी चीज़ है, मगर है कहाँ? शक्ति है तो ठीक है। पर ठीक कहाँ से है, भइया रोना और काहे का है? शक्ति ही तो नहीं है।''

किशोर उलझन में पड़ गया और अरुण उसकी परेशानी को समझकर ज़ोर से हँस पड़ा। उसने रुककर कहा, ''बरमा में क्या चाहिए था? सिंगापुर को किसकी जरूरत थी?

अगस्त बयालीस, फरवरी तैंतालीस, मैं तो कहता हूँ, अठारह सौ सत्तावन से हुआ ही क्या है? बताओ न?''

इकबाल गंभीर हो गया था। उसने नम्र स्वर में पूछा, ''क्या नहीं हुआ?''

''हुआ!'' अरुण ने कहा, "गांधी बूढ़ा जेल में बंद है! चावल बाहर भेजा जा रहा है। लोग मर रहे हैं। काफी नहीं हुआ? क्यों?'' उसने घृणा से गर्दन मोड़ ली और होंठ बिचका दिए।

किंतु सब चौक उठे। खिड़की के पास ज्योत्स्ना खड़ी सिसक रही थी। उसने हाथों से मुँह ढक लिया था; और अर्द्ध स्वरों में उसकी सुबकियाँ उँगलियों के बीच में से रह-रहकर फूट निकलती थीं। अरुण उठकर उसके पास जाकर देखने लगा। बाहर किसी ने जूठन फेंकी। इमारत के बाहर एकदम अनेक भूखे टूट पड़े और गुत्थमगुत्था करने लगे। नालियों में जूठन फेंकने वाले से इतना न हो सका कि वह उसे सूखी जगह में ही फेंक देता।

ज्योत्स्ना ने सुबकते हुए ही कहा, ''जी चाहता है, आँखें फोड़ लूँ। यह दृश्य फिर तो नहीं दीखेंगे!''

इकबाल और किशोर भी अब खिड़की पर आ गए थे। देखा, एक सड़क पर एक औरत चक्कर खाकर गिरी और बेहोश हो गई। इसका दूर गिरा बच्चा रोता-चिल्लाता घुटनों के बल उसके पास जाकर उसे छूने लगा। किंतु माँ नहीं बोली।

इकबाल ने धीरे से कहा, ''उसकी मौत भी अब दूर नहीं है।''

अरुण ने जेब से पैकेट निकालकर एक सिगरेट मुँह में लगा ली और मेज़ पर से दियासलाई उठाकर उसे जला लिया। उसने धुआँ छोड़ते हुए कहा, ''कुछ नहीं। बकने से क्या लाभ? हम कुछ नहीं कर सकते।''

इकबाल ने कहा, "एकता भी नहीं?''

''एकता?'' अरुण ने सोचते हुए कहा, ''एकता तो है। भेद सरकार डालती है और दो मूर्ख लड़ते हैं।''

ज्योत्स्ना कुछ देर खड़ी रही और फिर भीतर चली गई। अरुण उठकर आरामकुर्सी पर लेट गया। धुआँ वेग से चक्कर मारता हुआ छत की ओर उठता और कभी-कभी घने धुएँ के छल्ले वायु में घिरते-से आगे बढ़ जाते, विलीन हो जाते। इकबाल जैसे अब जाने के लिए बिलकुल तैयार था।

अरुण चुपचाप सिगरेट के कश पर कश खींचकर धुआँ छोड़ता रहा, जैसे वह अपनी मानसिक विश्रांति को दूर करने का कोई अन्य उपाय सोच भी नहीं पा रहा था।

इकबाल ने चलते हुए कहा, ''अच्छा तो किशोर, मैं चल रहा हूँ। रिलीफ-किचन खोल रहे हैं एक बस्ती के पास। कोशिश करूँगा, अपना काम ठीक करूँ। तुम तो जानते ही हो कि अच्छा करते-करते भी आदमी उलटा कर जाता है। अपनी ही बुद्धि का विस्तार असल में अपनी एक परिधि रखता है। जब तक मुसीबत का सामना नहीं होता तब तक नींवों के बारे में कौन जान सका है? है न?''

अरुण ने समझा और अनुभव किया। यह चोट उसी पर की गई थी। किंतु वह

सिगरेट पीने के बहाने से उस बात को टाल गया। उसने अपने मन में सोचा कि यह जो शक्तियाँ अपने को जागृति का द्योतक बताती हैं, वास्तव में अपने आप से हारी हुई हैं, तभी तो इधर-उधर का संगठन करने को छटपटाती हैं। जिसमें स्वयं खड़े होने की शक्ति है, वह क्या यह कहता फिरता है कि तुमने मुझे मौके पर सहारा नहीं दिया। पोरस के हाथी!

उसने इकबाल को देखा। वह दरवाजे तक पहुँच चुका था। और वह चला गया। कमरे में फिर सन्नाटा छा गया। अरुण थोड़ी देर बाद खड़ा हो गया। वह बोला, ''मैं जा रहा हूँ।''

''कहाँ जा रहे हो?'' उसने पूछा।

किंतु अरुण ने कुछ नहीं कहा। वह कुछ सोच रहा था। उसने एक लंबी साँस खींचकर कहा, ''बंगाल भूखा है। मनुष्य मर रहा है।''

किशोर ने उसी स्वर में कहा, ''और हम पेट भरते हैं। जीवित हैं। क्या यह पाप नहीं?''

अरुण दुविधा में पड़ गया। उसने फिर इधर-उधर देखकर उँगलियाँ चटकाईं और कहा, ''यह सचमुच पाप नहीं। किंतु भूख न मिटाना पाप है।''

''तो?'' किशोर ने मुस्कराकर पूछा, "अनशन करोगे? गांधी की कोई चिंता नहीं करता। तुम्हारी बात ज़रूर सुनी जाएगी। क्यों?''

अरुण हँस पड़ा। उसने कहा, "अनशन मैं करूँगा। अनशन करेगा वह जिसने जादू के ज़ोर से सोने का बंगाल गुदड़ी-सा दयनीय बना दिया है।''

"यानी?''

"तुम नहीं समझोगे किशोर! तुम समझते हो, सुभाष बाबू मूर्ख थे जो जापान से जाकर मिल गए। काँटे से ही काँटा निकाला जा सकेगा। भीख से गरीबी मिटती नहीं, उसकी अवधि वास्तव में बढ़ती है। बंगाल चावल नहीं चाहता, क्रांति चाहता है। अगर नहीं कर सकता तो आज़ाद होने का उसे हक ही नहीं है। आज़ादी छीननी होगी और भूखे से बढ़कर कौन क्रांति कर सकता है?''

"तुम समझते हो, यह भूखे क्रांति करेंगे? तुम बंगाल के सर्वनाश पर तुले हुए हो।''

किंतु अरुण एक विकट स्फूर्ति से बाहर चला गया था। किशोर ने व्याकुल होकर पुकारा, ''कहाँ जा रहे हो?'' किंतु उसका स्वर दीवारों से टकराकर उसी के मुँह पर बज उठा। वह कुछ देर गांधी के चित्र के नीचे खड़ा रहा। उसे लगा, जैसे जेल के भारी सीखचों के पीछे जंजीरें झनझना उठी हों।

और खिड़की के बाहर कोई समस्त जीवन की आशा को केंद्रित करती पुकार गूँज रही थी, ''अरे, कुछ खाने को नाली में ही फेंक दो, मेरा बच्चा भूख से मर रहा है..."

पुरखों की धरोहर

श्यामपद ने एक लंबी साँस भरकर वृद्ध चट्टोपाध्याय के सामने सब कागज़ रख दिए और रुद्रमोहन की ओर घायल दृष्टि से देखकर सिर झुका लिया। चट्टोपाध्याय ने धुआँ मुँह से उगलकर हुक्के की नली को नीचे रख दिया और ऊपर देखकर कहा, "श्यामपद!"

''सरकार।''

"आज चार पुश्तों से तुम हमारे काश्तकार हो।''

"जी सरकार!'' श्यामपद के हृदय में आशा का संचार हुआ।

"आज तक कभी ऐसे दिन नहीं आए। पहले भी तुमने कितनी ही बार अपनी ज़मीन रेहन रखी, मगर पूरी नहीं। क्या सचमुच तुम्हारे पास कुछ खाने को नहीं है?''

''नहीं मालिक, क्या मैं झूठ बोलता हूँ?''

वृद्ध चट्टोपाध्याय ने कागज़ों पर गंभीरता से दृष्टि फेंकी और वह अपने आप कह उठे, ''मैंने कलकत्ते से चने मँगवाए थे कि भूखों को बाँटे जा सकें, लेकिन जानते हो क्या हुआ? सरकार उसके लिए रेलें नहीं दे सकती, नहीं दे सकती।'' उन्होंने तड़पकर कहा, ''तो हमारे किसान मर जाएँगे, लेकिन सरकार फिर भी लगान नहीं छोड़ेगी, चाहे कोई ज़मीन जोतने को हो या न हो।''

''मालिक, बखत बड़ा खराब आया है। आप चाहो उबार दो, डुबा दो।''

"क्या मतलब?'' वृद्ध ने कहा, "मैं तुम लोगों का दुश्मन हूँ? लेकिन आज सारे किसान अपनी-अपनी ज़मीन मुझे लाकर देना चाहते हैं। कहाँ तक खरीदूँ?

''मालिक," श्यामपद ने गिड़गिड़ाते हुए कहा।

''रेहन! रेहन की कहते हो श्यामपद! रेहन में नहीं रख सकता। व्यौहार साफ होना चाहिए। इधर या उधर।''

श्यामपद सोच में पड़ गया। उसने कहा, ''मालिक, अगर बेच दूँ तो क्या आप यह चाहते हैं, हम यहाँ नहीं रहें? इस गाँव को छोड़कर और कहाँ जाएँगे? एक आप ही की दया का आसरा है। घर में तो कुछ है नहीं। हड्डी-हड्डी बैलों को तो बेच ही दिया है। घर में न गहना है, न कपड़े...''

"क्यों? अबकी तो फसल भी बढ़ाकर ही बेची है न? तब न सोचा था? मालिक से अपनापा मानकर चलना चाहिए था न? सरकारी अफसर के उपदेश सुने थे! उससे कान भरवा लिए क्यों? अब कहते हो, यह हुआ, वह हुआ!'' और एकाएक मुड़कर बोले, ''बसंत नहीं भेजता कुछ?''

''भेजता है मालिक! पहले माह तो भेजा था। उसके बाद तारीख आने पर ही तो आशा की जाएगी?''

रुद्रमोहन बीच में बोल उठा, "मालिक! आप न बचाएँगे इन्हें तो और कौन काम आएगा? ऐसा कर श्यामपद! ज़मीन रख दे! अगली फसल का आधा भाग इसी में काट देना। ज़मीन की ज़मीन बच जाएगी और तेरा काम भी हो जाएगा। ठीक?''

श्यामपद ने चुपचाप स्वीकार कर लिया। किंतु वह किसान था। स्वभावतः कुचड़ निकालना उसका भी तो काम था। उसने कहा, ''छोटे मालिक! आपकी रियाया हैं हम। कहीं भागे जाते हैं जो!''

"नहीं, सो तो ठीक है,'' रुद्रमोहन ने कहा, "लेकिन बात यह नहीं है...''

''नहीं, नहीं,'' वृद्ध चट्टोपाध्याय का स्वर गूँज उठा, "श्यामपद! यह सब नहीं होगा। ज़मीन बेचनी हो तो बेच दो और रुपया ले जाओ।''

श्यामपद की आँखों में आँसू आ गए। वृद्ध चट्टोपाध्याय ने बताया, ''लगान देना है, फलाना टैक्स देना है, सरकार एक नहीं, दस मार मारती है। तुम भगवान् का नाम लेकर रोते हो और भगवान् हमारी मदद नहीं करता...''

जब श्यामपद ज़मीन बेचकर निकला, आँखों के नीचे अँधेरा छाया हुआ था और हाथ का धन आग बनकर तप रहा था। अब कटोली में कोई सहारा नहीं था। एक सुदूर की आशा थी कि एक दिन फिर यह ज़मीन हाथ आएगी तथा वह और बसंत हल चलाएँगे। चारों ओर अँधेरा ही अँधेरा नज़र आता था।

साँझ हो गई थी। भोला निकलकर ताल पर बैठा मुँह धो रहा था। श्यामपद को आता देखा तो मुड़कर कहा, "काका, आज कहाँ हो आए?'

''हो गया भोला! सब कुछ हो गया!''

"क्या हो गया?'' उसने गर्दन उठाकर कहा, "काका, इतने व्याकुल कैसे हो?''

''बेटा,'' श्यामपद के भीगे कंठ में आवाज़ गिड़गिड़ा उठी, ''जमीन भी बिक गई, बिक गया सब कुछ। मैं सोचता हूँ, कै दिन चलेंगे यह सौ डेढ़-सौ रुपए? बसंत का तो देना ही क्या? चावल का भाव कौन जाने अभी कितना चढ़ेगा। भोला, क्या होगा आगे चलकर?''

वह उसके पास आकर बैठ गया। भोला हठात् कुछ भी न कह सका। उसे दूसरों के दुःख पर सहानुभूति दिखाना बड़ा कठिन काम लगता है। उसने कहा, ''काका! होगा क्या? कुछ समझ में नहीं आता। वह मरी थी, एक आफत और सौंप गई। लड़का है कि उसी के पीछे जान दे रहा है। आज कई दिन से कुछ ढंग से खा-पी भी नहीं सके। कौन खाता है पाड़े में दोनों बेला? एक छाक तो भद्रलोक खाते हैं, भद्रलोक! अकाल है, जो कोई करेगा भी तो क्या?''

श्यामपद ने सिर हिलाकर स्वीकार कर लिया। दुःख कुछ हलका लगने लगा, क्योंकि गाँव-भर की ही हालत एक-सी है। कुछ देर और बात करके श्यामपद उठ गया और घर की तरफ चल दिया इंदु प्रतीक्षा कर रही थी। वृद्ध ने उसके सामने जाकर नोट रख दिए। इंदु हर्ष से चीख उठी।

''बाबा, यह कहाँ से आए? इतने! इतने रुपए!!''

वृद्ध ने उस पर कुल्हाड़ा चलाते हुए कहा, "यह भिखारी हो जाने के लिए रिश्वत मिली है बेटी, रिश्वत! अब कोई हमारा नहीं है। इस गाँव से सदा के लिए नाता टूट गया।''

इंदु चुप बैठी रही। वृद्ध अपने मन की आग ठंडी करने लगा।

''बेटी अंतिम... नहीं, यही तो एक रस्सी थी, वह भी कट गई। जिस ज़मीन से हमारे बाप ने खाया, बाबा-परबाबा ने खाया, वही अब हमारी नहीं रही।''

''तो क्या ज़मीन बेच दी?'' इंदु ने भयातुर होकर कहा।

''बेच दी नहीं बेटी, बिक गई। मेरे लिए ज़मीन से भी प्यारी तू है। न माँ का दुलार मिला, न बाप का। तुझे मैंने बसंत की तरह पाला है। तेरे लिए भी ज़मीन न बेचता? अरे, मेरा क्या? अभी हूँ, क्षण बाद न रहूँ। पकी हड्डियाँ हैं, जब चाहे गल जाएँ।''

"तो इस रुपए से कितने दिन काम चलेगा ऐसे?''

''बेटी, सौ ऊपर बीस रुपया है। बूढ़ा जल्लाद है, जल्लाद। कहता है कि मुझे तुम्हारे खेतों की ज़रूरत नहीं है। अगली फसल पर फिर तुम काम करने आना। एक सौ बीस रुपया तो इनाम दे रहा है। फसल करो, धीरे-धीरे यह चुका देना। फिर ज़मीन तुम्हारी हो जाएगी। सूद ज़रूर देना होगा। बेटी, अब हम किसान नहीं रहे, मजूर हो गए, मजूर।''

वृद्ध का गला रुँध गया। वह क्षण-भर चुप रहा और फिर उसने कहा, "कम-कम खरच करेंगे! कैसे भी यह कुछ महीने कट जाएँ, फिर तो आमन में सब ठीक हो जाएगा। नहीं तो तब तक काम चलेगा कैसे?''

इंदु चुप हो गई।

एक सप्ताह बाद शबनम और इंदु मिलीं शबनम ने रोना शुरू कर दिया, ''काका को बुखार आता है। आज कई दिन से कुछ भी पेट में नहीं पड़ा है। कभी-कभी भोला काका आते हैं सो केवल बात कर जाते हैं।'' इंदु ने सुना और बाबा से नज़र बचाकर दो मुट्ठी चावल उसके आँचल में लाकर बाँध दिया और शबनम ने रोते-रोते उसके गले में बाँहें डाल दी। दोनों ही रो पड़ीं।

गाँव के लोग एक-दूसरे से कम मिलते। श्यामपद व्याकुल-सा आकाश की ओर देखा करता जैसे उसे अपने बेटे की याद आ गई हो। इंदु कहती, ''बाबा, गाँव के लोग तो छोड़-छोड़कर जा रहे हैं। कहीं हमें भी तो...।''

वृद्ध कहता, ''मर्जी है उसकी। एक यह घर ही है, और यह भी नहीं तो फिर कौन जाने?''

बाबा-बेटी फिर बात नहीं करते। इंदु ताल के किनारे जाकर मछली पकड़ने का प्रयत्न करती, किंतु मछली उसमें मुश्किल से मिलती। लोग निकाल-निकालकर खा गए थे।

कुछ दिन बाद शबनम फिर मिली। उसकी आँखों में वही याचना थी। इंदु ने पूछा, ''काका को क्या हुआ है ऐसा?''

''ओ तो दीदी, बुखार में बेहोश पड़े रहते हैं, चिड़चिड़ाया करते हैं। उन्हें तो कुछ भी खबर ही नहीं रहती।''

इंदु सोचने लगी। और जब शबनम ने मुँह खोलकर माँगा कि चावल दे दो, उसने कहा, ''कहाँ है शबनम? हमारे पास ही कितना है जो? अभी तो कितने दिन और यही

रहेगा, कोई जानता है? चावल का दाम भी तो आज अस्सी है। इतनी जल्दी बढ़ कैसे जाता है, भगवान्...''

और दोनों ने आँखें फाड़कर एक-दूसरे को देखा।

खँडहर का मोह

और एक अंधी रात में इंदु चुपचाप सिसकने लगी। झोंपड़ी सूनी-सी चुपचाप अंधकार में उसके रुदन को छिपाना चाहती थी। बाहर हवा सनसन करती बह रही थी। कभी-कभी झोंपड़ी की संधियों में गाती हुई आ घुसती थी। आसमान में तारे झिलमिला रहे थे। ताल के धुँधले प्रकाश में पानी नीला-सा दीखता था और तारे उसमें रह-रहकर डूबते दीखते थे। चारों ओर सन्नाटा साँय-साँय कर रहा था।

इंदु रह-रहकर रो उठती थी। प्राणों की वह पीड़ा आज समाए नहीं समाती थी। खाट की पाटी पर वह सिर टेके आँसू पोंछ लेती थी। जलती हुई आँखें झोंपड़ी की दीवारों के कालेपन से टकराकर फिर झुक जातीं। एक अंधी रात में इंदु चुपचाप सिसक रही थी, किंतु कोई राह नहीं थी। कटोली के पथों पर मनुष्य दिन में मरते थे, रात में मरते थे। कई दिन की भूखी इंदु आज इसी दारुण व्यथा के आघात से व्याकुल होकर रो उठी थी। वह कुछ भी सोच नहीं पाती थी। उसका शरीर धीरे-धीरे निर्बल हो चला था।

बूढ़ा श्यामपद धीरे-धीरे क्षीण होता जा रहा था; किंतु बाबा-बेटी कभी एक-दूसरे से भूखे रहने की शिकायत न करते। इधर हफ्ते-भर से चूल्हा जलना बंद हो गया था। घर में कुछ भी नहीं था। चावल का दाम सौ रुपया मन हो गया था। तब से वृद्ध जब कभी इंदु को देख पाता, फौरन काँप उठता। उसकी आँखों में आँसू भर आते और वह फिर कुछ पाने की आशा में बाहर निकल जाता। इंदु चुप रहती।

इंदु ने इधर-उधर देखा। रोने से आवेग कुछ कम पड़ने पर उसे बातें याद आने लगीं। काका बसंतपद ने जो पहले महीने रुपए भेजे कि दूसरा महीना बीत कर तीसरा महीना चल पड़ा, किंतु आज तक कुछ नहीं भेजा, जैसे बाप और बेटी उनके लिए अब संसार में ही नहीं रहे, तभी तो वे निश्चिंत हो गए।

इंदु की आत्मा काँप उठी। कोई पूछने वाला नहीं, कोई सुनने वाला नहीं। जिसके घर जाओ, वहीं सिसक सुनाई पड़ती है। यह एक घर जो इतने दिन बना हुआ है, यही क्या एक विस्मय की बात नहीं? कटोली के अधिकांश घर खाली पड़े हैं। कोई कहीं नहीं दीखता। भुखमरी की बाढ़ में जो यह सूखा-सा ठूँठ खड़ा है, क्या धीरे-धीरे पानी उसे भी डुबाने के लिए चंचल नहीं हो उठा है?

इंदु को सहसा एक भन्नाहट हुई। उसने जो इतने दिन खून का पानी करके खेतों में बाबा के साथ काम किया है, उसका कोई पूछने वाला तक नहीं? बाबा श्यामपद! कितने क्षीण हो गए हैं वे! मुँह पर दाढ़ी उग आई है। आँखें धँस गई। कितने मज़बूत थे वे?

अब वहाँ वह शरीर?

इंदु फिर फफकने लगी। शीशे में मुँह देखकर प्रसन्न होने की भावना कटोली में अब किसमें रही थी? किंतु सहसा वह चौंक पड़ी। रात काफी बीत चली थी, बाबा अभी तक लौटकर नहीं आए थे। अकेली इंदु को डर-सा लगने लगा। क्या वास्तव में कहीं वे भी अचानक...वह दहल उठी। फिर विचार आया, अचानक क्यों? जो भी न हो, वही थोड़ा है। शरीर में अब शेष ही क्या है? जीवित ही तो है, कच्चा धागा जब चाहे तब टूट जाए।

अँधियारी में सहसा उसे बाहर कुछ आवाज़ सुनाई दी। कोई किसी से बात कर रहा था।

''तुम कहाँ जा रहे हो शोभा?''

''नहीं जाऊँ तो क्या करूँ, शबनम? आज मैं और कासिम पूरे सात दिन से भूखे हैं।''

"और मैं शोभा? मैं दस दिन की भूखी हूँ।'' और वह रोने लगी।

"लेकिन तुम जाओगे कहाँ?''

"अपना यहाँ है ही क्या, शबनम? जहाँ मिलेगा, खा लेंगे, नहीं तो मर जाएँगे।''

दोनों ज़ोर से रो पड़े। इंदु सुनती रही।

''किंतु भोला काका क्या करेंगे शोभा, तुम न जाओ...''

''जब तक मैं उनके पास हूँ तभी तक तो उन्हें चिंता है, यदि मैं ही नहीं तो उनका क्या...''

''नहीं शोभा, तुम नहीं जाओगे। कलकत्ते में सुनते हैं, लोग सड़कों पर मरते हैं...''

''और कटोली में घर-घर खत्तियाँ भरी पड़ी हैं, घर-घर बुला-बुलाकर खाना बाँटा जाता है।''

''नहीं-नहीं,'' वह रोते हुए कहने लगी, ''नहीं शोभा, कासिम को तुम...? मैं भी चलूँगी...''

''लेकिन काका, अब्दुल शकूर जो बीमार हैं?''

''वह भूख से ही तो!''

"तो उनके लिए तूने यही सोचा है?''

''तुमने ही तो कहा था कि जो भूखे के खाने का बाँट नहीं करता, वही उसका हितू है।''

कुछ देर सन्नाटा छाया रहा। शोभा ने फिर कहा, ''लेकिन शबनम, उनका दिल टूट जाएगा''

और शबनम यह सुनकर फूट-फूटकर रो उठी, ''क्या करूँ शोभा...काका...मगर क्या करूँ'' वह फिर फूट-फूटकर रो उठी।

शोभा ने कहा, "लौट जा शबनम! तू क्यों मेरी जान की जंजाल बन रही है?''

‘‘किंतु तुम क्यों जा रहे हो?’’

‘‘कलकत्ता इतना बड़ा शहर है, वहाँ लोग कम से कम कूड़ा तो फेंकते होंगे?’’

शबनम की पुलकती आवाज़ अंधकार में गूँज उठी, ‘‘खाने को मिलेगा शोभा, खाने को? खाने को मिलेगा, तब तो मैं भी चलूँगी, शोभा... मैं भी चलूँगी।’’ वह रिरियाने लगी, ‘‘मुझे छोड़कर न जाओ शोभा... तुम जो दोगे, वही खा लूँगी। मैं तुम्हारा काम करूँगी, सब काम करूँगी। मुझे भूख लग रही है, बहुत भूखी हूँ मैं...’’

शोभा पागल-सा बोल उठा, “तो चल शबनम, तू भी चल...एक से दो भले। डूबेंगे तो साथ, मरेंगे तो साथ... जैसा कटोली वैसा कलकत्ता...’’

अंधकार में फिर कुछ न सुन पड़ा। इंदु चौंककर चिल्लाने वाली थी कि बूढ़ा श्यामपद भयंकरता से खाँसता हुआ भीतर घुस आया।

इंदु उत्तेजित-सी बोल उठी, “बाबा! शोभा और शबनम भी गाँव छोड़ गए।’’

बूढ़े ने अविचलित स्वर से कहा, ‘‘तो क्या ताज्जुब है। बेटी! भूख कौन सह सका है? यही हमें भी करना पड़ेगा, बेटी! खाने को कुछ नहीं मिलता तो मैं बूढ़ा ..’’ वह रो उठा। फिर काँपते स्वर में कहने लगा, “वह तो बच्चे ही थे, बच्चे।’’

इंदु पाटी पर सिर रखे देखती रही। बूढ़ा किसी ध्यान में खो गया। जब वह गाँव छान आया तब भी उसे कुछ भी नहीं मिला। इंदु को कब तक जीवित रख सकेगा वह? यही चिंता उसे खा रही थी। इंदु अपनी भूख को भूली क्षण-भर बैठी रही।

बूढ़े को याद आने लगा।

एक बच्चा धीरे-धीरे नाली में से कुछ बह-बहकर आते बीजों को इकट्ठा करने लगा। उसकी माँ उसके पास पड़ी चुपचाप देखती रही। और जब बालक ने प्रसन्न हो मुट्ठी भरकर मुँह की तरफ हाथ उठाया, माँ ने झपटकर वे बीज छीनकर अपने मुँह में रख लिए। बालक न रो सका, न हँस सका। उसने देखा और धूलि पर चुपचाप लेट गया। जब माँ खा चुकी तो उसने बालक की ओर देखा और सहसा उसे पहचानकर तड़पती हुई रोने लगी। जब पेट के पीछे ही संसार में ऐसी बातें हैं, तो भूख के लिए किस बात की आशा कम है? बसंत जब से गया है, उसने एक बार रुपया क्या भेजा और कोई खबर तक नहीं ली। वही जो प्रतिज्ञा करके गया था!

अपनों की बेवफाई पर मनुष्य कुछ आवश्यकता से अधिक विक्षुब्ध हो जाता है।

और बूढ़े ने कहा, ‘‘बेटी!’’

इंदु ने बाबा की तरफ आँखें फाड़कर देखा।

वृद्ध कहता गया, ‘‘अब क्या होगा? अब तो कोई भी सहारा नहीं है?’’

इंदु ने देखा और कुछ न कहा। उसका मौन विषमय पंजों के नीचे दबी महान् विवशता थी। बूढ़े ने ही कहा, ‘‘बेटी, बसंतपद ने कहा था, कहने को कौन नहीं कहता बेटी, मगर निभाता कौन है। एक दिन तेरा बाप था...’’ इंदु ने अंदाज़ा लगाया कि वह रो रहा था, क्योंकि उसकी आवाज़ भर्रा गई थी।

बूढ़ा कहता गया, ‘‘शिशिर का-सा बेटा भाग्य से ही मिलता है। लेकिन भगवान

तो पानी के मटके में ही छेद करते हैं। वह था तब मुझे कोई चिंता न थी। आज वही नहीं है बेटी, मैं तो तुझे लेकर ही जिंदा हूँ। किंतु विश्वास नहीं होता कि बसंत बूढ़े बाप को और अपनी बेटी को ऐसा भूल जाएगा। वही न, जो शिशिर की मौत सुनकर रो उठा था? मगर भूल गया, वह तो अभागा ही है। वह और क्या कहा जाएगा?''

इंदु के हृदय को एक भूखी वेदना ने मरोड़ दिया। वह बोली, "तो जाने दो बाबा कोई अपनी चिंता नहीं करता तो दोष देकर क्या होगा?''

''नहीं, नहीं, बेटी। जब भूख लगती है तब कोई साथ नहीं देता। इंदु, मेरे पास आ बेटी। मरजाद की बात नहीं करता, कहने की बात नहीं; पर कहना ही पड़ता है। आज जिनके पेट भरे हैं, उन्हें भूखों से मसखरी सूझ रही है। छोटी-छोटी लड़कियाँ रंडियों के हाथ बिक रही हैं...''

इंदु वृद्ध के पास आ गई, जैसे एक बुझती शमा दूसरी के पास आ जाती है और दोनों को प्रभंजन हिलाता रहता है।

बूढ़े ने कहा, ''बेटी, मेरे बाद तेरी देख-रेख कौन करेगा? जानती है, संसार बड़ा बुरा है। आज तो तू कई दिन से भूखी है...''

इंदु रो पड़ी। वह रोते-रोते बोली, "और बाबा, तुम...''

अचानक ही बूढ़ा रो उठा और दोनों रोकर जी की जलन मिटाने का प्रयत्न कर रहे थे, लेकिन जितना ही वे रोते थे उतना ही उनका हृदय व्याकुल होकर चिल्ला उठता था। इस रोने का कहीं अंत न था। इंदु चुप होने लगी। बूढ़े ने कहा, ''बेटी, एक बार चलना ही होगा। चलकर देख आएँ। कुछ हर्ज है?''

इंदु ने पूछा, ''कहाँ चलोगे, बाबा?''

"वहीं, और कहाँ? ढाके ही तो देख ही आएँ, बसंत क्यों रूठ गया है ऐसा। क्या मालूम कहीं इसके तो नहीं लग गए उसे, जो बूढ़े बाप को बिलकुल भूल गया। चलेगी बेटी? यहीं कौन अपना है? घर-घर लोग मर रहे हैं। औरतें इज्ज़त बेच रही हैं। लाशों से राहें घिरी रहती हैं। सरे साँझ गीदड़ चिल्लाते हैं। चल, एक बार ढाके चलकर ही भाग्य आजमा लें। क्या बसंत भूख से कुम्हलाई हुई बच्ची को देखकर एक बार रो न देगा? क्या वह अपने बाप को सड़क पर तड़प-तड़पकर दम तोड़ते देखकर भी विचलित न होगा? बोल इंदु! मुझे विश्वास नहीं होता।'' बूढ़े की सारी ममता आशा बनकर पुकार उठी, "आखिर बसंत मेरा बेटा है। उसकी माँ बड़ी अच्छी थी। क्या उसे तनिक भी ध्यान न होगा। शिशिर, उसे हाथों खिलाया है। नहीं नहीं, बेटी, शिशिर न रहा—न सही एक बार चलना ही होगा बेटी। बसंत फिर भी अपना है।''

इंदु के हृदय में संघर्ष चलने लगा। आज कटोली मानो उसे घर से बुलाने लगा। उसका वह कोमल अतीत हाथ फैलाकर उसे पुकार उठा।

किंतु जाना तो होगा ही। मुमकिन है, काका बदल गए हों? नहीं, यह नहीं हो सकता है। पर उन्हें क्या मालूम नहीं कि बाबा और बेटी भूखे मर रहे होंगे। इंदु बार-बार चिंता में पड़ जाती थी और निराशा उसे बार-बार बाहर खींच लाती थी। वह उस सबको भूल

जाना चाहती थी।

ढाका बड़ा शहर है। लेकिन कटोली धीरे-धीरे खाली हो चला है। परिवार उजड़ रहे हैं। औरतें किसी न किसी के साथ भाग जाती हैं, या वेश्या बन जाती हैं। यही क्या कम था कि वह भिखारिन नहीं हुई! बाबा अब भी चल-फिर सकते हैं। यदि कहीं बाबा...? इंदु की विचारधारा टूट गई। बाबा कहने लगे थे, ''बेटी, इसी कटोली में मैंने अपना जीवन बिताया है। मेरे पिता यहीं की धूल में खेले, बड़े हुए। उनके भी पुरखे इसी गाँव में किसान थे। और आज मुझे यह छोड़ना पड़ रहा है। पर जाने क्यों, जाने को मन नहीं करता। एक दिन शिशिर गया था, वह नहीं लौटा। और कल जो तेरा काका गया है, उसकी भी कोई खबर नहीं...''

वृद्ध का स्वर काँप उठा, "और अब हम-तुम भी चलेंगे।''

इंदु बोल उठी, ''नहीं जाएँगे बाबा! वहाँ जाकर ही क्या होगा?''

किंतु बूढ़े ने कहा, ''नहीं जाएगी बेटी, तो खाएगी क्या? जाना तो पड़ेगा ही। अरी, जैसी तू मेरी बेटी है, बसंत भी मेरा ही बेटा है। अच्छा, खाने को न देगा, न सही, बात तो करेगा? अरी, मैंने उसे पाला है, तेरी ही भाँति वह भी मेरी गोदी में खेला है। वह क्या बाप को भी दुत्कार देगा? बेटी चलना तो होगा ही।''

इंदु के लिए ये सब बातें बेकार थीं। वह चुप हो गई। अंधकार में दोनों एक-दूसरे के विचारों में खो गए। इंदु बच्ची थी, तब काका की गोद में कैसी दुनिया थी! वह रोती थी, वह हँसाते थे; वह गाती थी, काका ताली बजाते थे। जब जल में नहाती, भैंसों की पीठ पर वह बैठी रहती, काका हँसते-गाते। लेकिन अब तो वह दिन नहीं रहे।

इंदु को याद आया अब्दुल शकूर बीमार है। पड़ा-पड़ा बर्रा रहा होगा। भूख से बीमार को बार-बार पानी पीकर कै करने के अतिरिक्त और काम ही क्या हो सकता है? शोभा! वह चला गया। चली गई शबनम भी। यह न सोच सकी कि बाप खुद भूख से मर रहा है। वह दोनों भिखारी बन जाएँगे। लेकिन हम भिखारी नहीं हैं, नहीं हैं—उसका मन विद्रोह कर उठा। काश, मिट्टी और पत्थर से पेट भरने लगता!

इंदु फूट पड़ी। वृद्ध स्वयं रोने लगा था। कुछ देर दोनों इसी प्रकार रोते रहे। इंदु ने कहा, ''मन नहीं मानता, बाबा!''

''भूखे रहकर क्या करेगा कोई? रो नहीं बेटी! रोकर क्या मिलेगा? कौन है अपना जिसके लिए इतना रोना-धोना है? सभी तो छोड़कर चले गए। भूखे का तो पेट भी अपना नहीं होता। चलेगी न?''

इंदु ने रोना रोककर कहा, ''न चलेंगे तो करेंगे क्या, फिर?''

बूढ़े ने इन शब्दों की भीषण लाचारी को समझा और चारा न होने पर जैसे पालतू चिड़िया को उड़ जाने दिया।

रात बहुत चल आई थी। पेड़ों पर उसकी थकान छा रही थी। चाँद मंदा पड़ गया था। पेड़ों पर चिड़ियों का शोर सुनाई दे रहा था। बूढ़े ने सहसा चौंककर कहा, "अरे, भोर होने लगी! बेटी चल, जो कोई खाने को देगा, खा लेंगे। यदि नहीं तो जो भाग्य

में है, वही सही।''

इंदु झोंपड़ी में अपनी दृष्टि का विषाद फैलाने लगी। वही छर-छर झोंपड़ी उसे व्याकुल कर उठी। एक टूटी खटिया, कुछ मटके, चटाइयाँ और कुछ प्रायः नहीं-सा। किंतु अपने होने का भाव सब पर हावी हो गया। आज वही झोंपड़ी प्यारी लग रही थी। हर कोना, हर चीज़ उसकी थी और वह पागल-सी हर एक चीज को देखने लगी। उसने रुंधे गले से कहा, ''बाबा, अपना घर?

बूढ़ा धीरे से हँस पड़ा। उसने कहा, "किसका घर पगली? भूखे का क्या घर, क्या बाहर? बेटी, जिन कंजर-बंजारों पर हम हँसते थे, वही हमसे अच्छे हैं।

इंदु ने अबोध स्वर में पूछा, ''तो यह घर क्या अब अपना नहीं है? क्या हम इसमें अब लौटकर कभी भी नहीं आएँगे?''

''गाँव ही खँडहर है, कोई भी अपना घर कहकर भी क्या होगा?'' वृद्ध ने कहा, ''कौन जाने कभी लौटना किस्मत में बदा भी है या नहीं!''

इंदु बूढ़े के पास जा खड़ी हुई। उसने दृष्टि दूसरी तरफ कर ली। उसकी आँखों में बरबस आँसू छलक आए।

भोर के नीरव धुँधलके में वह दोनों ढाके के धधकते वैभव के पथ पर चल पड़े। इंदु का गोरा शरीर उसकी मेली साड़ी में छिपने से बार-बार इंकार करता था और वृद्ध धोती का चिथड़ा पहने था। दोनों पगडंडी पर चले जा रहे थे। कटोली एक श्मशान-सा उनके पीछे छूटता जा रहा था मानो वे किसी को जलाकर भाग रहे थे। आज दुनिया का बित्ता-भर भी उनके लिए नहीं था। यह सारी पृथ्वी भीख माँगने की डगरी बनी सामने अनंत जिह्वाएँ फैलाए पैरों तले पड़ी थीं।

दोनों अब्दुल शकूर के झोंपड़े के पास पहुँच गए थे। बूढ़ा ठिठक गया। भीतर से शकूर ज्वर में पड़ा-पड़ा बर्रा रहा था। उसके शरीर का रक्त दिन पर दिन कम होता जा रहा था और रह-रहकर कोई उसकी पसलियों पर घूँसा मारकर ऐंठन-सी मचा देता था। हर बार वह चीख उठता था। दोनों ने सुना।

''बाबा!'' इंदु ने रोते हुए कहा, ''काका?'',

''वह नहीं बचेगा इंदु,'' वृद्ध ने उदासी से कहा, ''मेरे सामने के खेले एक-एक करके तड़प-तड़पकर मर रहे हैं। मेरी छाती फटी जा रही है।'' वह चुप रहकर बोला, "हम उसे अब कोई फायदा नहीं पहुँचा सकते।''

बूढ़ा पगडंडी पर बढ़ने लगा। इंदु पीछे-पीछे चलने लगी। अब्दुल शकूर की बरहिट कुछ दूर बाद उन्हीं की पगध्वनि में डूब गई।

भूखों के नीरव पगचिह्न इतिहास की छाया से चटगाँव की छाती पर पड़े रह गए। हज़ारों मरते उसी राह पर चल चुके थे और न जाने कितने उन पर लाशें छोड़ने वाले थे।

दिन के बाद शाम, शाम के बाद रात। अँधेरे में श्यामपद की सूनी झोंपड़ी के आगे एक गीदड़ बैठा अपने पंजों से ज़मीन खोद रहा था और कभी-कभी चिल्ला उठता था।

भिखारी

जहाँ थक जाते, पड़ रहते। जब भूख बहुत सताती, इंदु रोने लगती और बूढ़ा पत्ते या जड़ियाँ ढूँढ़ने लगता और दोनों एक-दूसरे की तरफ बिना देखे चबाने लगते। कभी थूकते, कभी निगलते और फिर घुटनों को पेट में दाबे आसमान के नीचे खुली धरती पर पड़े लंबी साँसें लेकर सोने का प्रयत्न करने लगते।

जब चलते, इंदु पानी पीती, उलट देती। वृद्ध पीता, बैठ जाता और फिर दोनों चलने की कोशिश में आशा के सुदूर झिलमिलाते तारे को देखते।

दिन आता और भूखा चला जाता। रात आती थी, कराहती, बहुत धीरे-धीरे मगर सरक ही जाती। पथ कटता, किंतु बराबर बढ़ता जाता। पैर चलते, लेकिन भारी होते जाते।

इंदु की सुकुमारता धूल में ढक गई थी। उसके बैठे गालों पर पीलापन छाने लगा था। वृद्ध अपनी लठिया टेके धीरे-धीरे घिसटता। भूख का कहीं अंत न हुआ, न होने की आशा ही थी।

कहीं-कहीं राह पर मुर्दे दीखते थे। इंदु उन्हें देखकर मुँह छिपा लेती, वृद्ध सूखे नयनों से उन्हें देखकर दहका करता था।

भोर रोती थी, साँझ रोती थी। जीवन भूखा था, मृत्यु उससे भी अधिक भूखी थी।

दूर, सुदूर क्षितिज पर सूरज उतरने लगा, किंतु पथ तब भी लंबा पड़ा था। इंदु राह के किनारे व्यथित-सी बैठ गई। उसका मुँह सूखा हुआ था, आँखें गड्ढों में तरल-सी झलमला रही थीं, बाल धूल में रूखे हो गए थे। अभागा यौवन मुरझाई बेल पर प्रभात के नीहार की भाँति हिल रहा था।

और वृद्ध व्याकुल होकर कहने लगा, "बेटी! देख तो, कोई गाँव मालूम देता है। कुछ धुआँ-सा उठ रहा है न। चल बेटी! कैसे भी हो वहाँ तक तो चलना ही होगा।"

इंदु चिल्ला उठी, "नहीं बाबा! गाँव में जाकर क्या होगा? इतने गाँव राह में मिले, उनमें ही क्या मिला? बोलो न? आज तो लोगों को कहीं भी खाने को नहीं मिलता।"

वृद्ध निराश-सा इंदु के पास आ बैठा। इंदु फिर कहने लगी, "राह का तो कोई अंत नहीं, बस चलना ही तो है! बाबा! फेनी कितनी दूर है?"

वृद्ध कुछ न बोला।

इंदु ने फिर पूछा, "कितनी दूर है बाबा टेसन?"

"बेटी," वृद्ध का स्वर काँप उठा, "आज की रात कैसी बीतेगी? एक बार यदि गाँव जाते..."

इंदु विरोध कर उठी, "बाबा! गाँव में क्या मिलेगा? राह के गाँवों में, स्वयं चटगाँव में क्या नहीं देखा?"

वृद्ध चुप हो गया। इंदु भी ऊँघने लगी। वृद्ध को यात्रा की भीषणता याद आने लगी। वह चुपचाप सोचता रहा।

गाँव था एक। वह छोटा-सा गाँव। कैसी मीठी और शीतल छाँह थी उस पर। श्यामपद

ने देखा, राह के किनारे एक बूढ़ा चुपचाप बैठा था। उसके शरीर पर एक चिथड़े के अतिरिक्त कुछ भी न था। शिथिल होकर श्यामपद और इंदु उसी के पास बैठ गए। श्यामपद ने देखा, लेकिन उस आदमी को जैसे इधर-उधर देखने की भी ज़रूरत नहीं थी। श्यामपद ने उससे पूछा, ''क्या इस गाँव से सब लोग चले गए हैं, जो झोंपड़ियाँ खाली पड़ी हैं?'' बूढ़े ने मुड़कर देखा और जब श्यामपद ने अपना सवाल दुहराया, उसने केवल सामने के एक पेड़ की ओर उँगली उठाई। श्यामपद कुछ नहीं समझा। देर तक इंदु ने देखा। दोनों चुपचाप बैठे रहे। दिन ढलने लगा। कभी-कभी वह आदमी पैरों को खुजलाने लगता और अपने नाखूनों में खून लगा देखकर किटकिटाता। उसके बाद वह सिर पीटने लगता। श्यामपद उसकी इस अवस्था को देखकर स्तंभित हो गया। इंदु भय से बाबा की आड़ में खड़ी हो गई। बूढ़े ने कहा, ''क्या तुम भी भूखे हो?''

श्यामपद ने कुछ उत्तर नहीं दिया। बूढ़े का हाथ सामने के पेड़ की ओर उठ गया। श्यामपद ने देखा, उसका हाथ ही नहीं, तमाम बदन सूजा हुआ था। श्यामपद ने कहा, ''तुम्हारे पैरों में खून आ रहा है। चलो, ताल पर इसे धो लें।'' तब उस आदमी ने उदासीन नेत्रों को उठाया, मानो जो अविश्वास था कि अब संसार में मनुष्य नहीं रहे, कुछ-कुछ दूर होने लगा। किंतु उसने कुछ भी नहीं कहा। उसका वह घिनौना हाथ फिर सामने के पेड़ की ओर उठ गया।

श्यामपद सिहर उठा। एक भयावनी छाया उस आदमी की आँखों में झाँकने लगी। सामने से एक बाबू आ रहा था, उसने बूढ़े के हाथ पर एक इकन्नी रख दी। बूढ़ा विक्षुब्ध हो उठा। उसने देने वाले के मुँह पर उसे फेंक कर मारा। आदमी बचाकर चला गया। श्यामपद भय से उस आदमी से दूर हट गया। इंदु बाबा के पीछे काँपने लगी। इकन्नी भूमि पर पड़ी रही। नंगे, काले, गंदे, भूखे मरियल बच्चों का एक टोल आया और धूलि में चमकती इकन्नी के लिए झगड़ा होने लगा। एक लड़के ने लपककर उठा ली। दूसरे ने उठाकर पत्थर मारा। पत्थर की चोट से घुटना फूट गया और लड़का इकन्नी मुँह में रख दाँत भींचकर लोट गया और छटपटाने लगा। बाकी लड़के उसका मुँह खोलने का उन्मत्त प्रयत्न करने लगे। उस छीना-झपटी में लड़कों ने उसे प्रायः कुचल ही दिया। गिरे हुए लड़के के मुँह में जिसने उँगली डाली, उसी के हाथ को लड़के ने दाँतों से पूरा बल लगाकर काट लिया। रक्त से लथपथ लड़के ने दर्द से पागल होकर उसे लातें मारना शुरू किया। इकन्नी मुँह से निकलकर धूलि में गिर गई और किसी को इसका पता न चला। लड़के उसे घेरकर क्रोध से बहुत धूम मचाते पागल-से मारने लगे। गिरे हुए लड़के ने इकन्नी की खोज में धूलि में मुँह डाल दिया। केवल धूल उसके मुँह में भर गई। निराश लड़के उसे छोड़कर चले गए। तब वह लड़का उठने का प्रयत्न करने लगा, किंतु मूर्च्छित होकर वहीं गिर गया।

बूढ़ा इंदु को लेकर चलने लगा। राह में एक आदमी अपने बाल नोच रहा था। बूढ़ा और इंदु जल्दी-जल्दी भाग चले। गाँव के उस पथ पर एक आदमी मिला, वह हँस रहा था, न जाने क्यों? हर सवाल का जवाब वही हँसी थी। बूढ़ा और इंदु बढ़ चले।

तब एक आदमी मिला जिसने बातचीत होने पर कहा, ''क्या देखते हो''भैया? देखा था, वह आदमी जो पेड़ दिखाया करता है? वह गाँव का भद्रलोक था एक अब भूखा और नंगा है। घर बिक गया है। वह ज़मीन उसी की थी, वह पेड़ उसी का था। अब उसके पास कुछ नहीं है। उसे नागासोर हो गया है, हिल-डुल नहीं सकता। घर के सब लोग मर चुके हैं। क्या करे, क्या न करे? मैं उसी का छोटा भाई हूँ। भैया, कुछ हो तो देते जाओ, एक पैसा ही सही...''

श्यामपद चौंक उठा। इंदु रो रही थी। उसने इंदु को दुलराते हुए कहा, ''क्या है बेटी?''

इंदु कुछ नहीं बोली—श्यामपद फिर सोचने लगा।

एक राह के किनारे अनेक झाड़ियाँ थीं। एकाएक आदमियों की आहट पाकर मानो कोई भाग उठा। श्यामपद ने देखा, कुछ नंगी स्त्रियाँ दौड़कर झाड़ियों में छिप गईं। एक नहीं, दो नहीं, अनेक थीं वह। और झाड़ियों के पीछे से घरघराती आवाज़ें आने लगीं, "किछु दाओ बाबू, किछु दाओ बाबू!''

श्यामपद काँप उठा था। एक बुढ़िया प्रायः नग्न ही, थोड़े चिथड़ों में लिपटी सामने निकल आई। दायाँ हाथ फैलाए वह माँगने लगी। एक आदमी उधर से तेज़-तेज़ निकलने लगा।

श्यामपद ने उसे रोककर पूछा। उसके शब्द अभी तक कानों में गूँज रहे थे। उसने कहा था, ''क्या पूछते हो भाई? मैं देख रहा हूँ यह सब। गाँव में एक भी आदमी नहीं बचा, सब भाग गए या मर गए। ये औरतें बची हैं। किसी के पास न खाने को है, न ओढ़ने को। ताल दीख रहा है वह सामने? एक-एक मछली निकालकर खा गई हैं। हड्डियाँ रह गई हैं, सिर्फ हड्डियाँ। यह बुढ़िया निकल सकी है सिर्फ। बाकी औरतें लाज के कारण निकल भी नहीं पातीं, न भीख ही माँग पाती हैं...''

कहने वाला पागल की तरह चिल्ला उठा, "और इन्हीं से अठखेली करने को आते हैं वे कमीने जो अपनी पशुता की प्यास मिटाते हैं और लाचार औरतों को करना पड़ता है, क्योंकि हमारी-तुम्हारी तरह वह भी जीवित रहना चाहती हैं।''

कहने वाले ने रो दिया था। श्यामपद और इंदु की आँखों में भी आँसू आ गए थे।

श्यामपद चल पड़ा था। चल पड़ी थी पीछे-पीछे ही इंदु भी।

गाँव खाली पड़ा था। राहों के किनारे पड़ी लाशों पर गीदड़ जमघट लगाए बैठे रहते थे। श्यामपद काँप उठा। एक जगह एक भिखारी बैठा-बैठा अपने हाथ बाँधे सूनी आँखों से देख रहा था। कोई कहने वाला नहीं था, न कोई समझाने वाला। एक औरत कुछ चावल ला रही थी। भिखारी ने भीषण वेग से हमला करके उससे चावल छीन लिया, और देखते ही देखते सामने के पेड़ पर चढ़ गया। औरत बच्चों की तरह भूमि पर पैर पटककर रोने-चिल्लाने लगी, ''अरे तुझे आएगी रे, मौत खाए तुझे। मेरी बच्ची तीन दिन की भूखी है। हत्यारे, मैं कमाकर लाई हूँ जो तेरा नरक भरने?''

और वह फूट-फूटकर रोने लगी।

श्यामपद ने कहा, "दे दे भाई, उसका उसे दे दे। उसकी बच्ची भूखी है!"

भीतर ही भीतर श्यामपद का हृदय भी थर्रा उठा था। यह औरत निर्लज्जता से क्या कह रही थी, श्यामपद कुछ भी न सोच सका, केवल इंदु की ओर देखकर, एक अज्ञात आशंका से काँप उठा था।

भिखारी ने पेड़ पर से ही खाते-खाते कहा, "तुझे अभी दस आदमी और मिल सकते हैं, मगर मुझे नहीं मैं कहाँ से लाऊँगा?"

भिखारी कच्चे चावल चबाए चला जा रहा था। स्त्री श्यामपद से रो-रोकर कहने लगी, "पति छोड़ गया, बेटा मर गया, अब बस वही एक छोटी बच्ची है। अपने लिए नहीं, इसी के लिए यह सब करती हूँ। मैं अकेली ही तो पापिन नहीं हूँ। गाँव के बड़े घरों की स्त्रियाँ क्या नहीं करतीं। मेरी बच्ची भूखी मर जाएगी।"

उसका वह दारुण रुदन सुनकर वृद्ध के हृदय में उसका पाप, पाप के रूप में न आकर माँ की ममता बनकर समा गया। संतान के प्रति स्नेह ने उसे व्याकुल कर दिया और वह इंदु को हृदय से चिपकाकर रो उठा था।

श्यामपद की आँखें गीली हो आई थीं।

उसे याद आने लगा। गाँव के बाद बहुत दूर चलकर वे चटगाँव कस्बे में आ पहुँचे थे। चारों तरफ फौज ही फौज दिखाई दे रही थी। सड़कों पर भुखमरे दम तोड़ रहे थे। भयानक लाशें राहों पर पड़ी मिलती थीं। बच्चे एक नहीं, दो नहीं, अनेक, बेघर-बार घूम रहे थे। वहाँ जहाँ प्याज़ की सड़ी बदबू आती है, उसके पीछे रेडियों के घर थे कितने ही, कितने ही..

कोई भीख नहीं देता था, कोई पूछता नहीं दीखता था। लोगों में एक दहशत बैठी हुई थी। रात के वक्त जब वह लोग स्टेशन पहुँचे थे, उन्हें प्लेटफॉर्म पर घुसने नहीं दिया गया। काले, गोरे अनेक रंग के फौजी बंदूक लिए घूम रहे थे इंदु उन्हें देखकर डर से काँप उठी थी। एक बार तो ऐसा लगा जैसे वे इंदु को उठा ले जाएँगे।

श्यामपद वहाँ से इंदु को लेकर भाग चला। अब वे लोग फेनी जा रहे थे जहाँ से शायद वे रेल में चढ़ पाते।

श्यामपद ने नाक साफ करके काँपते हाथों से आँखों को पोंछ लिया। रात आ गई थी। चंदा की डरावनी छाया पेड़ों के नीचे काँप रही थी। दूर-दूर तक सूनापन छा रहा था, हरियाली थी। वह हरियाली, जिसमें फल नहीं थे, डालें थीं, पत्ते थे, जो दिखती मात्र सुंदर थीं, खाने के किसी काम की नहीं।

इंदु सोचते-सोचते सो गई थी। श्यामपद उसके पास बैठा रहा। उसकी भूखी जिंदगी की धरोहर आज क्षण-भर के लिए सब कुछ भूलकर आहत-सी उसके पास सो रही थी।

दूसरे दिन जब वह फेनी पहुँचे, स्टेशन नीरव चुपचाप उदास सा खड़ा था। कभी-कभी जब कोई रेलगाड़ी निकल जाती, तो स्टेशन पर उसके थोड़ी देर रुकने से वही सूनापन टूक-टूक हो जाता। फौजियों से गाड़ी भरी रहती। एक नहीं, सब तरह के फौजी—अमेरिकी हब्शी, अफ्रीकी हब्शी, अंग्रेज़, अमेरिकन, सिक्ख, गुरखे और न जाने कौन-कौन? बहुत

ज्यादा बदन, न्यूनतम दिमाग इधर-उधर से बच्चे दौड़ते हुए आकर इकट्ठे हो जाते और चिल्लाते, "सा'ब, बख्शीस! सा'ब, बख्शीस!" साहब लोग एक दोअन्नी फेंककर हँसते या फिर वहीं शोरगुल। छोटा फौजी स्टाल फिर जंगल में पड़ा रह जाता। वही नीरवता, वही दहशत।

बाबा और बेटी दोनों चलते-चलते थक गए थे। वृद्ध सोच रहा था, ढाके में बसंत है। होगी थोड़ी-सी ममता। हम वहाँ कम से कम कुत्तों की तरह तो मारे-मारे न फिरेंगे।

किंतु दोनों का हृदय भीतर ही भीतर आशंकित था। दोनों के पास एक भी पैसा न था और अभी-अभी एक आदमी ने मज़ाक किया था, "ढाका जाओगे? असंभव है। रेल तो रेल, स्टीमर कैसे पकड़ पाओगे?" और फिर उसने गंभीर होकर कहा था, "अभी वह ज़माना नहीं आ गया है भैया! अभी दिन और ही हैं..."

श्यामपद सोचने लगा—कैसे पार होगी? पास में तो कुछ भी नहीं है। जाने कहाँ जंगल में उतार देगा? किंतु अचानक ही सब चिंता दूर हो गई। वह अपने आप कह उठा—छोड़ जाएगा तो क्या हो जाएगा? जैसे इतना रास्ता चल आए हैं, फिर से उतना ही चल लेंगे। मौका लगते ही दूसरी गाड़ी पकड़ेंगे। कभी न कभी तो पहुँच ही जाएँगे। घोर अंधकार में उसे आगे चलने वाले प्रकाश की किरण ने आकर राह दिखाई थी। बसंत सामने खड़ा था। फेनी ढाके के बीच में सारे जंगल, खेत, ताल और वह प्लावित महानद क्षण-भर के लिए अदृश्य हो गए।

इंदु ऊँघ रही थी। कभी-कभी कोई बालक केले का छिलका चाटता हुआ दिखता था, कभी आम की गुठली चूसता हुआ।

एकाएक वृद्ध ने इंदु को झकझोर दिया।

"क्या है बाबा, क्या है?" वह एकदम चौंककर पूछ बैठी। किंतु इससे पहले कि वृद्ध उत्तर दे, कलकत्ते की ओर जाने वाली रेल फफकती हुई प्लेटफॉर्म पर आकर गर्म-गर्म साँसें छोड़ने लगी। वृद्ध ने इंदु का हाथ बलपूर्वक पकड़ लिया और देखते ही देखते अभूतपूर्व साहस और शक्ति से रेल में घुस गया। रेल में अनेक उदास मुँह लोग बैठे थे, किंतु रात होने के कारण किसी ने भी यह नहीं पहचाना कि आगंतुक कैसे थे। दोनों ने भीड़ से खचाखच गाड़ी देखी और दोनों ही चुपचाप बैठ गए। एक आदमी चिल्ला उठा, "अरे, मेरा पैर है, देखता नहीं। आया है जैसे तेरे बाप की गाड़ी है।" श्यामपद सकपका उठा, किंतु इंदु कह उठी, "इधर सरक आओ न बाबा!"

श्यामपद के हृदय की जलन क्षण-भर ही में शांत हो गई जब उसे ध्यान आया कि उसके पास टिकट नहीं था। देर तक दोनों के दिल में धुकधुकी-सी मचती रही। एक भयद आशंका से दोनों का दिल काँप रहा था। अंधकार में बाहर का कुछ भी दिखाई नहीं देता था। रेल धीरे-धीरे रेंगती चली जा रही थी, दोनों ऊँघने लगे।

आकाश में पौ फटने लगी। उतरने के लिए लोग सामान पर उद्यत दृष्टि गड़ाए चाँदपुर की प्रतीक्षा करने लगे। श्यामपद और इंदु दोनों एक-दूसरे की तरफ देखकर मुस्करा उठे।

चाँदपुर पर स्टीमर तैयार खड़े थे। वृद्ध और इंदु दोनों भीड़ के बीच में हो लिए। उस हलचल और भगदड़ में 'चेकर' टिकट के लिए दोनों में से किसी से भी न पूछ सका। जब वह थर्ड क्लास की भीड़ में जा मिले, एक आदमी कहता सुनाई दिया, ''लड़ाई की वजह से इतनी भीड़ है कि कोई कहाँ तक चेक करे।''

दोनों दूसरी मंजिल पर चढ़ गए। स्टाल पर दो-तीन आदमी चाय, मिठाई, सिगरेट आदि बेच रहे थे। इंदु ने ललचाई आँखों से देखा और फिर अपने आप अपनी दृष्टि को हटा लिया। मुसाफिर लकड़ी की ज़मीन पर अपने-अपने बिस्तर लगाकर लेटने लगे। रेल की जगाहट ने उन्हें बहुत थका दिया था। सामने ही ऊँचे दर्जे थे जिनमें निष्प्रभ बाबू बैठे थे। पद्मा की अथाह धारा पर वह स्टीमर एक बार अत्यंत कर्कश और भोंड़ी आवाज़ में गरज उठा और पहिए लहरों को काटने लगे। स्टीमर धीरे-धीरे बढ़ चला। मुसाफिरों में कोई बैठा था, कोई लोहे के आड़े लठ्ठे पकड़े पद्मा की दूर-दूर फैली धारा को देख रहा था। वृद्ध और इंदु एक कोने में जाकर बैठ रहे। इंदु लेट रही, बूढ़ा झपकने लगा। केवल ढाका पहुँचने की आशा पर दोनों भयानक से भयानक साहसिक की भाँति बढ़ते चले जा रहे थे। स्टीमर पर शोरगुल हो रहा था। कभी खलासी इधर से उधर निकलते थे, कभी कोई औरत खड़ी होकर अपनी साड़ी ठीक करने लगती थी। नल पर तीन-चार आदमी लगातार जमा रहते।

स्टीमर मद्धिम गति से थिरकता हुआ चला जा रहा था।

"ग्वालंद रात को मिलेगा, आज रात को उफ! दिन-भर चलना है हमें, दिन-भर यों ही पड़े-पड़े।'' कोई मुसाफिर अपनी पत्नी को समझा रहा था, जो अपने बच्चे को धीरे-धीरे थपकियाँ देकर सुला रही थी।

इस समय श्यामपद चौंक उठा। एक आदमी एक लड़के से कह रहा था, "क्यों, कहाँ से आ रहा है? चटगाँव से? और टिकट नहीं है? अरे, नहीं है तो फिर घबराने की क्या बात है ऐसी? ग्वालंद तो रात को आएगा, रख लिया किसी का सामान सिर पर कौन रोकता है फिर? उलटे बाबू पैसे और देगा। कुली भी कहीं टिकट लेते हैं?''

''लेकिन रास्ते में कहीं...?'' लड़के ने कहना चाहा, किंतु उस आदमी ने बीच में ही काट दिया, ''रास्ते में? रास्ते में क्या? खाने को कुछ नहीं है? खाने को तो नहीं मिलेगा। रहा टिकट! तो अव्वल तो इतनी भीड़ में कोई आता नहीं, और फिर यह है अकाल। टिकट बाबू क्या आदमी नहीं होता कि उसमें तनिक भी दया न होगी।

लड़का कृतज्ञ-सा उसकी ओर देखने लगा।

आदमी ने रुककर पूछा, ''कहाँ जाएगा?''

"ढाका।''

"ढाका! तब तो नरायनगंज उतरना होगा तुझे, समझा? पौ फटते-फटते। मगर फिकर कुछ नहीं। स्टीमर आज डेढ़ घंटा पहले पहुँचेगा। वहीं से रेल पकड़ लेना! चले जाओ, समझे? टिकट बाबू के बाप की गाड़ी नहीं है जो हर स्टेशन पर आकर उँगली दिखाएगा। आजकल तो सब चलता है। सैकड़ों भूखे आदमी-औरत सफर करते हैं।''

वह हँसने लगा। लड़का भी मुस्करा रहा था। ऊँचे डिब्बों में कोई गर्म बहस हो रही थी। कभी-कभी कोई समझ में आने लायक शब्द छींटा बनकर बाहर आ गिरता था। दूर चारों ओर हरियाली ही हरियाली छा रही थी। स्टीमर में नीचे की मंज़िल में से पकते गोश्त की तीखी और सौंधी गंध आ रही थी। हवा ठंडी थी और वेग से इधर से उधर चक्कर लगाती फिर रही थी। पेट में घुटने दबाए इंदु सोती रही और श्यामपद कभी सोचता, कभी भय से आशंकित हो उठता और कभी वसंत से मिलने की आशा में उमगता ऊँघने लगता था।

भोर गई, दुपहर गई; स्टीमर चिल्लाकर रुकता, फिर गरजकर चल देता। ऐसे ही राह लहरों की तरह कटती गई।

धीरे-धीरे महानद शीतलक्षा की प्रशांत जलराशि पर डूबते सूर्य की मंदिर-मंदिर रश्मियाँ खेलने लगीं। अंधकार धारा के तल में हिल उठा। लोगों की ऊबी हुई आँखों में एक उत्सुक प्रतीक्षा थी। स्टेशन आने में अब बहुत देर न थी। लोग आपस में बातें कर रहे थे। एक आदमी कह रहा था, ''स्टाल है यह या लूट है? किसी चीज़ के दाम पूछो, एक के दस कहेगा। फिर कैसे खरीदे कोई!

दूसरे ने चुपचाप सिर हिलाया। वह कहने लगा, "जो मिल जाए वही बहुत है। मैं तो जिधर से आ रहा हूँ, उधर तीस-तीस, चालीस-चालीस आदमी रोज़ मरते हैं।''

''न मरें तो क्या करें?'' एक बुढ़िया कह उठी, ''मगर देखो न! जवान-जवान और बच्चे मर जाते हैं और हम बूढ़ों को लाज नहीं आती। न, न, कितना भयानक है ऐसा जीना! आदमी भूख से तड़प-तड़पकर मर रहे हैं। छिः!''

"कौन कहता है काकी, निराश क्यों होती हो? सभी के दिन पास आ गए हैं। मैं आज, तो तुम कल, ऐसे गाड़ी और कितने दिन चलेगी?

इंदु जागकर सुनती रही। वह क्षण-भर अपनी व्यथा भूल गई। यहाँ तो सभी एक-से थे। कुछ कम-बेशी, वरना कोई भेद नहीं।

इंदु ने देखा, बाबा सो रहे थे। उसने उन्हें हिलाकर जगा दिया।

"क्या है इंदु?'' वृद्ध ने बैठते हुए पूछा।

''कुछ नहीं, स्टेशन आ गया।''

वृद्ध ने कहा, ''बस, अब तो आ ही पहुँचे। मैं तो उसके हाथ में तुझे सौंपकर सचमुच ही बिलकुल निश्चिंत हो जाऊँगा।''

इंदु ने सुना। उसका हृदय भी एक बार पुलक उठा। वृद्ध ने अपना हाथ अत्यंत स्नेह से उसके सिर पर फिराया।

सब लोग खड़े हो गए थे। वृद्ध और इंदु भी खड़े हो गए। नदी पर से ठंडी-ठंडी हवा बहती आ रही थी। आज शीतलक्षा के माँझी गीत नहीं गाते, भूख ने उनके स्वरों को छीन लिया है। स्टीमर की गति धीमी पड़ने लगी।

एक बार फिर बड़े ज़ोर से भद्दी आवाज़ में स्टीमर चिल्ला उठा और लोगों ने अपना-अपना सामान उठाना शुरू किया। कुलियों की दौड़-धूप में पूरा स्टेशन ढक-सा गया।

शोरगुल होने लगा, सब नीचे उतरने लगे। कहीं कुलियों से बाबुओं का झगड़ा होने लगा। वृद्ध ने इसी समय बिना पूछे एक बाबू का अटैची सिर पर रख लिया और चल पड़ा। इंदु ने कहा, "बाबू, चलो!"

बाबू ने सुना और फिर तीनों भीड़ में घुस गए। जिस समय बाबू टिकट दे रहा था, इंदु रेले के साथ बाहर निकल चुकी थी और वृद्ध बाहर पुल पर अटैची लिए चला जा रहा था।

दोनों मुक्त थे। दोनों के हृदय में आनंद लहरें मार रहा था।

"अरे!" वृद्ध पुकार उठा, "ठहर तो जा पगली! कहाँ भागी जा रही है?"

चलते-चलते इंदु ठहर गई। रुककर बाबू ने बूढ़े के हाथ पर एक दुअन्नी रख दी और वृद्ध की अधिक माँगों पर ध्यान न देकर रिक्शावाले को बुलाने लगा।

वृद्ध प्रसन्नता से दुअन्नी लेकर इंदु से बोला, "बेटी, कुछ खाने को लेना चाहिए न इंदु ने स्वीकार किया।

दो आने के चार मुट्ठी चने लेकर दोनों ने चबाकर पानी पिया और एक पेड़ के नीचे विश्राम करने लगे।

दो घंटे बीतने पर वृद्ध ने इंदु को उठा दिया और वे लोग ढाका चल पड़े। प्रायः दस मील का रास्ता था। जब वे लोग ढाके के पुराने मैले नगर में चंद्रशेखर का घर ढूँढ़ रहे थे, उस समय दूसरी साँझ बीत चली थी। घरों पर अँधेरा उतर रहा था। दोनों का शरीर थकान से बिलकुल चकनाचूर था, किंतु मन उठे हुए थे। वृद्ध का स्वर आशा से काँप रहा था। बड़ी कठिनता से जब उन्हें घर मिला और वृद्ध ने अपने आवेग को कठिनता से रोककर कुंडी खड़खड़ाई, एक बीमार-सा आदमी बाहर आया। उसने पूछा, "कौन हो? क्या चाहते हो?"

वृद्ध ने कहा, "बसंत कहाँ है बाबू? मैं उसका बाप हूँ, यह उसकी..."

किंतु चंद्रशेखर के कर्कश स्वर ने बीच में ही तोड़कर कहा, "चोर गया तो चोर का बाप दल-बल बाँधकर आया है। जाओ। जाओ नहीं है यहाँ कोई बसंत-असंत! चोरी करके भाग गया वह बदमाश, हमें नहीं मालूम, कहाँ है।"

वृद्ध की आँखों के सामने अँधेरा छा गया।

चंद्रशेखर कह रहा था, "यहाँ भीड़-वीड़ मत लगाओ। जाओ, जाओ, चोर के बाप, हुँ!"

बूढ़ा श्यामपद बेहोश होकर लुढ़क गया। इंदु जोर से चिल्ला उठी और चंद्रशेखर ने ज़ोर से दरवाज़ा बंद कर लिया।

नशा और ज़हर

कलकत्ते की एक काली मैली-कुचौली बस्ती में बसंतपद राह के किनारे बैठा-बैठा थका-सा ऊँघने लगा। शिथिल शरीर विश्रांति की एक साँस लेने के लिए व्याकुल हो उठा था।

चंद्रशेखर मलेरिया से ग्रस्त एक दुर्बल युवक था। उसे अपनी दुकान से जो फ़ुरसत मिलती थी, उसे वह अपने शरीर की देख-रेख में लगा देता था। वह उन आदमियों में था जो अपनी परवशता को परमात्मा की देन समझकर निभाए चले जाते हैं। उसकी पत्नी थी लावण्यमयी। जैसा नाम था वैसा ही रूप भी। वह अपनेपन में समाए नहीं समा पाती थी, मानो कपड़ों के क्षीण बंधनों में उसके यौवन की लपलपाती बाढ़ सीमित नहीं रहना चाहती थी। महँगा होने पर भी टॉयलेट उसके लिए सस्ते के समान था। कपड़े की चंद्रशेखर की दुकान थी ही, और शहर का अपना वैभव मानो सभ्यता रूपी वेश्या का महान साज़ था जिसकी वाद्य-ध्वनि पर अल्हड़ कामुक यौवन अपनी पायल को बजाकर उन्मत्त-सा अपने आपको खो देना चाहता था। लावण्यमयी के होंठों पर उच्छ्वसित लाली 'आओ-आओ' पुकारती मन के गुबारों को उफान देती थी। और एक दिन उसने अचानक ही बसंतपद के भरते शरीर को देखकर उसे मुलायम नज़रों से सेंका। बसंत गाँव का किसान, समझा यह भी भवानी का नया स्वरूप है। वह भौंचक्का-सा देखता रह गया।

बसंत की तनी हुई भवों के नीचे तीव्र आँखें थीं और यद्यपि वह रूखा था फिर भी लावण्यमयी ने बासी भात को देखकर भी हाथ पीछे नहीं खींचा। उसका यौवन भूखा था और वह नागिन की तरह अपने ज़हर से अपने आप तड़फड़ाया करती थी।

दुकान का काम करके जब लावण्यमयी के पास आकर बसंतपद अपना खाना माँगता था, तब पहले तो वह बिना उसकी ओर देखे ही कह देती थी, "रसोई की बाहरी आलमारी में रखा है, ले, निकालकर चाभी वापस दे जाना।" और चाभी फेंक देती थी, किंतु एक दिन जब उसने देखा, उसकी इच्छा हुई कि ठीक तरह देखे, फिर देखा तो फिर-फिर देखना चाहा और जब देखने से मन नहीं भरा हो चाभी का फिंकना बंद हो गया और वह स्वयं उठकर खाना निकालकर देने लगी। बसंत को इस ताप का भान तब हुआ जब एक दिन खाना देते हुए उसने पूछा, "भूखे तो नहीं रहते?"

बसंत ने कहा, "नहीं मालकिन! आप तो सब देख-भाल करती हैं, आपका नौकर भूखा कैसे रह जाएगा।"

एकाएक लावण्यमयी ने एक-एक कर सब पूछा—घर में कौन-कौन है? वहाँ क्या करते थे? माँ है कि नहीं? ब्याह हो गया? नहीं हुआ तो कब होगा? यहाँ तबीयत लग जाती है? घरवालों की याद तो नहीं सताती?

बसंत ने कहा, "मालकिन! आप और बाबू दोनों ही तो इतना स्नेह मानते हैं। मुझे कैसा दुःख?"

लावण्यमयी ने रहस्य-भरी आँखों से कहा, "जो ज़रूरत हो, मुझसे माँग लिया करो। पैसा-धेला पर हिचक न करना। समझे?"

और वह हँस दी। बसंत हक्का-बक्का-सा देखता रह गया। दूसरे दिन उसने पहले माह की तनख्वाह से घर को मनीऑर्डर भेज दिया।

बहुत ही शीघ्र बसंतपद ने अनुभव किया कि मालकिन का व्यवहार उसके प्रति दिन-दिन मीठा होता जा रहा था। सोचा और समझने का प्रयत्न किया। शायद पति को

रुग्ण देखकर मालकिन का हृदय किसी का भी दुःख नहीं देख सकता, इसीलिए गरीब पर वह कितनी कृपा करती हैं।

एक दिन जब चन्द्रशेखर ढाके के बाहर गया, लावण्यमयी अत्यंत प्रसन्न दिखाई दी। जन्म से बसंत गरीबी में पला था। उसे यह सब सुनी कहानी थी। और जब लावण्यमयी ने उसे अपने सोने के कमरे में बुलाकर पैर दबाने को कहा, वह सकुच गया। लावण्यमयी ने कहा, "अच्छा, रहने दो।" वह बाहर आकर बैठ गया। दोपहर को जब मालकिन नहाकर गीली धोती पहने अनजानी-सी सामने से निकलकर कमरे में घुस गई, उसके हृदय में एक भयानक तूफान छिड़ गया। सचमुच वह रात को पैर दबा रहा था। और जब भारी-भारी श्वास लेती लावण्यमयी ने उसके कंधों को जकड़ लिया, वह क्षण-भर के लिए सब भूल गया था। उसने जीवन में कभी भी स्त्री नहीं देखी थी और आज उसे उसने अपनी भुजाओं में विषैली नागिन की तरह जकड़ लिया था। बसंत पागल-सा हो गया। कितना सुखद स्पर्श था वह, मानो जीवन उस दिन स्वर्ग था! प्यासे से पानी ने आकर कहा—मुझे पी ले। लावण्यमयी उसकी भुजाओं में छिप गई किंतु आँचल में कोई मदमाती दीपक की ज्योति नहीं छिपा सकी।

जब चंद्रशेखर को मालूम हो गया, लावण्यमयी बसंत से घृणा करने लगी। ऊँचे घराने की वह स्त्री! मालकिन! उसने बसंत पर इलज़ाम लगाया कि वह उसे बुरी नज़र से देखता था। चटगाँव से आए रुद्रमोहन ने जब एक आँख से दुकान का हिसाब और दूसरी आँख से घर का हिसाब भाँपा, तब लावण्यमयी ने रो-रोकर उसे सुनाया कि जाने किस बदमाश को लाकर यहाँ रखा है जो, वह तो बीमार पड़े हैं पर इसकी आँख मुझे नहीं सुहाती। तुमने रखा है, तुम्हीं निकालो। मैं तो तुम्हारी ही इंतज़ारी में थी। रुद्रमोहन मन ही मन मुस्कराया और उसने लगे हाथों गंगा में हाथ धोने वाली नज़र से उसे देखकर उसकी बात को स्वीकार कर लिया।

वह साँझ तो बीत गई, किंतु दूसरे दिन रुद्रमोहन ने चंद्रशेखर के सामने बसंतपद को बुलाकर कहा, "अरे देख, महीना ऊपर दस दिन हुए। ले तनख्वाह और रास्ता नाप।"

बसंत ने अचकचाकर पूछा, "बाबू, कसूर?"

चंद्रशेखर ने गरजकर कहा, "बदमाश, बहस करता है? चोर नहीं रखने हैं हमें, समझे? पूछ रहा है, 'बाबू, कसूर!' रुद्रमोहन, इन लोगों को मुँह लगा किसी को भी आराम मिला है? जिस पत्तल में खाते हैं उसी में छेद करते हैं।"

बसंत की जीभ तालू से सट गई। बोलने का प्रयत्न करके भी कुछ न बोल सका। चंद्रशेखर चिल्ला रहा था, "सोचा, गरीब है, पल जाएगा। मैं कहता हूँ, जाने दो, जाने दो मगर नहीं मानेंगे ये लोग.."

घृणा से उसका मुख विकृत हो गया और वह पलंग पर उलटा होकर खाँसने लगा जैसे जलते तवे पर पानी की बूँदें नाच उठती हैं। रुद्रमोहन ने झन्नाकर रुपए फेंक दिए। बसंत ने एक बार रुपए लेने में झिझक की और फिर चुपचाप उठा लिए।

इस अपमान की ज्वाला ने उसका गाँव लौटने का रास्ता बंद कर दिया। क्या कहेंगे

बाबा? क्या सुनेगी इंदु? रुपए लेकर वह नौकरी की तलाश में कलकत्ते आ गया और अनेक दिनों से मारा-मारा फिर रहा था।

आज वही निराश्रित होकर वहीं थका-सा विश्राम कर रहा था। वह विश्राम जिसके बाद फिर अगाध दुःख था।

कलकत्ते में सत्तर ऊपर पाँच रुपए मन चावल बिक रहा था। बस्ती के मज़दूर धीरे-धीरे मर रहे थे। मरने वालों में अधिकांश रिक्शा खींचने वाले थे। बसंत वहीं घूम-घामकर लौट आता और एक बड़े मकान के पिछवाड़े निकली सीढ़ियों पर सो रहता।

उसे अब घर की याद आने लगी। बाबा और इंदु निस्सहाय होंगे। पहले महीने की तनख्वाह भेजी थी, उसके बाद वह अपने वायदे को बिलकुल पूरा नहीं कर सका। पहले तीन दिन उसने किसी से भी भीख माँगने में लज्जा का अनुभव किया, किंतु चौथे दिन वह झिझक छूट गई। वह तीन दिन से बिलकुल भूखा था। सारा कलकत्ता छान डालने पर भी उसे कहीं न नौकरी मिली थी, न खाना। उसे याद आया, बचपन में वह खेल में लगे चिड़ियों को खेत से उड़ाना भूल जाता था, तब श्यामपद का घुमड़ता हुआ 'हई-हई' का चोर शब्द तमाम खेतों को क्षण-भर के लिए स्तब्ध कर देता। चिड़ियाँ उड़ जाती थीं और बसंत लज्जित हो जाता था। श्यामपद कहता—बेटा, दिन-भर खेलते रहने से तो पेट नहीं भर सकता। बसंत तब सुनता था, आज वह समझ भी रहा था। सात दिन उसने सड़क पर बिताए थे और आज जो तीन दिन से वह भूखा था। याद आते ही उसका शरीर शिथिल से शिथिलतम हो चला। उसके मुँह से एक सर्द आह निकल गई।

एकाएक वह अपने आप ज़ोर से बोल उठा, ''मैं नहीं मरूँगा, नहीं मरूँगा!''

''शाबाश! मेरे दोस्त! तुम नहीं ही मरोगे।'' किसी सफेदपोश ने निस्संकोच उसके गंदे कपड़ों पर हाथ रखने में न हिचकिचाते हुए कहा। बसंतपद चौंक पड़ा। एक अनजान युवक। शायद विद्यार्थी है जो उसके प्रति करुणा दिखा रहा है। बसंतपद मुँह बाए देखता रहा।

"क्या है बाबू?'' उसने अचकचाकर खड़े होते हुए पूछा।

अरुण की आँखों में वह अपमान की ज्वाला धधक रही थी, जिसमें सारा हिंदुस्तान जल रहा था। बसंत उसकी आँखों को देखकर सहम उठा।

अरुण ने कहा, ''मैं तुम्हें कई दिनों से सड़क पर घूमते देख रहा हूँ। देखता हूँ, तुममें बड़ी हिम्मत है।''

अरुण ने बसंत की ओर देखा और देखा कि बसंत की आँखों में वही सूनापन था जो अकसर अराजनीतिक जनता की आँखों में हाहाकार करता रहता है। उसे ऐसे राष्ट्र से झुँझलाहट हुई। कंबख्त भूखा मरना पसंद करते हैं, किंतु अपने आपको मुक्त करना नहीं चाहते। वह अभी तक जिस भूखे को राजनीतिक परिस्थिति समझाता, हर भूखा एक ही बात कहता, "बाबू, मैं भूखा हूँ, मुझे खाना दो।'' भूख ने इन्हीं शब्दों में एक राग उत्पन्न कर दिया था और अरुण को सुन-सुनकर एक कोफ्त होने लगी थी। एक

बार एक औरत अपना बच्चा लिए उसके पीछे लग गई। वह समझा रहा था—"तुम भूखे हो, तुम्हें क्रांति करनी चाहिए," और वह औरत ज़बर्दस्ती अपनी आँखों में रस पैदा करने की कोशिश करके कह रही थी :

"बाबू, मेरा बच्चा भूखा है—कुछ दे दो..." अरुण के कानों में क्षण-भर को वह गूँजते हुए शब्द 'मैं भूखी हूँ, बच्चा भूखा है' फिर गूँजने लगे। उसे लगा जैसे आज सारा संसार भूखा था, और आसमान से भी वही भयानक आवाज़ें टकराकर लौट रही थीं।

फिर अरुण को विचार आया। कल जब वह उस औरत के पास से हटकर दूसरे भूखे को कुछ समझा रहा था, एक और आदमी, जो बाबू-सा था, उस औरत से कुछ बात करने लगा और फिर दोनों कहीं चले गए थे।

बसंत अरुण को नासमझ-सा मौन देखकर उसे कोई ठग समझ चुपचाप धीरे-धीरे मोड़ पर से अदृश्य हो गया। अरुण फिर भी खड़ा-खड़ा सोचता रहा। उस विराट् अट्टालिका की छाया में सड़कों पर मनुष्य दम तोड़ रहे थे। सड़क पर निरुपाय मरते व्यक्ति उसके भीतर के ज्वालामुखी को धधका रहे थे। एक बार उसे घृणा-सी हो आई, ऐसे जीवन से तो मौत अच्छी। आदमी दास है किंतु अपने आपको आज़ाद नहीं करना चाहता। संसार जब आगे बढ़ रहा है, हिंदुस्तान केवल अपनी कराह से संतुष्ट है।

अरुण चौंक पड़ा, सामने से कुछ भूखे आ रहे थे। उनमें एक सुख का आभास था। घोर अंधकार में जैसे पतंगे को जुगनू की चमक भी पल-भर को व्याकुल कर देती है, ऐसे ही वह भूखे भी बढ़े आ रहे थे। अरुण आगे बढ़ा और बोल उठा, "मालूम देता है, अबकी तुम्हारी भूख से अठखेलियाँ करने वालों ने कोई नया खेल रचा है!"

भूखे ठिठककर खड़े हो गए। एक औरत आगे आकर देखने लगी कि कहीं यह भी इज्जत लूटने वालों में तो नहीं है। वह टूटे-फूटे भुखमरे, जिनका पेट जिनकी तमाम सत्ता को भस्म कर चुका था, व्याकुल आँखों से उसे देखने लगे। अरुण ने कहा, "कहाँ जा रहे हो तुम सब? किसने तुम्हें धोखा दिया है? बताओ मुझे, मैं उसे कच्चा चबा जाऊँगा। कौन बेशर्म है, जो भूखे मरतों से मज़ाक करता है? क्या इन लोगों में बिलकुल मनुष्यता नहीं है? कहाँ जा रहे हो तुम लोग, मुझे बताओ?"

वही औरत सकपकाकर बोल उठी, "बाबू, लंगर में जा रहे हैं। एक मुसलमान बाबू मिला था, उसने अपने लंगर में खाने को बुलाया है।"

अरुण ने कहा, "अच्छा! तुम हिंदू होकर वहाँ जा रहे हो।"

भूखों पर कोई असर नहीं पड़ा। तब वह सहसा ही बोल उठा, "अभी तक तो मुसलमान मुसलमानों को ही खिलाते थे, क्या कारण है कि अबकी तुम्हें भी बुलाया है। ज़रूर मुझे कोई चाल मालूम देती है। जहाँ तक मेरा खयाल है, यह भूख मिटाने की जगह, भूखों को ही मिटा देने की तरकीब है।"

अरुण समाप्त भी नहीं कर पाया था कि भूखे एकदम व्याकुल हो उठे। एक अजीब कुहराम मच उठा। अरुण इस कर्कश किंतु करुण कोलाहल को सुनकर मन ही मन काँप उठा। एक आदमी ने फौरन हाथ बढ़ाकर कहा, "बाबू, देखो, यह है मेरा टिकट। उस

मुसलमान बाबू ने कहा था कि हमारे लंगर में हिंदू-मुसलमान नहीं, भूखों को खाना मिलता है। देखो, ओ बाबू, देखो न इसे...''

अरुण ने कार्ड अपने हाथ में लेकर देखा। उस समय सब भूखे अपने-अपने फैले हुए हाथों में कार्ड लिए चिल्ला रहे थे, ''बाबू, मेरा देखो, देखो मेरा...''

अरुण ने देखा, सेक्रेटरी की जगह इकबाल के हस्ताक्षर थे। अच्छा, तो आप ही हैं जो जिंदगी बाँटने की आड़ में लोगों को भिखारी बना रहे हैं, आप ही हैं जो हिंदू-मुसलमान का भेद नहीं देखते, मगर पाकिस्तान के वक्त हिंदू-मुसलमानों में भेद हो जाता है। फरेबी! भूखों को टुकड़े डालकर एक तो राष्ट्र की चेतना और क्रांति को पीछे ढकेलना और दूसरे हाथ से उन्हें फँसाकर अपना उल्लू सीधा करना। उसे बहुत अधिक क्रोध आया। अरुण क्रोध में चिल्ला उठा, "यह सब झूठ है, फरेब है, चाल है। तुम्हें खाना नहीं दिया जाएगा, बल्कि जहर मिलेगा, ज़हर! तुममें जो कुछ भी शक्ति है, उसे भी छीन लेने का उपाय है यह, समझे? तुम इसलिए ही अभागे नहीं हो कि तुम भूखे हो, बल्कि इसलिए भी कि लोग तुम्हारी भूख को कोई चीज़ ही नहीं समझते।''

अरुण अपनी बात को समाप्त भी नहीं कर पाया था कि भूखे रोने लगे और पेट कूटकर चिल्लाने लगे, मानो इस आशा की ठोकर से चकनाचूर होते ही भूख भीषण वेग से दुगनी-तिगुनी होकर फूट निकली। वही भयानक शब्द—मैं भूखा हूँ, मैं भूखी हूँ—दावानल की भाँति उन विशाल अट्टालिकाओं से टकराकर कलकत्ते की वैभवशाली सड़कों पर गूँजने लगा।

अरुण अपनी विजय पर मन ही मन हँस उठा। भूखे को रोटी देने का अर्थ है उसकी गुलामी की अवधि को बढ़ाना। आग में घी डालने से ही क्रांति की लपटें धधकती हैं।

अरुण चल पड़ा।

भूखे फुटपाथ पर पड़े कराहते रहे, जो नाम-धाम-गाँव से अलग केवल अभिशापों की छाया से महामना एमरी की कठोर भावनाओं जैसे पत्थरों पर पड़े तड़प-तड़पकर आर्तनाद कर उठते थे।

क्रांतिकारी

बसंतपद निरुद्देश्य-सा चलता रहा।

आज कलकत्ते की विशाल अट्टालिकाएँ शून्य की तरह हा-हा खा रही थीं। मनुष्य ने अपने लिए महल बनाए थे, किंतु आज वह निर्बल कीड़ों की तरह उनमें छिपे अपनी सत्ता को बनाए रखने के लिए राष्ट्र में आग लगती पाकर भी चुप थे। भूखों के करुण चीत्कार उन भीषण दीवारों को भेदकर दूर-दूर तक गूँज उठते थे और भीतर रहने वाले अपने पापों की छाया में भूले पड़े थे। उनके वर्गभेद ने जो राष्ट्र की शक्ति को टुकड़े-टुकड़े

कर दिया था, उसके फलस्वरूप मेहनत की रोटी खाने वाले आज सड़कों पर मारे-मारे फिर रहे थे। मौन अट्टालिकाओं से जब विकल अर्द्धमृत भिखमंगों की कराहें टकराती थीं, उनकी प्रतिध्वनि से दूर-दूर तक सड़कें गूँज उठती थीं। भूखों को आज सड़कों के अतिरिक्त और कोई स्थान न था।

बसंतपद सोचने लगा। डूबता हुआ आदमी जैसे हाथ-पैर पटककर बाहर आना चाहता है और बदले में और गहरा पैठता जाता है, उसी प्रकार बसंत डूबता जा रहा था। आज उसे कोई मार्ग नहीं दीख रहा था। वह केवल चला जा रहा था। किंतु उसकी शक्ति धीरे-धीरे क्षीण होती जा रही थी। दिन के तीसरे पहर उन बड़ी-बड़ी अट्टालिकाओं की डरावनी छाया धीरे-धीरे ऊँघने लगी। बसंतपद ठिठक गया, मानो पैरों ने आगे बढ़ने से जवाब दे दिया था। सामने एक स्त्री एक बच्चे को लिए खड़ी थी। बसंत ने सुना, वह कह रही थी, "कुछ दे दो, मुझे भूखा मर जाने दो, मेरे बच्चे के लिए कुछ दे दो।"

बसंत के कानों पर से बात टकराकर लौट गई। उसने क्षण-भर उस स्त्री को देखा और फिर उसकी शून्य दृष्टि सामने की ओर जम गई।

स्त्री ने कहा, "कुछ दे दो, मैं तुम्हारे पैरों पड़ती हूँ। आज कई दिन से भूखी हूँ। मुझमें अब ताकत नहीं है कि काम कर सकूँ। एक काम मिला था, पर निकाल दिया गया है मुझे..."

लेकिन कहकर वह रुक गई। अतीव स्नेह से उसने अपने बालक की ओर देखा और रोती हुई गिड़गिड़ाने लगी, "अभागे, तेरा क्या होगा? तू तो कुछ माँग भी नहीं सकेगा। पैदा होते ही क्यों न मर गया? तेरे लिए मैंने क्या-क्या न किया और..."

स्त्री सहसा ही काँप उठी। उसने अपने पेट की ओर देखा, बच्चे को देखा, बसंत को देखा और वह ज़ोर से रो उठी। बसंत कुछ नहीं समझा। वह व्याकुल-सा आगे बढ़ चला और इसके बाद उसे तब तक अपना ध्यान नहीं आया जब तक चारों ओर से एक ही बीभत्स पुकार ने उसकी भूख के नशे को क्षण-भर के लिए झकझोर न दिया।

ईंट-ईंट भूखी थी, कण-कण भूखा था। चारों ओर भूखे ही भूखे थे। हरएक के मुँह से 'मैं भूखा हूँ', 'मैं भूखी हूँ' का अनंत हाहाकार-भरा ज्वालामुखी अपनी लपटों को धधका रहा था।

बसंत की बौराई आँखों में अपने साथियों को पाकर एक संतोष-सा खेल उठा।

"मैं भी भूखा हूँ, भूखा हूँ, भूखा!" बसंत इतनी ज़ोर से चिल्ला उठा कि बाकी सब भूखे क्षण-भर के लिए स्तब्ध रह गए। एक भूखे ने उँगली उठाकर पूछा, "भूखा?"

बसंत ने गंभीरता से कहा, "भूखा!"

बसंत ने याद करने की कोशिश की। वह कुछ सोच न सका। उसने केवल कहा, "भूखा!"

उपस्थित भूखों ने दुहराया, "भूखा!"

प्रश्न करने वाले भूखे ने कहा, "मैं सत्रह दिन का भूखा हूँ, सत्रह दिन," कहकर पागल-सा नाचने लगा और धड़ाम से मूर्च्छित होकर गिर गया। उसके गिरते ही सब हाहाकार

कर उठे और एक चिल्ला उठा, “भूखा मर गया, क्या मैं भी मर जाऊँगा?''

यह शब्द ईंटों-पत्थरों से टकराकर फिर-फिर कानों में गूँज उठा। अब वे चिल्लाने लगे 'मैं भूखा हूँ, मैं भूखी हूँ।' और जो जिससे माँगता था वही प्रत्युत्तर पाता था।

बसंत क्षण-भर देखता रहा, फिर पास बैठे एक भूखे से बोला, ''मैं कोई भिखारी नहीं हूँ, किसान हूँ...''

उसने काटकर कहा, ''मैं भी तो भिखारी नहीं हूँ, मज़दूर हूँ।''

तभी एक लेटा हुआ भूखा बोल उठा, “मेरी दुकान लुट गई, सामान नहीं मिला, मैं आज भिखारी हो गया हूँ, मैं भीख नहीं माँगूँगा, नहीं माँगूगा...''

अभी उसने अपना वाक्य पूरा भी नहीं किया था कि एक औरत पुकार-पुकारकर रोने लगी। सब उसकी ओर देख रहे थे। वह कह रही थी, ''कोने में जो खाट पड़ी थी उसी पर वह मर गया, उसी पर बेटा मर गया, रह गई अभागिन में ही। आह, पेट में कोई लातें मार रहा है, मैं भूखी हूँ, मैं भूखी हूँ!'' बसंत उस स्त्री को देखने लगा। उसे लगा कि उसने उसे कहीं देखा था। वह सोच ही रहा था कि उसने देखा, एक बाबू धोती-कुर्ता, दुपट्टा पहने अपनी छड़ी घुमाता हुआ धीरे-धीरे चला आ रहा था। बसंत ने पहचाना, यही आदमी उस दिन इस औरत को साथ ले गया था। बसंत ने घृणा से मुँह फेर लिया। एक वृद्ध भूखे ने जाकर उस बाबू के पैर पकड़ लिए और कराह के-से स्फुट शब्द उसके मुँह से निकलने लगे, जिनमें केवल एक ''भूखा' शब्द था जो बार-बार चमक उठता था, अन्यथा सब पानी पर उठते बुलबुलों की तरह समझ में नहीं आ सकते थे। बाबू ने एक इकन्नी उसके पैरों पर फेंक दी। बूढ़ा आनंद से वहीं लेट गया।

वह स्त्री डगमगाती हुई उठ खड़ी हुई और धीरे-धीरे उस बाबू के पास खड़ी हो गई। वह उसकी ओर गौर से देखती रही और अचानक ही मुस्करा उठी।''

बाबू! भूल गए? पहचाना नहीं?''

बाबू ने पहचानने का प्रयत्न किया, किंतु उसकी आँखें निराशाजनक अपरिचय से अभिभूत रहीं।

स्त्री हँस पड़ी। वह बोल उठी, “भूल गए रजिया को? कुछ दिन पहले ही तो तुमने मुझे दो रुपए दिए थे?''

स्त्री खिलखिला उठी।

बाबू ने फिर जैसे पहचानना चाहा और असमर्थ से बोले, ''पागल मालूम देती है?''

''अब क्यों याद होगा बाबू?'' स्त्री निर्लज्जता से बकने लगी, “उस बखत तो सब याद था न? कैसे भोले बन गए हो, जैसे कुछ जानते ही नहीं! चाद है, मैं कौन हूँ? वही जो उस दिन तुम्हें रात में मिली थी, लाओ, दो मुझे कुछ बाबू...''

बाबू अचकचा उठे। वह गरज उठे, ''बदमाश, भले आदमियों की इज्जत लूटती है? अभी पुलिस के हवाले कर दूँगा।''

पुलिस का नाम लेते ही पहले तो भूखे हट गए, किंतु फिर क्रोध से उन्होंने उसे घेर लिया। कोलाहल होने लगा। स्त्री रोने-पीटने लगी। वह चिल्ला रही थी, ''मुए को

देखो, में बदमाश हूँ? उस दिन तो गली में ले गया था, आज मुझे पहचानता भी नहीं। यह नहीं देगा तो कौन देगा मुझे?''

भूखे उत्तेजना से कह उठे, "यही देगा।'' पीछे जो भूखे थे, चिल्ला उठे, बाबू मुझे भी, मुझे दो,'' और आपस में धक्का-मुक्की होने लगी।

बाबू ने विक्षुब्ध होकर पॉकेट में हाथ डाला। न जाने कौन जेब काट ले गया था। वह क्रोधित-सा चिल्ला उठा, ''बदमाश! कमीने! आवारे! पुलिस के हवाले कर दूँगा, पुलिस के...''

भूखे डरकर पीछे हट गए। बाबू राह मिलते ही भाग उठा। स्त्री ज़ोर से चिल्ला उठी, ''मैं भूखी हूँ, मैं भूखी हूँ...''

सब फिर हाहाकार करने लगे। सिवा इसके कि वह निरंतर यही चिल्लाते रहते, उनके सामने और कोई प्रकाश की किरण शेष नहीं थी भूख मानो माता काली का विकराल रूप धरकर उनकी ओर अपनी असंख्य भुजाएँ फैलाकर खाने आ रही थी।

बसंत पागल-सा बैठा रहा। भूखों की इस गर्दिश ने उसके रहे-सहे होश-हवास गुम कर दिए थे। उसे रह-रहकर चक्कर आ रहे थे। अचानक सब भूखे चौंक उठे। सामने ही एक बाबू खड़ा था। उसका गंभीर स्वर कानों में गूँजकर हृदय को दहला उठा, ''अभागो! मौत की बाट देखनी हो तो कायरों की तरह कराह-कराह कर जान देने से क्या फायदा?''

कहने वाला रुक गया। उसके शब्दों ने सबको एकदम झकझोर दिया। बसंत को बाद आया। उसने इस बाबू को देखा था। कौन है यह बाबू जो कलकत्ते की सड़कों पर लगातार घूम रहा है? और जहाँ भूखों को देखता है, उन्हें कुछ बता देना चाहता है, जैसे इसके पास कोई ऐसी तरकीब है जिससे पल ही भर में सब दुःख दूर हो जाएँ।

अरुण उस नए डॉक्टर की तरह देख रहा था जो इंजेक्शन लगाकर स्वयं अनिश्चय के झूले पर झूलता है कि देखें, इसका कैसा परिणाम होगा? उसे कहकर भी कुछ विश्वास नहीं हुआ, जाने भूखे समझ भी पाए या नहीं। लेकिन भूखे सुन रहे थे। मरते हुए बालक को ठंडा होते हुए देख जैसे घर की बुढ़िया स्नेहातिशय के अधमोह में रगड़कर अंगों को गर्म रखने का प्रयत्न करती है, अरुण वैसे ही बोल उठा, ''जानते हो यह भूख कौन लाया है? बंगाल में अकाल क्यों पड़ रहा है? किसने तुम्हें आज भिखारी बना दिया है?

भूखे चैतन्य हो उठे। बसंत गौर से सुनने लगा। पूर्वी बंगाल दहाड़ सुनने का आदी है। बसंत ने उस आवाज़ को समझा। अरुण ने कहा, ''तुम्हें भात के साथ-साथ अकल की भी कमी पड़ गई है। मांस का नाम नहीं, रक्त का नाम नहीं, हड्डियों का ढाँचा रह गया है, लेकिन नहीं जानते कि अकाल क्यों पड़ा है? क्यों तुम भूखे मर रहे हो? माँ बच्चों को लिए सड़कों पर अपना दम तोड़ रही हैं; बाप बेटे को छोड़कर जा रहा है; कोई घर नहीं, ममता नहीं; क्यों तुम कुत्तों की तरह तड़प-तड़पकर आज सड़क पर जान दे रहे हो?''

भूखों में उत्तेजना की लहर-सी दौड़ गई। सबने एक-दूसरे की ओर देखा और फिर सबकी आँखों का वह प्रश्न अरुण पर झाईं फेंकने लगा। उसने देखा, भूखों पर उसकी

बात का गहरा प्रभाव पड़ रहा था। सब उसकी ओर टकटकी लगाए देख रहे थे। अरुण को ऐसा लगा जैसे यह जो एक चिनगारी वह इस अपरिमित फूस में लगाने वाला था, एक दिन वही इस भारतवर्ष में शत-शत ज्वालामुखियों के रूप में फूट पड़ेगी और उस धधकते हुए राष्ट्र को कोई भी शक्ति नहीं कुचल सकेगी। उसने उन भूखों की आँखों में देखा कि क्रांति धीरे-धीरे पैर रखकर उतर रही थी। बंगाल के भुखमरों की कराहों पर जो एक-एक बोरा जहाज़ों पर ले जाकर रखते हैं, उन्हें घर से निकालकर फौजों में भर्ती होने पर मजबूर करते हैं, जो खुद ही नहीं, अमेरिका और ऑस्ट्रेलिया के लुटेरों को लाकर यहाँ बसाते हैं, उन्हीं का आज ध्वंस आ पहुँचा। अरुण मन ही मन प्रफुल्लित हो गया। उसने कहा, "तुम्हारे खून से सींचा हुआ चावल आज तुम्हारा ही नहीं है!"

एक भूखा चिल्ला उठा, "बताओ बाबू, कहाँ है चावल? हम भूखे हैं; बदला लेंगे, बताओ बाबू...!"

अरुण ने हँसकर कहा, "कहना आसान है, करना कठिन है, पागल। और तुम तो यह भी नहीं जानते कि सुभाष फौज लेकर, चावल लेकर तुम्हारी मदद को आ रहे हैं।"

बसंत क्षण-भर चुप रहा, वह अभी चुप ही था कि वही भूखा फिर चिल्ला उठा, "जानता हूँ बाबू, आ रहा है, जानता हूँ। किंतु चावल कहाँ है? मैं भूखा हूँ बाबू, मेरे घर के सब मेरे सामने तड़प-तड़पकर मरे हैं। बताओ बाबू, चावल कहाँ है? कौन है यह पिशाच, जो हमें दाने-दाने के लिए तरसा रहा है?"

अरुण ने उसे रुकते देखकर कहा, "कौन कहता है, तुम कमज़ोर हो? कौन कहता है, तुम कुछ नहीं कर सकते? तुम चावल छीन सकते हो...।"

चावल का नाम सुनकर भूखों में फिर कुहराम मच गया। सब चिल्ला उठे। औरतें भी चिल्ला रही थीं। चारों तरफ एक कोलाहल मच उठा। ऊँची-ऊँची इमारतों में रहने वालों के दिल में एक दहशत-सी बैठ गई। किसी-किसी ने जल्दी से पुलिस को भी फोन कर दिया।

वही भूखा अरुण से जाकर कहने लगा, "तुम आदमी नहीं, देवता हो। तुम हमें मौत से बचाने आए हो। बताओ बाबू, हम लूट लेंगे, बताओ...।"

अरुण ने देखा, भूखों का पारा चढ़ चुका था। उसने कहा, "जीकर ही क्या करना है, यदि पेट नहीं भरता?" उसने समझ लिया था कि भूखे चावल के सिवा और कुछ नहीं समझते, किंतु चावल का नाम आते ही वह भड़क उठते थे। एक और भूखा आकर कहने लगा, "बताओ बाबू! तुम्हारा चुप रहना हमारी भूख को दुगुना बढ़ा रहा है। आज हमें चावल चाहिए। हम चावल लेकर ही रहेंगे। चाहे कुछ हो, चावल लेकर ही रहेंगे।"

"छीन सकोगे?" अरुण ने काँपते स्वर में पूछा, "डरोगे तो नहीं?"

"नहीं-नहीं," भीड़ बड़ी ज़ोर से गरज उठी। 'नहीं नहीं' का वह नाद अनेक शब्दों का रूप धारण करके उस रुद्र क्रोध की परछाई-सा संध्या की ढलती बेला के अंधकार में गरज उठा। अरुण का वज्र का-सा स्वर गूँज उठा, "वह देखो, खड़ी है न सेठ की इमारत? उसमें हज़ारों मन चावल भरा है। लूट लो उसे। हज़ारों मन चावल है उसके पास,

हज़ारों मन...''

भीड़ अट्टालिका की ओर गरजती हुई बढ़ चली। भीड़ का विकराल क्रोध अंधकार की भाँति ईंट-ईंट को उखाड़कर फेंक देना चाहता था। भूखे ने एक पत्थर उठाकर मकान पर फेंक मारा। दुमंज़िले की खिड़की का शीशा झन्नाकर टूट गया। उस पिशाचिनी भूख से छुटकारा पाने को उनका भयद कोलाहल आकाश और पृथ्वी के बीच निराश्रित, निराधार-सा मँडरा उठा। अरुण की आवाज़ उनमें जोश भर रही थी। अरुण के सिर में क्रांति उमड़ रही थी। यही है वह क्रांति जिसके लिए हिंदुस्तान इतने दिन से प्रतीक्षा कर रहा था, यही है वह आग जिसने एक दिन बेस्टील के दरवाजों को तोड़ फेंका था। 'लूट लो, लूट लो' की डरावनी आवाज़ चारों तरह घहर उठी थी।

एकाएक कोई चिल्ला उठा, ''पुलिस-पुलिस!!'' पुलिस की लॉरियों के रुकते ही भगदड़-सी मच गई। कई भूखे इधर-उधर भागने लगे। बसंत दौड़कर बस्ती की एक दुकान में घुसकर बैठ गया। दुकानदार ने भीतर से दरवाज़ा बंद कर दिया। पुलिस ने आते ही लाठी चार्ज शुरू कर दिया और उन दो भूखों को पकड़ लिया जो आगे पत्थर फेंक रहे थे।

लाठी चार्ज से घायल भूखे सड़क पर कराह-कराहकर तड़प रहे थे। किसी का सर फट गया, किसी का हाथ टूट गया, कोई गिरकर कुचल गया। बताशे के महल फूट गए। अरुण की क्रांतिवाहिनी के वीर योद्धा इशारे से लड़खड़ाकर गिर रहे थे, न जाने वे कितने दिन के भूखे थे? अंधकार की बीभत्सता में घायल भूखों की कराहें प्रतिध्वनित होने लगीं, औरतें रोने लगीं और कोई-कोई भूखा दम तोड़ने लगा।

जनता का नेता पुलिस का नाम सुनते ही भाग खड़ा हुआ था। पुलिस अपना काम करके चली गई। थोड़ी देर तक उनकी लॉरियों की आवाज़ सुनाई दी, फिर बस्ती में एक दहशत-भरा भीषण सन्नाटा छा गया। बीच-बीच में कभी-कभी घायलों की कराह गूँज उठती थी।

इसी समय साइरन बड़ी ज़ोर से हुंकार उठा। आकाश में पहले एक रोर उठी और अंधकार में कुछ जहाज़ ऊपर गरज उठे। लोगों का कलेजा मुँह को आने लगा। लोग चिल्ला उठे, ''जापानी! जापानी हमला!'' पलक मारते लोग जहाँ जगह मिली, वहीं छिपने लगे। बसंत दुकान के भीतर काँपता रहा। अशक्त घायल सड़क पर ही कराहते रहे।

हिंदुस्तान की भूखी और घायल जनता आज अंगारों के नीचे खुली पड़ी थी और आकाश से गरजते-धधकते बम गिरने लगे। कभी-कभी नीचे से प्रकाश जहाज़ों का पीछा करता था, और नीचे से एंटीएयरक्राफ्ट गनों के चलने की हुंकार सुनाई देती थी और फिर वही अंधकार छा जाता था जिस पर खूनी जहाज़ हवा फाड़ते हुए नाच उठते थे।

घायलों का आर्तनाद अट्टालिकाओं से टकरा उठा। बस्ती में दो बम गिर चुके थे, वहाँ आग लग गई थी। भयानक कुहराम मच रहा था। औरतें और बच्चे रो रहे थे। अंधकार की लहर-लहर पर उनका रोना डोल रहा था। उनके जो एकमात्र घर थे, वे भी अब नहीं रहे। यह एक नया दुश्मन और तैयार हो गया था जिसको वह जानते तक न थे।

जब बसंत बाहर आया, सड़क फिर चलने लगी थी। पुलिस ने बममारी के स्थान को घेर रखा था। वह भागकर फिर भूखों में मिल गया। बस्ती पर अँधेरा सनसना उठा। थोड़ी देर बार एक लॉरी आई और घायलों को उठाकर ले गई। बसंत विश्रांत-सा एक निकले छज्जे पर पेट दबाकर लेट रहा। वह घर-गाँव सब कुछ भूलकर केवल एक पेट मात्र रह गया था...।

तड़क

धुँधलका छाने लगा। ढाका के प्राचीन नगर में एक अजीब उदासी फैली हुई थी।

लड़की ने कहा, ''बाबा! कहाँ चल रहे हो? काका तो अब नहीं मिलेंगे। वे तो चोरी करके।''

वृद्ध ने काटकर कहा, ''बेटी, बसंत ने चोरी नहीं की। आशा नहीं छोड़ती। भीतर से लगता है, जैसे बसंत मिलेगा। नहीं, नहीं, नहीं बेटी! वह चोर नहीं हो सकता। न जाने क्यों मुझे बार-बार यही लगता है कि वह मुझे अवश्य मिलेगा।''

"क्यों?" इंदु ने पूछा और दोनों एक-दूसरे की तरफ देख उठे।

श्यामपद ने कहा, ''बेटी, वह मुझे बाप की जगह मानता था। मुझे सदा ऐसा लगता है कि वह मुझसे दूर नहीं है। एक बार मेरी आँखों के सामने अँधेरा-सा छा गया था, मगर बसंत मिल जाए तो मुझे किसकी कमी है!''

"पर शहर में एक ही सड़क तो नहीं है बाबा!'' इंदु की यह बात सुनकर वृद्ध हँस उठा। उसने कहा, "यदि यही होता तो शहर में भी आदमी बसते। इतने दिन से भूखों से कोई तो कुछ पूछता। नहीं बेटी, गाँव धूल के हैं, शहर पत्थर के, और इंसान कहीं नहीं हैं।'' फिर ठहरकर अपने-आप बोला, ''मगर कोई कितनों को दे? कोई एक-आध ही भूखा तो है नहीं। सड़क पर तो भूखे ही भूखे दीखते हैं...''

इंदु चुप नहीं रही। उसने कहा, ''कितनी दूर से आए थे हम बाबा, एक वह आशा भी चूर हो गई। मैं तो तभी से निराश हो गई जब चंद्रशेखर ने धक्का मारकर निकाल दिया। चल रही हूँ तुम्हारे कारण, बोल रही हूँ तुम्हारे कारण, अभी ऐसे कब तक चला करोगे?''

''जब तक बसंत न मिलेगा, तब तक तो चलना ही होगा मेरी बेटी...''

''बाबा,'' एकाएक इंदु कह उठी, ''चलो लौट चलें...।''

वृद्ध फिर हँस उठा, "कहाँ? कटोली? अरी बावली, क्या नहीं देख लिया जो फिर से देखना चाहती है?''

दोनों काँप उठे। वृद्ध की आँखों में आँसू झाँकने लगे। इंदु एक बार सोचती-सोचती फिर सिहर उठी।

दोनों फिर चलने लगे। इंदु कहने लगी, "बाबा, कहते हैं, गरीबों के लिए लंगरखाने

खुले हैं, खिचड़ी बँटती है, एक बार हम भी चलें न!''

''वहाँ जाकर क्या करेगी बेटी?'' वृद्ध ने कहा, ''कहते हैं, बड़ी भीड़ जुड़ती है।''

इंदु गद्‌गद-सी बोल उठी, "बाबा, खाना मिलेगा जो! क्यों न चलें? क्या हमारे पेट नहीं है? क्या हाथ पर हाथ धरकर भूखे मर जाएँ? चलो बाबा, हम भी चलें।''

वृद्ध ने कहा, "मगर मैंने सुना है, वहाँ ताकत का काम है। बड़ा हो-हल्ला, धक्का-मुक्की होती है। तू ले आएगी उसमें से खिचड़ी? मैं तो भीड़ में ही भिंचकर मर जाऊँगा।''

इंदु मन मारकर चुप हो गई। वास्तव में वह लंगर जाना चाहती थी। उसकी आँखों में संदेह और आनंद अंतर्द्वंद कर रहे थे। उसने स्नेह से श्यामपद का हाथ पकड़कर कहा, ''बाबा, एक बार चलो भी तो।''

"चल बेटी।'' वृद्ध ने कुछ स्वीकृति भरे स्वर में कहा। उसे भी आशा थी कि कहीं कुछ मिल ही जाए।

जब दोनों लंगरखाने पहुँचे, आगे बढ़ने से पैरों ने इंकार कर दिया। कुछ लड़के भूखों की भीड़ को सँभालने में लगे हुए थे। भूखे चिल्ला रहे थे, लड़ रहे थे, एक-दूसरे को धक्का दे रहे थे। एक अजीब शोर हो रहा था। खिचड़ी की हँड़िया एक भूखे के हाथों में ऊपर उठी हुई थी, जो सबसे लंबा था। उसे चारों तरफ से भूखों ने घेर रखा था और उससे छीनने का भयानक प्रयत्न करते हुए भूखे आपस में भीषणता से लड़ रहे थे। देखते ही देखते हँड़िया हाथ से छूट गई और पृथ्वी पर गिरकर टूट गई और पृथ्वी पर फैली खिचड़ी के लिए उनमें फिर लड़ाई होने लगी।

श्यामपद और इंदु देखते रहे।

''बेटी, खाएगी तू? मिल गया?'' वृद्ध का स्वर विक्षोभ से जल रहा था।

उसने फिर कहा, ''बसंत होता तो कुछ हमें भी मिलता। वह तो भीड़ में से ही ले आता।'' कहते हुए वह रुआँसा हो गया। वह फिर बोल उठा, ''कहाँ हो बेटा, मैं आ गया हूँ। मेरे बेटे, तुम कहाँ हो ...''

किंतु किसी ने उत्तर नहीं दिया। वृद्ध कहता रहा, "मैं आ गया हूँ, मेरे लाल! तुम कहाँ हो? मैं तो तेरी पुकार सुनकर दौड़ा-दौड़ा आया हूँ। क्या तू मुझे छोड़कर चला गया? यह इंदु है बसंत, जिसे तू इतना प्यार करता था। जिसे तूने गोदी में खिलाया था, वह रो रही है; भूख से रो रही है बसंत? तू मुझे छोड़ जा, इस बच्ची को तो...।''

इंदु फफक उठी। उसने कहा, ''बाबा, अब कोई आस नहीं है। एक चाह थी, वह भी नहीं रही।''

वृद्ध कहता रहा, "एक बार आ जा बेटा। हँसते हुए मरूँगा मैं, एक बार इस बच्ची को तुझे दे जाता...''

इंदु रोती हुई बोली, ''बाबा, रहने दो बाबा, क्या कह रहे हो?''

वृद्ध कुछ नहीं बोला। वह शून्य दृष्टि से अंधकार की ओर देखता रहा। न जाने क्यों वह एकदम मौत की तरह चुप हो गया था।

इंदु ने कहा, "बाबा मन छोटा क्यों करते हो? जी कर ही कौन सुख है जो मरकर छूट जाएगा।"

इंदु ने देखा, वृद्ध लड़खड़ाकर वहीं बैठ गया। वह ज़ोर से रो उठी। वृद्ध सहसा हँस उठा। बोला, "मैं कहता हूँ, वह आएगा, जरूर आएगा। वह चोर नहीं है। बेटी, मैं मर जाऊँगा, तब वह तुझे ढूँढ़ने ज़रूर आएगा। मेरे दिल का टुकड़ा, मेरे लाल...।"

इंदु फूट-फूटकर रो उठी। वृद्ध की पुकार प्रतिध्वनित होती हुई अंधकार में दूर-दूर तक फैल गई।

ईद का चाँद

चटगाँव जिले में छह सौ लंगरखाने खुले हुए थे, किंतु कटोली तो क्या, उसके आसपास पाँच मील तक कोई भी नहीं था। कस्बे के लंगरखाने में इतनी भीड़ रहती कि कई भूखों को कई दिनों तक कुछ भी नहीं मिलता और कटोली के वासियों में इतनी शक्ति ही नहीं थी कि वे सात या आठ मील चलकर कस्बे तक जाते।

भोला भूख से व्याकुल होकर मछुओं के टोले की ओर चल दिया। वहाँ जाकर जो कुछ उसने देखा उससे उसकी भूख-वूख सब गायब हो गई। घरों के टीन बिक चुके थे। प्रायः ढाई हज़ार में से डेढ़ हज़ार मछुए तब तक मर चुके थे। भोला अपने एक मित्र के घर जाकर रुक गया। घर के बीचोंबीच एक कब्र बनी हुई थी। वह अधिक न देख सका। एक पेड़ के नीचे कुछ मछुए बैठे हुए थे। उनके शरीर की एकदम हड्डी निकली हुई थी। भोला उनके पास जाकर बैठ गया। उनमें से कुछ ऐसे भी थे जो भोला को पहचानते थे। मछुओं में से कोई रोता नहीं दीखा। अभी वह लोग बातें ही कर रहे थे कि एक झुंड सामने से निकला। केले की छाल की बँटी हुई रस्सी से फंदा बनाकर एक लाश का गला बाँध रखा था और वह लोग उसे अत्यंत कष्ट से खींच रहे थे। भोला काँप उठा। उसने कहा, "यह क्या है, मौलो चौधरी?'

"कुछ नहीं," वृद्ध ने उत्तर दिया, "पहले तो जहाँ का तहाँ गाड़ देते थे, मगर किसमें इतनी ताकत है कि खोदने की साँसत झेले। खींच ले जाएँगे यों ही और समुद्र-तीर पर छोड़ आएँगे। लहरों में बह जाएगी लाश, कछुए-अछुए खा लेंगे।"

मौलो चौधरी चुप हो गए। एक और मछुए ने कहा, "कहाँ तक करें? जलाने के लिए भी तो पैसे चाहिए? रोज कम से कम बीस-पच्चीस आदमी और बच्चे मरते हैं। औरतें ज़रूर बची हैं क्योंकि उधर फौजी बैरकों में उन्हें काम मिल जाता है, मगर रात-रात बीमारियों के दर्द से छटपटाती रहती हैं।"

एक साँस खींचकर कहने वाला रुक गया। उसके चेहरे पर कोई लज्जा का भाव नहीं झलका, जैसे औरत ने अपना सबसे अच्छा प्रयोग निकाल लिया था। झोंपड़ों में टूटे जाल लटके हुए थे। बच्चों के पेट फूले हुए थे। भोला देखता रहा। मछुए मक्खियों की

तरह भनभनाकर दस-दस, बीस-बीस करके नित्य मर रहे थे। अनेक भाग गए थे। एक बार जो पाड़ा भरा-पूरा लगता था, आज मरघट-सा दिखाई देता था।

अब्दुल शकूर झोंपड़े में पड़ा-पड़ा कराहता रहा। ऐसे न जाने कितने दिन बीत चुके थे, उसे स्वयं याद न था। भोला उसके पास जाता और एक घड़ा पानी उसके पास रख देता। खाने के लिए कभी वह जंगल में से कुछ छाल, पत्ते व जड़ें बटोर लाता या दिन-दिन-भर नदी में गोते मारकर मछली पकड़ लाता। अब्दुल शकूर न कुछ खाता, न पीता। भूख के बुखार से सदा उस पर एक नीली-सी बेहोशी छाई रहती। भोला देखता और लाचार-सा घंटों झोंपड़े में चुपचाप बैठा रहता। धीरे-धीरे झोंपड़े की सारी ऊपर की टिनें बिक चुकी थीं। वह घर, जिनकी सफाई पर बंगाल को गर्व था, आज पत्तों से ढके हुए जानवरों की खोह मालूम देते थे। जाड़ा आने लगा था। रात ठंडी होती थी। और जब अब्दुल शकूर बहुत ठिठुर जाता था, उसकी कराहें पत्तों की संधियों से बाहर निकलकर गूँज जाया करती थीं।

भोला का हृदय मर चुका था। वह कभी किसी बात पर बहस नहीं करता था। मौत एक डरावनी छाया बनकर उसके चारों तरफ मँडराया करती थी। अब्दुल शकूर पड़ा-पड़ा बर्राया करता था। कभी-कभी ज़ोर से हिचकियाँ आती थीं और भोला चौंक उठता किंतु थोड़ी ही देर बाद जब अब्दुल शकूर की पथरीली आँखों में एक हलचल हो उठती और वह मार खाए कुत्ते की तरह घिघियाने लगता, भोला यह चाहता कि वह मर जाए। उसकी असह्य यंत्रणा से उसकी छाती फटने लगती थी।

भोला जब जंगल में निरुद्देश्य-सा घूमा करता, अनेक जगह लाशें पड़ी रहतीं और वह पास जाकर उन्हें पहचानने का प्रयत्न करता। आज जैसे लोग एक-एक करके मर जाने के लिए ही जिंदा थे, उन्हें और काम नहीं था। किंतु जब ममता निराशा में बदल जाती, वह उठता और चल देता। शोभा की याद आते ही कभी-कभी वह सिहर उठता और निचुड़ा कपड़ा खोलकर जैसे धूप में सुखा दिया जाता है, भोला चुपचाप हाथ-पैर ढीले किए कहीं भी पड़ रहता। गाँव में औरतें रोतीं, बच्चे रोते, मर्द थे ही कहाँ? सभी तो छोड़कर भाग गए थे। भोला का अपना घर शेष नहीं था। टिनें बिकीं, ईंटें बिकीं और अंत में पेट के लिए उसने अपना घर भी वृद्ध चट्टोपाध्याय को बेच दिया था। टूटे-फूटे बाँस भी उसके नहीं रहे थे। अब्दुल शकूर की खोह ही उसका आश्रय थी।

भोला आज उदास था। उदासी तो चरित्र का एक भाग बन गई थी। चलते-चलते भोला को लगा, जैसे अब्दुल शकूर उसे झोंपड़े में से पड़ा-पड़ा बुला रहा था। भोला के पैर ठिठक गए। पल-भर वह चुपचाप खड़ा रहा। पेड़ हिलते रहे, आसमान में उड़ती चिड़ियाँ दूर-दूर होती हुई उस सन्नाटे को और गहरा कर गईं। भोला तेजी से लौट चला। राह में हरियाली बिलबिला रही थी। वह मन ही मन कह उठा, 'किसका अफसोस करते हो भोला? किसके लिए दिल रोता है? वह तो चली गई। अभागा भी चला गया। आज कौन किसकी चिंता करता है?'

एक जगह पहुँचकर उसकी दृष्टि ठिठक गई, श्यामपद के घर का कहीं पता तक

न था। कोई ईट-ईंट तक ले गया था। अब वहाँ मिट्टी के ढेर के अतिरिक्त और कुछ भी शेष न था। भोला ने देखा और वह फिर आगे चल दिया। हर घर के सामने कब्रें उठ आई थीं। कई जगह गीदड़ों और कुत्तों ने मिट्टी की उन कब्रों को सूँघकर खोद डाला था और लाशों का मांस खा जाने के बाद उनकी हड्डियों को बिखराकर चले गए थे। भोला को याद आया, एक दिन इन्हीं घरों में सब लोग हँसते थे, बच्चों की किलकारियाँ गूँजा करती थीं और आज?

अतीव करुणा से भोला का हृदय भर गया। उसे लगा, जैसे अब्दुल शकूर आर्तनाद करता हुआ बुला रहा था। भोला को लगा, जैसे अभी आदमी को आदमी बुला सकता है।

अब्दुल शकूर ने झोंपड़े में पड़े-पड़े आँखें खोल दीं। शाम आ गई थी। अँधेरा हो चला था। उसने उठने का प्रयत्न किया, किंतु लड़खड़ाकर गिर गया और फिर कराहता रहा। आज तक उनमें इतनी लालसा नहीं रही। वह स्वयं क्षण-भर उसकी इस इच्छा पर व्याकुल हो गया। शुरू की बेहोशी में झोंपड़ी में अत्यधिक गंदगी पैदा हो गई थी, उसे न जाने कौन आकर साफ कर गया था! इतना उसे याद था कि कोई उसके पास था। तब भोला को उसने पहचाना था और दिल खोलकर दोनों एक-दूसरे को देखकर रोए थे। भोला कुछ न कुछ उसके लिए अवश्य लाता। इधर कुछ दिन से घोंघे खाने का बहुत रिवाज़ चल गया था। अब्दुल शकूर की आँखों में पानी आ गया। कितना अच्छा है भोला! पेट की जाई तक चली गई, तब भी यह छोड़कर नहीं गया।

अब्दुल शकूर को लगा, जैसे वह ठीक हो चला था। उसकी इच्छा हुई कि वह उठ बैठे, किंतु फिर निराश हो गया। एक हाथ खिसकाने का भी उसमें दम न था। कितने दिन बीत गए, कोई अंदाज़ नहीं। कितनी रातें गुज़र गईं, कुछ याद नहीं। हाँ, याद आया भूख- भूख, जिसके कारण वह इतने दिन तक पड़ा-पड़ा बर्राया है। अकेला पड़ा-पड़ा कराहता रहा है दिन-रात। कठोर यंत्रणा-सी वह भूख, जिसने आज उसे धीरे-धीरे चबा डाला था। उसे एक बार ताज्जुब हुआ, वह इतने दिन तक जीवित कैसे रहा? मौत से कैसे बच रहा, मर क्यों नहीं गया?

उसे लगा, वह आज ठीक था। आज के बाद वह अच्छा हो जाएगा। उसने अपना हाथ उठाने का प्रयत्न किया। बड़ी कठिनाई से वह थोड़ा ही हिल सका। उसने फिर कोई प्रयत्न नहीं किया। वह चुपचाप पड़ा रहा, जैसे कोई लकड़ी का सूखा ठूँठ नदी के किनारे धारा में फँसा पड़ा रहता है, और कभी-कभी लहरों के धक्के से हिल जाता है।

उसकी हड्डियाँ आज इतनी साफ थीं कि काली-कर्री-सिकुड़ी खाल के रहते हुए भी उन्हें गिन लेने में कोई बाधा नहीं पड़ती थी। आज वह घिनौना प्रतीत होता था। आँखें ऐसे भयानक गड्ढों में धँस गई थीं जिनमें से शायद अब उन्हें कोई भी बाहर नहीं निकाल सकता था।

उसने सुना, बाहर अँधेरे में कोई कह रहा था, "होगी, जिसकी होगी ईद, हमारी क्या ईद?" और कहने वाला आगे निकल गया। अब्दुल शकूर के हृदय में एक अजीब-सा भाव छा गया। आज ईद है? आज तो खुशी का दिन है। घर-घर में आज ईद मनाई

जा रही होगी। आज सब कुछ खुशियों में डूबे होंगे। और उसने झोंपड़े में से बाहर देखा, केवल नीरव अंधकार; जिससे व्याकुल होकर आँखें लौट आईं। एक बार वह रो उठा और अंधकार का साम्राज्य सदा के साम्राज्यों की भाँति उसके गरीब अरमानों को एक बार फिर कुचलकर हिल उठा। वह अपनी परवशता पर झुँझला उठा। उसे हिचकियाँ आने लगीं।

उसी समय बदहवास भोला ने झोंपड़े में प्रवेश किया। अँधेरे में भी वह सीधा खाट के पास जा पहुँचा। हिचकियों की आवाज़ उसके कानों में लिथर गई। भोला ऊँचे स्वर से कहने लगा, "क्या हुआ भैया शकूर, क्या हुआ? कुछ बोलो न?''

अब्दुल शकूर के भिंचे हुए दाँतों में से एक उलझी हुई आवाज़ निकली–"ई-ई. ..'' भोला ने समझा कि यह ई... पानी की ओर इशारा है। उसने तुरंत गिलास को अंधकार में ही ढूँढ़कर उसके मुँह से लगा दिया। अब्दुल शकूर ने कुछ थूका, कुछ ऊपर गिर गया और मुश्किल से दो घूँट उसके गले के नीचे उतर सके। पानी ने अपना क्षणिक प्रभाव दिखाया। धीरे-धीरे वह स्फूर्ति लुप्त होने लगी और वह चुपचाप मरा-सा पड़ गया। भोला के मुँह से एक लंबी-सी ठंडी साँस निकली। बैठा-बैठा वह सिहर उठा और चुपचाप देखता रहा। उसे आशा थी कि वह अभी मरा नहीं था। उसने छूकर देखा, शकूर के हाथ-पैर ठंडे होने लगे थे। किंतु थोड़ी देर बाद पेड़ का सूखा ठूँठ फिर हिल उठा। भोला ने उसका हाथ अपने हाथ में लेकर कहा, ''क्या बात है भैया अब तबीयत कैसी है?''

रोगी कुछ भी नहीं बोला। उसकी आँखें खुल गई और होंठ हिलने लगे। भोला ने फिर उसके मुँह में पानी डाला। क्षीण स्वर में अब्दुल शकूर कहने लगा, ''भोला, क्या है आज?

भोला ने अचकचाकर पूछा, ''क्या है?''

''ईद है भैया, आज ईद है।'' अब्दुल शकूर की अंतरात्मा का वह काँपता हुआ स्वर भोला को भीतर तक चीरकर बैठ रहा। भोला को याद आया, वही ईद जब अब्दुल शकूर के घर आनंद होते थे। शबनम सिवइयाँ बनाती थी और बड़े प्रेम से बाप-बेटी अपने खास दोस्तों को खिलाते थे। एक साल पहले इसी झोंपड़ी में एक छोटा-मोटा मंगल मनाया जा रहा था, और आज?

भोला ने इधर-उधर देखा और फिर समझा कि अब्दुल शकूर इतना व्याकुल क्यों हो उठा था। आज प्रसन्नता का दिन था न? उसने कहा, ''ईद है, यह तो जानता हूँ।''

''भैया,'' अब्दुल शकूर ने कहा, "आज मैं कुछ अच्छा हूँ, अब मैं अच्छा हो जाऊँगा।''

भोला ने हाँ में हाँ मिलाई। किंतु वह जानता था कि वह कभी अच्छा नहीं हो सकेगा।

अब्दुल शकूर ने फिर कहा, "आज मुझे बीती हुई बातें याद आ रही हैं। गौरी के मरने पर तुम कितने पागल हो गए थे। शोभा भी चला गया, चली गई शबनम भी। अभागिन मुझे मरता छोड़कर चली गई। बीमार बाप को छोड़कर चली गई।''

भोला के सामने एकाएक शोभा का नवीनतम चित्र आ गया। शोभा! शोभा चला गया? शोभा, उसका बेटा! उसका दुलारा, तारा! शोभा! शोभा!! शोभा!!! चारों तरफ

से मानो आवाजें आने लगीं—शोभा! शोभा!!

भुला दिया भोला ने अपनी डाल पर ही खिले हुए फूल को? जिसके लिए परदेस की ठोकर खाई, वही जो हर घर का प्यारा था, उसके हृदय का टुकड़ा! भोला काँप उठा। चिल्ला उठा, "अब्दुल शकूर! अब्दुल शकूर!! अब कौन है, जिसके लिए रोऊँ? सभी तो चले गए और मैं पागल हो रहा हूँ।"

"लेकिन मैं तो कहीं नहीं जा सकता," अब्दुल शकूर की व्यथित आत्मा पुकार उठी, "नरक के सिवा कभी कुछ नहीं देखा भैया! नहीं जानता, क्या पाप किया था ऐसा, जो इतना भारी दंड मिला। एक काम करोगे?

भोला ने पूछा, "क्या?"

"मुझे उठाकर ईद का चाँद दिखा सकोगे? आज अगर बादलों से भी आसमान घिरा होगा तो भी क्या होगा?"

भोला स्वयं अशक्त हो चला था। उसने काफी परेशानी से उसे झोंपड़े के द्वार पर बिठा दिया और सहारा दिए रहा। अब्दुल शकूर हाथ बाँधकर कुछ दुआ माँगता रहा। भोला तब तक चुप बैठा रहा। दुआ माँगकर अब्दुल शकूर के मुँह से निकला, "बेटी..." और लुढ़क गया। भोला ने उसे रोक लिया। वह ज़ोर से पुकार उठा, "अब्दुल शकूर अब्दुल शकूर!!"

किंतु बुझने के पहले जो दीपक टिमटिमाकर कुछ अधिक ज्योति दे रहा था, वह अब बुझ चुका था।

आकाश में ईद का चाँद मुस्करा रहा था। आज उसे देखकर लोगों ने खुशी मनाई थी। आज वह भूखे बंगाल पर झिलमिलाकर अँधेरा और गहरा कर रहा था।

प्रतिदान

चंद्रशेखर अपने पलंग पर पड़ा-पड़ा मुस्कराता हुआ कभी छत की ओर देखने लगता और कभी सामने के दरवाज़े को; जैसे किसी के प्रवेश करने की प्रतीक्षा बार-बार छत के शून्य से टकरा जाती और वह अपनी उँगलियाँ चटकाने लगता। आज वह कुछ प्रसन्न था। रुद्रमोहन ने रात ही गाँव से आकर बताया था कि ज़मींदारी काफी बढ़ गई थी और अब छिपे गोदाम को उचित मूल्य पर दलालों के ज़रिए बेच देने का भी इंतज़ाम हो गया है। वह यही सोच रहा था कि गला साफ करते हुए हलकी खाँसी के साथ रुद्रमोहन ने कमरे के भीतर प्रवेश किया। चंद्रशेखर उठ बैठा।

"कहो, कहाँ हो आए रुद्रमोहन?"

"ज़रा बाज़ार गया था, छोटे मालिक। कुछ दलालों से तय करना था, उसी से।" कहकर उसने चंद्रशेखर की ओर देखा और सुना कि बगल के कमरे में किसी की चूड़ियाँ झनझना उठीं।

चंद्रशेखर अपने पीछे से तकिया खिसकाकर फिर लेट गया और छत की ओर देखने लगा।

"है न बात जँचती हुई?" चंद्रशेखर ने कहा, "अब बात ही क्या है? यह गोदाम निकलते ही आमन (धान की फसल) आएगी।"

और वह मंद-मंद स्वर से तरल हँसी बिखराने लगा। रुद्रमोहन की आँखों की चमक चंचल-सी खेल उठी और दोनों क्षण-भर के लिए चुपचाप प्रसन्न-मन एक-दूसरे को देखते रहे। किंतु रुद्रमोहन का ध्यान उस समय भी दूसरे कमरे में बजती चूड़ियों की झंकार से कभी-कभी रह-रहकर छूट जाता था। वह खाँसने के बहाने चारों तरफ निगाह फेरने में भी तल्लीन था।

लावण्यमयी दूसरे कमरे में बैठी पूजा कर रही थी। उसने माता काली के सामने का शंख उठाकर उसमें अपनी प्रार्थनाओं का श्वास फूँका और जब हहराता निनाद उसमें से निकलकर दीवारों से टकराने लगा, उसने भक्ति से प्रणाम किया। इसके बाद वह उठ गई और अपने दूसरे काम करने लगी। वह चिलबिलाती ज्वाला अपनी सत्ता की गर्मी को किसी न किसी प्रकार खो देना चाहती थी। जब शंखध्वनि रुद्रमोहन के कानों में पड़ी, उस समय चंद्रशेखर अपना सिर झुका चुका था। उसकी देखादेखी रुद्रमोहन ने भी सिर झुका, आँखें बंद कर, हाथ जोड़कर प्रणाम किया। जब सिर उठाकर देखा, ध्वनि कमरे के बाहर जा चुकी थी। चंद्रशेखर पुलकित हो रहा था।

लावण्यमयी रुद्रमोहन से मन ही मन घृणा करती थी। उसका अपना हृदय चंद्रशेखर से दूर जाना चाहता था। किंतु वह उसका पति था; अतः साथ रहने के कारण एक परवश स्नेह भी उसमें उदित हो गया था। एकांत में वह कभी-कभी जी भरकर रो लेती। उसे ज्ञात था कि अब घर में बूढ़े या लड़के ही नौकर रह सकेंगे। रुद्रमोहन ने दबी जुबान से चंद्रशेखर को सब समझा दिया था, किंतु चंद्रशेखर ने उससे कुछ नहीं कहा। यही बात लावण्यमयी को और भी खलती थी। जो कुछ उसने किया, वह उसे स्वयं पाप समझती थी और इसीलिए चाहती थी कि उसे दंड भी मिले। चंद्रशेखर का यह मौन पति का स्नेह बन गया और वह उसे अपने से कहीं अधिक श्रेष्ठ समझने लगी। किंतु वास्तविकता यह थी कि चंद्रशेखर उस तरफ की बात छेड़ते डरता था। निर्बल कर दिया था रोगों ने। उसके साहस की कमी उसकी महत्ता बन गई। किंतु मन ही मन वह लावण्यमयी से घृणा करने लगा था।

परंपरा की मर्यादा की बागडोर सँभालना ढील देना नहीं होता, इसीलिए उसने चुप रह जाना बेहतर समझा। न बहते पानी में पत्थर फेंका जाए, न धारा के दो भाग ही हों। एक कंकड़ गिरा था, यह बैठ ही जाएगा नीचे जाकर।

लावण्यमयी को अपने पाप का प्रायश्चित्त पूजा के अतिरिक्त और कुछ नहीं सूझा।

बंदी ने घुमा-फिराकर अपनी बेड़ियों को ही आरामदेह बना लिया था।

रुद्रमोहन ने कहा, "छोटे मालिक! सरकार अब कैसे फिर फसल खरीदने की बात चला रही है। एजेंट मुकर्रर किए हैं उसने।"

चंद्रशेखर हँसा। उसने कहा, ''रुद्रमोहन, तुम कुछ भी नहीं जानते, कुछ भी नहीं जानते। बाबा सब सँभाल लेंगे।''

अभी वह बात समाप्त भी नहीं कर पाया था कि धड़धड़ाता हुआ पाँचू भादुड़ी घुस आया और चिल्लाने लगा, ''दादा, नमस्कार! कहो, अब कैसी तबीयत है? याद रखना, जो कहा बीमार हूँ तो हो ही जाएगी। आज हमारे एक दोस्त आए हैं कलकत्ते से।'' और फिर मुड़कर बोल उठा, ''आ जाओ, आ जाओ! ओ अरुण! बहरा हो गया है क्या?

सकुचाता हुआ अरुण भीतर घुस आया। नम्रता से नमस्कार किया और चंद्रशेखर ने सामने के तख्त पर आदर से बैठने का इशारा किया। अरुण बैठ गया। इधर-उधर की बातें चल पड़ीं। भादुड़ी ने कहा, ''कॉलेज में साथ पढ़ते हैं। नालायक है यह। पिता जमींदारी सँभालते हैं। अब ढाका आ गया हूँ कि मैं भी व्यापार करूँगा। उसका जो नफा आएगा वह देश के कामों में लगा दूँगा। मूर्ख है मूर्ख, एकदम मूर्ख!''

"मूर्ख कैसे कहा पाँचू?'' चंद्रशेखर ने सिर उठाकर कहा, "व्यापार करना क्या मूर्खता है?''

भादुड़ी ने कहा, ''यस मूर्खता है, सब्स्टेंशियल मूर्खता है। हमने तो कहा कि यह उम्र व्यापार की नहीं। एमेच्युअर ड्रामेटिक कंपनी खोली है हमने, उसमें चलकर 'हीरो' का पार्ट कर। दुर्गादास नहीं दादा, पहली बार 'पोस्टमास्टर' खेला था। यह जो यूनिवर्सिटी का झुंड है, एक मुँह से प्रशंसा कर गया। उसको काम कहते हैं, 'यूथ' का ज़ोर है वह हूँ! आप ही समझाइए न! देश क्या 'कल्चरल स्टैंडर्ड' के बिना उठ सकता है?"

चंद्रशेखर ने कहा, ''भादुड़ी, तू ही मूर्ख है। एक बात ढंग की नहीं करता। मिनट-मिनट में उत्तेजित हो जाता है। ड्रामा करते-करते तू खुद दुर्गादास हो गया है।''

"ऑर्डर, दादा! ऑर्डर! हम टिंचर माँगने आए थे, होम्योपैथी दवाई नहीं। आपको अरुण को समझाना चाहिए।''

चंद्रशेखर ने अरुण से ही पूछा, "आप कब तक ठहरेंगे यहाँ?''

''यही एक सप्ताह समझिए। कलकत्ते में कोई नवीनता नहीं रही; यहाँ चला आया और। कोई बात नहीं।''

लावण्यमयी पर्दे के पीछे छिपकर अरुण को देख रही थी। चंद्रशेखर ने इसे ताड़ लिया। थोड़ी देर बाद अरुण और भादुड़ी चले गए। कमरे में सन्नाटा छा गया। रुद्रमोहन ने कहा, ''तो छोटे मालिक, मैं ज़रा बाज़ार की तरफ डोल आऊँ। मुमकिन है, अब मुलाकात हो जाए।''

''हाँ, हाँ,'' चंद्रशेखर ने कहा।

रुद्रमोहन चला गया। चंद्रशेखर ने जंभाई ली और लेट गया। एक गाने की ध्वनि पास आने लगी। वह सुनने लगा। कुछ लड़के मिलकर गा रहे थे :

''आज बंगाल हाहाकार कर रहा है। मौत धीरे-धीरे सैकड़ों, लाखों करके ग्राम-ग्राम, नगर-नगर में अपनी विकराल छाया डालती हुई बढ़ रही है। बहिन भूखी है। भाई मर रहा है।

''माँ, आज तुम्हारे हाथ की भिक्षा में दया नहीं, शक्ति चाहिए। तुम भीख नहीं देतीं, तुम जीवन देकर उस राष्ट्र को जगा रही हो, जो कल रक्त में खौल उठेगा।

''आपस की फूट का हमें अंत करना होगा। याद रखो, जिस दिन यह हिंदू-मुस्लिम शक्ति एक साथ मिलकर उठेगी, उस दिन साम्राज्यवाद की यह सड़ी-गली जंजीरें झनझनाकर अपने आप टूट जाएँगी।

''पूर्व के पिशाच ने बमों की गरज में तुम्हारी कराहों को डुबाने का प्रयत्न किया है। ओ मीरज़ाफरो! गंगा की शपथ है कि साम्राज्यवाद के छक्के छूट गए हैं। फासिस्टवाद का गढ़ ठोकरों में काँप रहा है। इस खून का बदला लेना हिंदुस्तान के मेहनतकश कभी नहीं भूलेंगे।

"आज देश शक्ति के लिए पुकार रहा है। नौकरशाही की बदइंतजामी से त्रस्त बंगाल बुला रहा है...''

गीत की ध्वनि प्रबुद्ध चेतना की भाँति एक अपूर्व साहस भर उठी, किंतु चंद्रशेखर विक्षुब्ध हो उठा। बाहर अनेकों वज्र-कंठों का भीषण घोष कंपित हो उठा। यह उस मृत बंगाल में जीवन जगा रहा था, जो कभी भी हार मानने को तैयार न था। चंद्रशेखर मन ही मन क्रोधित हो उठा। बदमाश देशभक्त बनते हैं। सरकारी पिट्ठू, जापान! नाज-चोर! बस यही दो बात जानते हैं।

वह अभी सोच ही रहा था कि द्वार पर किसी लड़के ने आवाज़ दी, ''माँ, भिक्षा दो। बंगाल के लिए माँ, जीवन दान दो...''

चंद्रशेखर देखता रहा। भीतर से लावण्यमयी टोकरे में चावल भरकर ला रही थी। उसे देखकर चंद्रशेखर का क्रोध चरम सीमा पर पहुँच गया। वह चिल्ला उठा, ''हाँ, हाँ, ले जा! भर-भरकर दे दे न अपने यारों को। इन्हीं के लिए न दाना-दाना करके मैंने इकट्ठा किया है?''

लावण्यमयी ने ऐसी भाषा आज तक पति के मुँह से कभी नहीं सुनी थी। वह ठिठककर खड़ी हो गई और ज्वलंत आँखों से उसकी ओर देखा। चंद्रशेखर क्रोध से लाल था। वह कह उठा, ''खिला-खिला!! तुझे भी तो कोई चाहिए न?''

लावण्यमयी ने टोकरा झटके से ज़मीन पर फेंक दिया और पैर पटकती हुई फुंकारती-सी भीतर लौट गई। एक लड़का भीतर घुस आया। चंद्रशेखर चीख उठा, ''कौन है तू?''

''मैं किशोरवाहिनी!''

''निकल जा यहाँ से,'' चंद्रशेखर भयानक स्वर से गरज उठा, किंतु लड़का न हटा। वह कहने लगा, "आज देश के लाखों आदमी तड़प रहे हैं। क्या आप उन्हें कुछ न देंगे? क्या आप चुपचाप यह आग धधकती हुई देखते रहेंगे? सोचिए...।''

और चंद्रशेखर का प्रबल स्वर घहरा उठा, ''बस-बस, सुन लिया। चावल देने का मतलब भूखों की भूख मिटाना नहीं, उन्हें भुलाना है। खाना देकर सरकार की मदद करूँ, सो मैं तुम लोगों की तरह पिट्ठू नहीं हूँ। सुन लिया? अब निकल जा यहाँ से, वरना..''

चंद्रशेखर उठा और दरवाज़े तक लड़के को धक्का देकर बाहर निकालकर ज़ोर से वहीं खाँसने लगा। भीतर लावण्यमयी रो रही थी।

चंद्रशेखर लौटकर पलंग पर पड़ा हाँफने लगा। क्रोध से भीषण लावण्यमयी दरवाज़े पर खड़ी होकर बकने लगी, "तुम पिशाच हो...तुम राक्षस हो तुमने लोगों को भूखा मारा है..."

चंद्रशेखर कठोर-सा गरज उठा, "तूने तो उनको रिझाया ही है न? कह दे जाकर सरकार से, यही तो तेरा पातिव्रत है कलंकिनी! लेकिन देख... पुलिस भी मेरा कुछ नहीं कर सकती! थैली देता हूँ थैली।"

और वह जंगलियों की तरह हँस उठा। लावण्यमयी रोती हुई भीतर लौट गई।

दो छाया

कच्ची राह पर दो व्यक्ति धीरे-धीरे चल रहे हैं। एक की गोदी में बच्चा है, दूसरी एक लड़की है खाली हाथ। दोनों चुपचाप चल रहे हैं। लड़की का मुख क्लांत है। गालों की हड्डियाँ उभरी हुई हैं! लड़के के चेहरे पर प्रायः आँखों के अतिरिक्त और कुछ नहीं है, और यदि है तो धीरे-धीरे क्षीण होता चला जा रहा है। लड़का एक चिथड़े से शरीर ढके है और लड़की ढकी भी नहीं ढक सकी है। और दोनों चुपचाप बिना इधर-उधर देखे बिना किसी पर ध्यान दिए बढ़ते जा रहे हैं। दोपहर का सूरज पश्चिम की ओर झुकने लगा है, किंतु अभी भी दोनों की गति में कोई रुकावट पैदा नहीं हुई है। लड़का बच्चे की ओर जानबूझकर भी नहीं देखता। बच्चा बार-बार उससे बोलने का प्रयत्न करता है, किंतु हठ करके भी जब दोनों में से किसी से भी उत्तर नहीं पाता, तब सहमकर चुप हो जाता है। फिर भी न लड़का, न लड़की—कोई भी नहीं बोलता, जैसे दोनों की ममता इस असमय में ही मर गई है। सिर पर से कभी-कभी चिड़ियाँ शोर मचाती हुई निकल जाती हैं। लड़की उनकी ओर सिर उठाकर देख-भर लेती है और जब लड़का उतनी ही देर में कुछ आगे बढ़ जाता है, वह भी आधी भागती-सी साथ आ जाती है, और फिर दोनों चलने लगते हैं। दोनों को किसी ग्राम पहुँचने की आशा है।

चलते-चलते राह ने एक ऐसी जगह पहुँचा दिया, जहाँ से चार रास्ते अलग-अलग बँट जाते थे। दोनों ठिठककर खड़े हो गए और चुपचाप सोचने लगे। दोनों ने निराश होकर एक-दूसरे की ओर देखा और दोनों ही शून्य दृष्टि से पागलों की तरह हँस पड़े विश्रांति की परवशता ही जैसे उपहास बनकर रो उठी। अपने आप को पूरी तरह से हारकर आदमी यह सोचने लगता है कि क्या दुनिया की आफतें हमें छोड़कर कहीं और भी जा सकती हैं? और फिर अपने आप को मनहूस कहते ही उनका अपनापन इतना तुच्छ हो जाता है कि उस पर रोने के लिए आवश्यक हृदय की कोमलता ही खो जाती है। चौराहे के आ जाने से वह जो अछोर पथ की अकेली तन्मयता थी, टूट गई। किंतु आ गई थी

और भी बड़ी बाधा। घोर अंधकार में आँख मींचकर खोल देने से ही उजाला नहीं हो जाता। अँधेरा और अखरने लगता है।

लड़की ने मन में कहा, 'अब?'

लड़के के दिल में आवाज़ उठी, "फिर?"

और दोनों रुआँसे हो गए।

लड़के ने कहा, "शबनम, अब तो मुझसे चला नहीं जाता।"

और वह धप से पृथ्वी पर बैठ गया। लड़की की आँखों में आँसू आ गए। वह भी उसके पास ही बैठ गई। गोद का बालक लड़के के ज़ोर से बैठ जाने की धमक से रो उठा। किंतु जब किसी ने ध्यान नहीं दिया तो थोड़ी देर और ज़ोर से रोकर वह चुपचाप भूमि पर उतरकर रूठा-सा बैठा रहा।

शोभा देखते ही देखते लेट गया और शबनम ने देखा उसकी पलकें बंद हो गईं। वह कासिम से खेलने लगी। बालक भी थोड़ी देर बाद थककर सो गया। शोभा एक बार व्यथित-सा उठकर बैठ गया। कासिम की हड्डी-हड्डी निकल आई थी। किसी की गोदी का लाल भूख से मूर्च्छित-सा धूलि पर चुपचाप आँखें मूंदे पड़ा था। शबनम ने बालक के ऊपर स्नेह से हाथ फेरा। शोभा ने शबनम की तरफ देखा और मुँह फेर लिया। दोनों एक-दूसरे से बात करना चाहते थे, किंतु बात को पहले ही जानकर बोलने से डरते थे। शोभा लेट गया और वह सचमुच ही थोड़ी देर बाद सो गया।

आसमान में अनेक तारे निकल आए थे। शबनम भी सोने का प्रयत्न करने लगी। चारों ओर से उसे फिर दुश्चिंताओं ने घेर लिया। उसे राह के दृश्य याद आने लगे। ऐसा कहीं कुछ नहीं देखा जो पहले देखा हो। भूखों से हर राह भरी थी, वहीं अकाल चारों तरफ गरज रहा था।

एक दिन वे बहुत थक गए थे। गाँव का पथ था। शोभा के हाथ खाली थे। कासिम शबनम की गोद में था। दोनों भूख से व्याकुल हो उठे थे। कासिम रह-रहकर रो उठता था। उसका रोना सुनकर हृदय कचोट उठता था।

शबनम ने करवट बदली। पेट में धीरे-धीरे धुकधुकी-सी हो रही थी। उसने अपने सूखे होंठों पर जीभ फेरी। थकान काफी ज़ोर से हावी हो रही थी। वह सोचने लगी।

दोनों भीख पाने के लिए उसी राह पर चल पड़े थे। तीन भूखे बैठे थे। उन्हें सिर पर हाथ धरे बैठे रहने के अलावा और कोई काम नहीं था। एक बालक न जाने कहाँ से कुछ भात लेकर आ रहा था। भूखों ने उसे सतृष्ण देखा। उनके बैठे गालों पर दुःखों की नीलमणि बनकर आँखें बुझती शिखाओं-सी टिमटिमा रही थीं। गाँव उजाड़ था, कोई आबादी का विशेष चिह्न वहाँ नहीं दीखा।

सड़क के भूखे कुत्तों ने बच्चे पर हमला किया और देखते ही देखते आपस में लड़ते-भूँकते कुत्तों ने सारा भात खा लिया। बालक बेहोश होकर गिर गया। देखने वालों

ने अपने-अपने सिर झुका लिए। आज उनके लिए यह कोई बड़ी बात न थी। कुत्ते तितर-बितर होकर बँट गए। एक कुत्ता बालक के सिर के पास खड़ा हो मुँह उठाकर ज़ोर से भूँक उठा और जब किसी ने भी कुछ नहीं कहा, वह दुम समेटकर उससे ज़रा हटकर पास ही बैठ गया। जीभ निकालकर उसने अपने पंजे चाटना शुरू किया। शबनम ने देखा था, शोभा ने देखा था। तीनों भूखे पौधों की तरह जीवित थे। भूख के पहाड़ ने उन्हें दाब लिया था, और उसके नीचे छटपटाने के सिवा उनके पास और कोई चारा ही न था।

दोनों बढ़ चले। याद नहीं कितना चले, कब तक चले। हाँ, जब रुके तो सामने गाँव था और साँझ हो गई थी। एक बूढ़ा चुपचाप बैठा था। सामने ही एक घर था जिसमें एक औरत रो रही थी।

शोभा ने पूछा, ''क्यों रो रही हो?

सुनते ही जैसे उस औरत को झटका लगा। वह उठ बैठी और हँसने लगी। ''क्या तूने कुछ पूछा है मुझसे?'' उसने आवेग से कहा।

''हाँ,'' शोभा सकपका गया। उसने डरते हुए कहा, ''पूछा था, तुम रो क्यों रही हो?"

"रो कहाँ रही हूँ रे! तू हँसने-रोने का भी फरक नहीं जानता? मेरी छाती फट रही है और तू कहता है रो रही हूँ?''

शबनम डर गई। शोभा ने धीरे से कहा, ''पगली है कोई पगली ...'' कासिम ने उँगली उठाकर स्त्री से कहा, "काकी!''

स्त्री यह सुनते ही वेग से उस पर झपटी। शोभा ने उसे अपनी गोद से और ज़ोर से चिपका लिया और शबनम के पीछे खड़ा हो गया। तब वह औरत ज़ोर-ज़ोर से चिल्लाने लगी, ''बचाओ-बचाओ! मेरा बच्चा लिए जा रहे हैं, मेरा..''

उसकी इस पुकार को सुनकर कोई भी वहाँ नहीं आया। तब वह अपने आप बुड़बुड़ाने लगी, ''कमबखत, कल तो मर गया था, आज फिर जी गया। अगर जीना ही था तो मरा क्यों था? कल तो ले गए थे सब इसे मुझसे छीनकर, और आज कोई नहीं आता।''

यह कहकर वह कासिम से कहीं ज्यादा रोती हुई बीच में हँसती, फिर रोने लगती।

शबनम सिहर उठी। बंद आँखों में दर्द-सा होने लगा। नींद का कहीं पता भी न था। उसने करवट बदलकर फिर आँखें मींच लीं। पेट में आग-सी लग रही थी।

उसे फिर याद आने लगा—एक बार एक आदमी ने कहा था, कालीप्रसाद के घर जाओ। पहले वह बहुत दान-पुण्य करते थे। सुनते हैं, अब वे बीमार हैं और हालत अच्छी नहीं। मगर देख आओ। कोशिश कर आओ। दोनों पूछते हुए कालीप्रसाद के मकान की ओर चल पड़े। उनके पैरों में सूजन आ गई थी चलते-चलते।

दरवाज़े पर ही एक खाट पड़ी थी, जिस पर एक गंदा बूढ़ा बैठा मुश्किल से साँस लेता हुआ ज़ोर-ज़ोर से खाँस रहा था और खखार-खखारकर चारों तरफ थूकता जाता था। जब वह खाँसता था, उसकी मुट्ठियाँ भिंच जाती थीं और आँखों में लहू झलक आता था जैसे भीतर की सारी अंतड़ियाँ बाहर खिंच आएँगी और उसके गले से अजीब आवाजें

निकलने लगतीं जैसे कोई जानवर चिल्ला रहा हो। और तभी सुना, घर के भीतर कुछ लड़ाई-सी हो रही थी।

खाँसी थमते ही बुड्ढा बड़बड़ाने लगा, "कम्बख्त, कुत्तों की तरह..." और फिर खाँसी ने उस पर वेग से हमला किया। वह बेतरह काँपता था।

घर के भीतर से आवाज़ आई, "हाँ, हाँ, मैं सात मील से लाया हूँ और तू खाएगा? बड़ा भूखा है न?"

"ज़रूर खाऊँगा। मुझे क्या भूख नहीं लगती?" इतने में एक स्त्री का स्वर सुनाई दिया, "हाय पश्मेवर, दे न उसे भी।" तभी दूसरी स्त्री का स्वर, "अरे, रहने दे बुढ़िया! अपने लड़के को खिला-खिलाके साँड़ तो बना दिया, अब मेरे को भी खाने देगी?"

इसके बाद शायद छीना-झपटी के प्रयत्न हुए। धक्कम-धुक्का होने लगा। शोरगुल मच उठा। बाहर बुड्ढा डर से काँपने लगा। कभी-कभी क्रोध से उसके नथुने फूल जाते और वह बुड़बुड़ाता, "बूढ़े बाप की भी खबर ली? बाहर पड़ा मर रहा है। कल तक तो चराया है सबको। और भीतर साँड़ लड़ रहे हैं और वह हरामज़ादियाँ। सूअर..."

भीतर से बहू गरजती हुई निकली और छाती पीट-पीटकर रोने लगी, "ले बुड्ढे, अब तो तेरी छाती ठंडी हुई। मर गया वह भी। खा गई तेरी डायन, तेरा लाड़ला चर गया सब बस अब तो तेरा जी भर गया।"

वह धाड़ मारकर रोने लगी।

शबनम भी रोने लगी। उसे अचानक ही अब्दुल शकूर की याद हो आई और फिर धीरे-धीरे याद आने लगा उसका चेहरा। चेहरे में झलकती वह आँखें जो शबनम को देखकर ममता से उमग उठती थीं। कितनी बड़ी चाह थी उसकी कि बेटी का ब्याह करे और जब वह हँसकर कहता था कि अरी, बेटी भी कभी अपनी होकर रही है, तो वह रूठ जाया करती थी।

आज अंतस्तल में पीड़ा होने लगी। आज तक उसने कभी भी न सोचा था कि उसका बाप बीमार है..."

और वह फफक-फफककर रोने लगी। उसे अपने ऊपर गुस्सा आने लगा। उसने सुबह उठकर पूरे विश्वास से पुकारा होगा—बेटी! शबनम!! और दो बार आवाज़ों का जवाब न पाकर भी क्या उसने यही सोचा होगा? कहा होगा—कमबखत तनिक बाप की भी तो देखरेख किया कर। शबनम! छोड़ आई उसे ऐसे वक्त, जब कोई पानी पिलाने वाला न था।

अब उसका हृदय आशंकित हो उठा। दर-दर भटकी, गाँव-गाँव घूमी। न राह का पता, न समय का; किंतु जीवित तो थी वह। इसी के लिए बिना कहे चली आई वह और उसे छोड़कर जिसने आप न खाकर पहले उसे खिलाया था। यह तो उसे आस नहीं थी कि बड़ी होकर मैं उसके काम आऊँगी। किसलिए करता था वह सब? घर के कोने-कोने को उसने ढूँढ़ा होगा। एक-एक चीज़ को उठाकर देखा होगा। और जब लोगों ने उसे कहा होगा कि तेरी शबनम भाग गई, तब क्या गुज़री होगी उसके दिल पर? क्या रोया

न होगा वह उस दिन? कल तक जिनमें उसकी बच्ची खेलती थी, वह जगहें सूनी देखकर उमड़ न आया होगा उसका दिल? कोरों में लपलपा उठे होंगे आँसू, प्यार के आँसू, बिखरे हुए अरमान! और वह अकेला टूटी चारपाई पर पड़ा कराह रहा होगा...।

शबनम! का गला रुँध गया। रोते-रोते वह बेहाल हो गई।

शबनम! क्या किया तूने? भाग गई? कलंकिनी! कुलटा! किंतु इस शब्द के याद आते ही हृदय पर रखी पत्थर की चट्टान चटाक् से टूटकर दो टुकड़े हो गई और बीच में से पानी का वेग उफन आया।

आई थी वह, क्योंकि भूखी थी। भूखी थी वह! किंतु क्या यहीं पेट भर गया? मिल गया बहुत खाने को यहाँ? और उसे शोभा पर क्रोध आने लगा। न यह होता, न मैं आती। और कौन था जो मुझे लाता? वह क्यों आ गई? किंतु न आती तो करती क्या? आपका कष्ट तो कम ही कर दिया उसने।

शोभा करवट बदलकर सो रहा था। कासिम उसकी बगल में पड़ा सो रहा था। शबनम उठकर बैठ गई। उसका गला चटक रहा था, वह पानी पीना चाहती थी। कोई कहीं पास में नहीं दीख रहा था। उसने सोचा शोभा को जगा ले। आज तक दोनों ने हर काम मिलकर किया था। मिलकर भीख माँगी थी, मिलकर खाया था। किंतु आज शबनम का हृदय विद्रोह कर उठा। अभी तक वह शोभा पर निर्भर रही थी और उसका पापी पेट नहीं भरा था। जिस पेट के लिए घर छोड़ा, उसे तो भरना ही होगा।

आज शबनम को हर वस्तु से उपेक्षा-भरी ग्लानि हो रही थी। वह छोड़ जाना चाहती थी सबको, छूट जाना चाहती थी सबसे। कौन है मेरा, जिसके लिए मैं बाँटकर खाऊँ?

आह! प्यास के मारे दम निकला जा रहा है।

वह उठी और एक ओर चल पड़ी। इस समय प्यास उसके कंठ को सोख रही थी। वह चलती चली गई। कुछ और चलने पर उसे एक ताल मिला। मटमैला-सा पानी था, जिसकी एक ओर फटती काई ने घेर लिया था। इस ओर पानी बिलकुल शांत था, तारे उसमें झिलमिला रहे थे, किंतु उसने कुछ नहीं देखा। चुल्लू-चुल्लू करके वह पानी पीने लगी। खाली पेट में पानी पड़ते ही एकबारगी धक्का-सा लगा। उसकी आँखें मिच गईं। थोड़ी देर तक वह चुपचाप बैठी रही।

पानी में हाथ डालने से जो लहरें हिल रही थीं, वह भी अब शांत हो चुकी थीं। निःस्वन जल में फिर तारे झलकने लगे।

शबनम ने आँखें खोल दीं। उसने देखा दूर चाँदनी में कुछ भिखारी चल रहे थे। वह भय से चुप होकर बैठी रही। एक बार इच्छा हुई कि गाँव लौट चलें। वहाँ काका होंगे, सखी इंदु होगी, उसके बाबा होंगे! और न जाने कितनी मीठी-मीठी यादों ने उसे घेर लिया। वे लोग क्या उसे दुत्कार देंगे, क्षमा नहीं करेंगे? अरे, क्या उनमें भी ऐसा होगा कि उसे निकाल देगा। कैसे होंगे जाने वे लोग! कहते तो होंगे कैसी आवारा लड़की थी।

काका क्या मुँह दिखाते होंगे?

दूर गीदड़ हूँक उठे। शबनम की विचारधारा टूट गई। भूख फिर लगने लगी। वह उसी राह की ओर चल दी, जिधर भूखे चल रहे थे। एक बार ध्यान आया, वह शोभा को छोड़ रही थी, जो उसके बिना व्याकुल हो जाएगा। किंतु खाते बखत तो सदा लड़ता है। एक लगा रखा है न वह पिल्ला अपने साथ कि खा और खा। मैं तो बोझ हूँ उसके लिए। इसी संघर्ष में पड़ी शबनम काफी आगे निकल गई। वह यह भूल चुकी थी कि वह लड़की थी और जवानी की सीढ़ियों पर लड़खड़ाती भी काफी चढ़ चुकी थी। भूख के कारण वह पागल हुई जा रही थी। सामने ही अनेक झाड़ियाँ थीं। पथ उन्हीं में से जाता था। झाड़ियों के बीच उसने देखा, एक आदमी लंबा कोट पहने आ रहा था।

शबनम ने कहा, "बाबू, बहुत भूखी हूँ, कुछ खाने को दो!"

आदमी ने देखा, वह पश्चिम की तरफ का एक सिपाही था। लड़की जवान थी! देर तक घूरता रहा। चाँदनी रात का आनंद वह जानता था। शबनम उसकी दृष्टि से डर गई। वह चलने लगी, किंतु सिपाही ने आगे बढ़कर उसका हाथ पकड़ लिया और निकालकर जेब से एकदम पूरी चमकती चवन्नी उसके हाथ पर रख दी। शबनम देखती की देखती रह गई। उँगलियाँ चवन्नी के चारों तरफ मोह से कस गईं। सिपाही ने उसे अपने कोट पर लिटा दिया।

सिपाही चला गया, किंतु शबनम दोनों हाथों से मुँह ढाँपे पीड़ा से कराहती शक्तिहीन-सी भूमि पर पड़ी रही। रक्त उसके कपड़ों पर झलक आया था, किंतु चवन्नी मुट्ठी में बँधी रही।

दूर कहीं कुत्ते बड़ी ज़ोर से भूँक उठे। रात बहुत बीत गई थी। और जब तारों से भरे आकाश के नीचे शोभा की आँख खुली, उसने देखा उसकी बगल में पड़ा कासिम सो रहा है। किंतु शबनम कहीं दिखाई न दी। वह उठकर बैठ गया और उसने गौर से देखा। शबनम कहीं नहीं थी। उसने घबराकर दो-चार आवाजें भी दीं; किंतु कोई उत्तर नहीं मिला। और अपने आप ही उसके मुँह से निकल गया—'चली गई।' वह फिर हँसा, जैसे इन दो शब्दों में ही वह कहानी समाप्त हो गई। और एकाएक ही उसे विचार आया, क्यों न वह भी कासिम को छोड़कर चला जाए? वह जो भागा है खुद। वह जो उसी के बल पर आई थी, कैसे चली गई। जैसे मैं कुछ था ही नहीं। तो यह ही कौन है, जिसके लिए वह भूखा मरे, क्यों इसके लिए मारा-मारा फिरे। कौन किसका संगी है, न माँ न बाप। वह ही क्यों बोझों मरे? वह उसका है ही कौन?

शोभा उठा और चला। दो पग चलकर उसने देखा, कासिम निस्सहाय-सा धूल पर भूख और थकान से हारकर सो रहा था। शोभा ने मुँह फेर लिया। वह दो पग और बढ़ा

किंतु उसने फिर मुड़कर देखा। वह जो मुँह तक कौर लेकर खाना पेट में नहीं पहुँचा सकता; मरते समय माँ ने दिया था। उसकी लाश पर हाथ रखकर सौगंध खाई थी। माँ? गौरी की वही जाग्रत तस्वीर आँखों को चौंधिया गई, जैसे आकाश से दो कंजी आँखें झाँकने लगीं! शोभा के पाँव ठिठक गए। उसने देखा कासिम अब भी विश्वास की नींद सोया था। सुबह वह जगेगा और उसकी टुमटुम आँखें शोभा के लिए इधर-उधर ढूँढ़ेंगी। न पाकर रो उठेगा और रोता ही भूखा मर जाएगा...

नहीं, नहीं—शोभा का हृदय पुकार उठा। वह मेरा है। वह क्यों मरेगा? मुमकिन है, उसे जीते में ही कुत्ते नोंच लें और वह रो-रोकर, चिल्ला-चिल्लाकर मर जाए। और शोभा उस समय कहीं अकेला खाएगा खाना? कहाँ? मिलेगा कहाँ? तब, जब भूखा ही मरना है, तो इसी ने क्या बिगाड़ा है। अँधेरे में डरेगा नहीं!

शोभा लौट आया। उसके पैरों में जैसे चलने का दम ही नहीं था। बालक सहसा जाग उठा और बोला, ''काका!''

शोभा ने उसे छाती से चिपकाते हुए कहा, ''नहीं भैया! मैं तुझे छोड़कर कहीं नहीं जाऊँगा, कहीं नहीं जाऊँगा, डर मत सो रह मेरे लाल...मेरे भैया''

दोनों रात के सन्नाटे में ऊँघते-से बैठे रहे।

आसमान में तारे धीरे-धीरे टिमटिमा रहे थे। प्रकाश के बिंदु अंधकार के सागर में डूब न जाने के लिए संघर्ष कर रहे थे।

रक्त और भूख

"कई दिन हो गए भटकते-भटकते। मेरे परमेसुर, क्या सचमुच तू हम लोगों की नहीं सुनेगा?''

''क्या होगा परमेसुर का नाम लेकर? उससे क्या पेट भर जाएगा? बेकार क्यों अपना मुँह थकाते हो?''

श्यामपद चुप हो रहा। इंदु सच ही हर किसी से घृणा करने लगी थी, किंतु जीने की अदम्य लालसा उसमें एक लोभ बन गई थी। तकदीर के भरोसे रहने से वह ऊब चुकी थी। दुनिया में अच्छा आदमी अच्छा रहे, यह तो ज़रूरी नहीं। अच्छे-बुरे का क्या सवाल? उस दिन ही बाबू की जेब से चवन्नी गिर गई। उसने चुपचाप उठा ली। कैसा पेट भरा उस दिन! भूख में वह काफी ही लगा था। जान जान कर भूखा मरे पागल। वह क्यों जान की बला लिए रहे? आज कितने ही दिन हो गए, काका की कोई खबर नहीं थी। उसने कहा था, बाबा, चलो गाँव लौट चलें, किंतु वह सुनकर हँस पड़ा था। वह फिर कुछ न बोली। रोज दस आदमी मिलते हैं, भलामानस कोई पैसा तक नहीं देता। शकल देखो तो भूत-सा लंबा चेहरा करके घूरते हैं, और पहनने को उजला कपड़ा, मगर कहने को पैसा नहीं है, कुछ नहीं है। रात में राहों पर पड़े रहते। दिन-भर भीख माँगते। आज दोनों जर्जर- से थककर एक लैंप-पोस्ट के नीचे पड़ रहे। फुटपाथ पर अनेक भूखे

चिथड़ों में लिपटे पेट में घुटने घुसाए पड़े थे। श्यामपद उन्हें देखता और भय से इंदु की ओर उसकी आँखें उठ जातीं। इंदु अनजान-सी बैठी रही और बूढ़ा सिर झुकाकर फिर कुछ सोचने लगा। वह अब अकसर खाँसता रहता। बीमारी भूख के कारण दिन-पर-दिन उग्र होती जा रही थी। कभी-कभी बूढ़ा दयनीय दृष्टि से इंदु को देखता और उसके दिमाग में अकाल-पीड़ित स्त्रियों के चित्र खिंच जाते। वह खाँसने लगता और अंतरात्मा चीख-चीखकर कहती—मेरी बेटी! नहीं, नहीं, ऐसा नहीं हो सकता। फिर जब कोई अंत नहीं निकलता, वह चुप हो रहता। अब पैसे और कुछ नहीं। जो होगा सो होगा, रोकर क्या लाभ? इंदु देखती और अनमनी-सी कहती, ''बाबा! भूख लगी है। क्या हमें कभी भी खाना नहीं मिलेगा?'' और यह शब्द बूढ़े के दिल में वही सनसनाहट पैदा करते जो शिशिर की मौत सुनकर सुन्न पड़ गया था।

बहुत समय बीत गया। सड़क का कोलाहल घटने लगा और राह पर हाथ पसारे बैठों में से किसी पर राहगीरों की निगाह नहीं पड़ी; तब इंदु थककर लेट गई और बकने लगी, ''अरे जा अभागे! भूखे मरते को एक मुट्ठी न दिया गया तुझसे। तू ही कौन उठाके ले जाएगा? सड़-सड़ के मरेगा तू भी, कीड़े पड़ेंगे तुझमें। हम सड़क पर तड़प-तड़पकर मरें और तू पेट-भर खाएगा? नहीं बाबा, मैं मर जाना चाहती हूँ।''

बूढ़े ने रुद्ध कंठ से कहा, ''बेटा, हम-तू दो ही नहीं हैं। कोई ध्यान देने वाला नहीं। हमारा कौन सहारा है? कोई सुख-दुःख सुनने वाला तक नहीं है। मरें मरने वाले। मगर मान करके क्या लेगी? है कोई मनाने वाला। मौत क्या दूर है? लेकिन जाने ले क्यों नहीं जाती डायन एक बार। मरा नहीं जाता बेटी, यही बड़ा दोष है। इससे तो मरना ही अच्छा। लेकिन अपना अपना भाग्य है, भाग्य। करम नहीं टाल सकता कोई।''

इंदु कह उठी, ''भाग्य, कैसा भाग्य? बाबा, अगर भूखा मारना था तो परमात्मा ने पैदा ही क्यों किया? तुम झुठा रहे हो बाबा, तुम डरते हो...''

दोनों रोने लगे। वह बिना समझे कह गई, वह बिना समझे सुन गया। थोड़ी देर बाद उसने कहा, ''बेटी, चलो चलें।''

इंदु नहीं उठी। वह चुप रही। बूढ़े ने फिर कहा, "चल बेटी भाग्य होगा तो कुछ तो मिलेगा ही।''

इंदु पड़े-पड़े ही बोली, ''नहीं बाबा, मुझसे तो नहीं चला जाता। अगर तुम्हें कहीं कुछ मिल जाए, तो भला हो तुम्हारा, मुझे भी कुछ दे देना।''

इंदु के इस अविश्वास से वृद्ध के बरछी-सी चुभी। वह शुष्क स्वर से बोला, ''तो पड़ी रह। मैं कब तक तेरे पीछे दर-दर मारा-मारा फिरूँ।''

इंदु ने कुछ जवाब नहीं दिया। वृद्ध लाचार हो गया। वह एक ओर चल पड़ा। बीस कदम चलकर उसने मुड़कर देखा, इंदु मुँह फेरकर पड़ी थी। वृद्ध चल दिया। उसके दिल में तूफान उठ रहा था। आज इंदु ने उस पर अविश्वास किया था। आज वह उसे पराया समझती थी। अगर ऐसा ही है तो मर। मन कह उठा—बच्ची है अभी! भूख से पागल हो गई है। कुछ खाते ही ठीक हो जाएगी।

बूढ़ा सोचता-सोचता धीरे-धीरे चला जा रहा था। वह एक चौड़ी सड़क पर पहुँचा। एक जगह कुछ भूखे शोर कर रहे थे—घृणित, मरियल, घिघियाते हुए कुत्तों-से। श्यामपद उसी समुदाय में जाकर मिल गया। अभी तो कितने ही अपने साथी हैं, तो क्या वे सब मर जाएँगे? नहीं, सब तो नहीं मर सकते। काली-काली भूखों की छाया क्रंदन कर रही थी। एकाएक श्यामपद चौंक उठा। सामने एक बूढ़ा था, जैसे उसे यह शोर तनिक भी सुनाई नहीं दे रहा था। वह न जाने किधर देख रहा था। श्यामपद ने देखा, गौर से देखा। ऐसा लगता था जैसे उसे कहीं देखा था। किंतु याद नहीं आया। श्यामपद उसके पास जाकर गौर से देखने लगा। अचानक ही उसके होंठों से खुशी की आवाज़ निकल गई। वह पुकार उठा, "रहमान भैया!"

वृद्ध ने कुछ जवाब नहीं दिया, वह वैसा ही बैठा रहा। श्यामपद उसके पास बैठ गया और बोला, ''रहमान! रहमान!!''

रहमान ने कुछ नहीं कहा, केवल मुड़कर देखा। श्यामपद का हृदय हाहाकार कर उठा। वह चीत्कार कर उठा, ''नहीं पहचाना रहमान! हम बचपन से साथ-साथ खेले, बड़े हुए हैं। भूल गए रहमान अभागे श्यामपद को...।''

रहमान बोला, "श्यामपद? श्यामपद!! कौन? श्यामपद...हहहहह...'' वह हँस पड़ा। फिर कुछ सोचने लगा—मरने को भी साथ आ गए? और दोनों गले मिलकर एक बार ज़ोर से रो उठे। फिर सहसा ही सब शांत हो गया। श्यामपद फिर चिंतित और उदास हो गया और रहमान वही विक्षिप्त। दोनों चुपचाप पथ पर बैठे रहे। श्यामपद उस पुराने दोस्त को अपनी सारी दुःख-दर्द की गाथा सुनाकर जी हलका करना चाहता था। उसके सामने श्यामपद की स्त्री मरी थी, शिशिर की खबर आई थी, शिशिर की बहू मरी थी। दुःख-सुख में दोनों एक-दूसरे के साथ रहे थे। रहमान, श्यामपद को भी मानता था, एक अक्खड़ आदमी था। किंतु लगातार आफतों के कारण आज वह इस हालत पर आ पहुँचा है। तब हँसने का मतलब प्रसन्न होता था, रोने का मतलब दुःख! किंतु अब रोने-हँसने में भेद ही क्या था श्यामद ने कहना चाहकर भी कुछ न कहा, तूफान उसके भीतर घुमड़ता रहा। एक दिन दोनों के घर थे, खेत थे; पर आज तो दोनों राह के भिखारी थे। दोनों के सामने कोई किनारा नहीं था, केवल मौत की भयानक छाया पीछा कर रही थी। चलती गाड़ियों का शोर, बाबुओं का उदास रवैया आँखों में एक जलन-सी पैदा कर रहे थे।

ढाका की यह प्राचीन सड़क एक बार पहले भी यही दृश्य देख चुकी थी, जब 1857 में बंगाल में भीषण अकाल पड़ा था। उस समय घर ऐसे न थे, मनुष्यों के आचार-व्यवहार भी भिन्न थे। मुगल सल्तनत जा रही थी और नया दुःख देने, लालच दिखाती अँगरेजी सल्तनत पैर रख रही थी। अरुण यही देखता हुआ भादुड़ी के घर से निकलकर घूमने निकल पड़ा। आज उसे चंद्रशेखर के पास भी जाना था कि व्यापार का कुछ काम सलाह लेकर प्रारंभ कर दे। चंद्रशेखर ने कहा था कि सरकार की तरफ से तीन एजेंट रखे गए हैं, जो सरकार को चावल खरीदकर देंगे। यदि कोशिश की जाए तो वह और अरुण साझे में छोटे एजेंटों की जगह पाने की कोशिश कर सकते हैं। कुछ नहीं, किसानों से खरीदकर

सरकार को देना होगा। इकट्ठा करेंगे अस्सी तो देंगे चालीस, और बाकी से व्यापार चलाएँगे। अरुण कुछ तय नहीं कर पाया। फिर विचार आता था, कुछ न किया तो घर कौन मुँह लेकर लौटोगे बच्चू? कुछ तो कमाना ही होगा। लेकिन व्यापार भी है बला ही, आज दाम गिर रहे हैं तो कल ही कंबख्त बढ़ भी रहे हैं। दोपहर तक घाटा आँखों के नीचे अँधेरा बनकर छा रहा है और शाम को यार खाँ करोड़पति हैं। पाँचू कहता है कि तुझे हराम की लग गई है जो। वह इसी उधेड़बुन में लगा था कि राह पर बैठे भूखों ने उसको बरबस अपनी ओर खींच लिया। उसके हृदय में फिर संघर्ष चलने लगा—किंतु इनमें तो कोई शक्ति ही नहीं। अपने आप उसके मुँह से निकला और जाने कंबख्त जापानी किसलिए देर कर रहे हैं। फिर उसे याद आया कि हरीमोहन गिरफ्तार हो गया था। उसने छत पर से बममारी के वक्त रोशनी दिखाई थी।

एक भूखे ने उसे रोक दिया। उसने हाथ पसारकर कहा, ''बाबू कई दिन की भूख है, कुछ दे दो...''

अरुण सिहर उठा—यह है हिंदुस्तान। इसी को बचाने के लिए इतना शोरगुल? उसके दिमाग में एक और बात आई। जो अपना पेट तक भरने के योग्य नहीं हैं, उन्हें जीवित रहने का ही क्या अधिकार है? पैसा, पैसा है आजकल जो कुछ है; जिसके पास पैसा नहीं है, वह कुछ भी नहीं कर सकता। क्यों नहीं है इनके पास पैसा? बिना योग्यता के तो पैसा मिल नहीं सकता। फिर जीवित रहने का लाभ भी क्या? दया और करुणा पर पलने वाला मनुष्य नहीं, कुत्ता है। उनको तो जो दो टुकड़े डाल दे, उसी के गुलाम हैं वह।

भिखारी ने फिर कहा, "बाबू, दया करो, तीन दिन से...''

जीवन की सारी मर्यादा को खुली हथेली पसारकर लुटा रहा था। सैकड़ों जैसे मर गए थे, मरने दो इसे भी वैसे ही। आँखों में दयनीय याचना थी। पुतली में अथाह निराशा, जैसे बड़ी रस्सी को अनेक गाँठ बाँधकर छोटा कर दिया गया हो। अरुण को ऐसा लगा जैसे वह भिखारी आसमान तक छा गया। भूखे ने फिर कुछ कहा जो बुड़बुड़ाहट बनकर उसके कानों में खरखरा उठी। अरुण चौंक उठा। उसने कहा, ''कुछ काम क्यों नहीं करते?''

भूखा यह सुनते ही आहत-सा पुकार उठा, ''बाबू मैं भिखारी नहीं था। किसान हूँ मैं। मेरे पास ज़मीन थी, खेत थे; किंतु भाग्य में नहीं था मेरे, मेरा केशवपुर। सब बिक गया। बेघर-बार भटक रहा हूँ।''

अरुण ने घृणा से कहा, "इतने ही सीधे हो तो मर जाना ही क्या खराब है।''

भूखों ने सुना। आँखों में गुस्सा झलक रहा था। वह भूखे मर रहे हैं और यह बाबू घमंड में उनका मर जाना ही अच्छा समझता है? सामने खड़ा भिखारी होंठ चबा। उठा श्यामपद उठकर खड़ा हो गया और अरुण के पास आ गया। उसकी भयंकरता से साहस पाकर भूखों ने अरुण को घेर लिया। अरुण निश्चित खड़ा रहा और सचमुच उसकी निर्भीकता ने भूखों पर असर किया। कुछ देर रुककर उसने कहा, ''भूखा मरकर क्या फायदा, अगर कुछ भी नहीं किया। तुम लोग असल में उतने कमज़ोर नहीं जितना अपने को समझते

हो। क्या तुम कुछ भी करने लायक नहीं रहे हो? क्या तुम उस ज़मींदार को नहीं मार सकते जो तुम्हें मरते देखकर हँसता है। डरते हो पुलिस से, कायर! और दुनिया-भर में भीख माँग-माँगकर देश को ज़लील करते हो।''

श्यामपद ने कहा, "बाबू! मजाक करते हो? तुम्हें तो मिल जाता है न? तुम्हें मानस का दिल नहीं है। हम मरते हैं, तुम कहते हो, यह अच्छा है। शरम नहीं आती! ऊपर वाला समझेगा तुमसे। उसने देकर भूल की है; उसी को कह रहे हो यह सब। जाओ, जाओ नहीं देते, न दो, गाली देकर क्या पेट भर दोगे तुम?''

अरुण का चेहरा फक पड़ गया। एक भिखारी चिल्ला उठा, "मारो साले को! हम मर रहे हैं और मज़ाक सूझ रहा है इसे? बाबू का बच्चा!''

अरुण ने क्रोध से उसे ज़ोर का धक्का दिया और भाग चला। भूखा गिरकर पत्थर पर लुढ़ककर चिल्ला उठा।

श्यामपद एकाएक चौंक उठा। देर काफी हो गई थी। इंदु बैठी होगी। कहीं यह न सोचने लगे कि बाबा भी छोड़ भागे। वह लौट पड़ा। रहमान वहीं बैठा था, जैसे उसे किसी से कोई मतलब नहीं। घुटनों पर सिर टेककर बैठा वह सामने देख रहा था। कभी घुटने हिलते थे, कभी सिर और कभी-कभी पूरा का पूरा शरीर जैसे आक का पौधा!

श्यामपद ने उसके पास जाकर कहा, ''रहमान भैया!

रहमान ने जैसे सुना ही नहीं। वह वैसे ही बैठा रहा। श्यामपद ने फिर ज़ोर से पुकारा, ''चलोगे नहीं?''

रहमान ने कुछ भी नहीं पूछा, केवल अपना बायाँ हाथ उठा दिया। श्यामपद ने उसका हाथ थामकर उसे उठाया और दोनों लंगरखाने की ओर चल पड़े। प्रायः भूखे जा चुके थे। बाँटने वाली लड़की ने दो बूढ़ों को देखकर औरों से पहले इन्हें मौका देकर पत्तों पर खिचड़ी दे दी। वह श्यामपद को कई बार खाली हाथ लौटते देख चुकी थी।

शाम आ गई थी। अँधेरा पुकारने लगा था। रहमान खाता हुआ चल रहा था। बहुत धीरे-धीरे उसकी उँगली खिचड़ी का अंतिम दाना तक चाटने में लगी हुई थी; किंतु श्यामपद ने कुछ भी नहीं खाया था। वह अपने हृदय में दृढ़ आशा लिए लौट रहा था। उसी बड़े लाल रंग के घर के पास चौराहे से कुछ हटकर इंदु रो रही होगी, गुस्सा भी हुई होगी। बेचारी भूखी बच्ची रो-रोकर ही सो गई होगी। उसे क्या मालूम था कि बाबा को तो आज खिचड़ी मिलनी ही है। साथ खाऊँगा तो कितना हरषेगी? वह क्या वहाँ से हटी होगी? वह क्या कभी मान सकती है कि बाबा उसे छोड़ जाएँगे? श्यामपद का मन फूल रहा था। आज कितने दिन बाद मिली है यह खिचड़ी?

लैंप-पोस्ट जल रहा था। उसका प्रकाश कुछ दूर तक अपने नन्हे हाथों से अँधेरा हटाता हुआ फैल रहा था।

श्यामपद ने देखना शुरू किया। लाल इमारत वही थी। जगह तो वही है न!! इंदु तो नहीं है कहीं!!!

वृद्ध को विश्वास नहीं हुआ वह इधर-उधर ढूँढ़ने लगा। उसका हृदय आशंका से

आतुर हो उठा, शायद लौट आई हो। रहमान उसके पीछे-पीछे लगा-लगा डोल रहा था। वृद्ध वहीं लौट आया। यहीं तो उसे छोड़कर गया था, आखिर ऐसे कहाँ चली गई?

वह ज़ोर से पुकार उठा, "इंदु! बेटी!! इंदु!!!"

कोई जवाब नहीं आया। सामने की बड़ी इमारत से आवाज़ गूँजकर लौट आई।

श्यामपद ने फिर आवाज़ दी, "आ तो मेरी बेटी! आ जा मेरी इंदु! ऐसे नहीं रूठते बेटी! देख, मैं क्या लाया हूँ?'

शब्द निष्फल-से लड़खड़ा उठे। केवल रात का सूनापन हिल उठा। श्यामपद ने देखा, सुना, समझा और क्रोध-विक्षोभ से उसकी छाती फटने लगी। वह भी छोड़ गई। जिसके लिए इतना किया, वह भी त्याग गई? अंधे की एकमात्र लाठी भी टूट गई। कहीं वह भी बाज़ारू...

वह अधिक न सोच सका। वह कह उठा, "चली गई तो चली जा, ले यह भी लेती जा अभागिन..'

उसने झन्नाकर हाथ का पत्ता ज़मीन पर दे मारा और सुन्न-सा खड़ा रह गया। खिचड़ी बह निकली। रहमान एकदम उस खिचड़ी पर टूट पड़ा और सड़क पर फैली खिचड़ी में से उठा-उठाकर खाने लगा। श्यामपद ने देखा। एक बार एक बहुत हल्का-सा चक्कर आया और फिर सब कुछ भूलकर वह भी रहमान के साथ ज़मीन से उठा-उठाकर खिचड़ी चाटने लगा—वह खिचड़ी जिसमें धूल मिल गई थी।

बलि

शोभा कासिम को गोदी में लिए बढ़ता रहा। आसमान में बादल छा रहे थे। दूर एक गाँव दीख रहा था। हठात् वह चौंक पड़ा। दूर तक पथ पर हड्डियों के ढाँचे हवा में साँय-साँय कर रहे थे। उसे भ्रम हुआ कि वह श्मशान में आ पहुँचा है। किंतु नदी तो वह पीछे छोड़ आया है। यहाँ तो न पानी है, न ऐसा और कोई चिह्न। एकबारगी उसके रोएँ खड़े हो गए। उसने आँखें फाड़-फाड़कर देखा, कहीं कोई आदमी नहीं दिखा। वह गाँव की ओर चल पड़ा। इधर-उधर घर सुनसान पड़े थे, टूटे, बिखरे। वह उस निर्जनता को देखकर डर गया। कासिम गोद में सो रहा था। कुछ दूर और चलने पर उसे एक घर के सामने केले का डंठल खाता हुआ एक आदमी मिला। शोभा उसके पास चला गया और पूछने लगा, "इस गाँव का नाम क्या है? यहाँ कोई आदमी और क्यों नहीं दीखता?"

आदमी ने कुछ जवाब नहीं दिया। वह चुपचाप दाँतों से डंठल को छीलता रहा और थक जाने पर लंबी-लंबी साँस लेने लगता। शोभा ने चिल्लाकर कहा, "क्या तुम बहरे हो जो जवाब नहीं देते? बोलते क्यों नहीं?"

आदमी ने कुछ जवाब नहीं दिया। वह डंठल खाता रहा। शोभा व्याकुल हो उठा। वह चिल्लाकर उससे बार-बार पूछने लगा। घर के भीतर से एक डरावनी कराह गूँज उठी

और शोभा के कान खड़े हो गए। किंतु उस आदमी पर कोई असर नहीं हुआ, वह वैसा ही खाता रहा। शोभा ने घर के द्वार में से भीतर झाँककर देखा, एक औरत खाट पर निस्पंद पड़ी थी। कभी-कभी उसका ऊर्ध्व श्वास चलने लगता था और वह भयानक आवाजें असह्य यंत्रणा बनकर बाहर मँडराने लगतीं। शोभा अब अधिक नहीं सह सका। उसने उस आदमी के कंधे झकझोर दिए और चिल्ला उठा, ''बताते क्यों नहीं? क्या नाम है तुम्हारा?''

अबकी आदमी ने अपनी दयनीय आँखें उठाईं। आँखों के चारों तरफ स्याही छा रही थी। उसके मुँह से कुछ घरघराती आवाजें निकलीं। शोभा ने कुछ भी नहीं समझा।

उदास शोभा आगे चल पड़ा। कुछ दूर चलने पर थककर बैठ गया। कासिम को लिए- लिए फिरना उसके लिए एक कठिन काम हो गया था। उसने धप् से उसे भूमि पर पटक दिया और आप भी गिर गया। कासिम बड़ी ज़ोर से रो उठा। उस निर्जन ग्राम में उसका कर्कश रुदन बड़ा ही डरावना लगने लगा। उत्तर में दूर कहीं गीदड़ चिल्ला उठे। थकान के कारण शोभा कुछ देर बिलकुल निर्जीव-सा पड़ा रहा। जब वह उठा, उस समय उसे बहुत ज़ोर की भूख लग रही थी। उसने इधर-उधर देखा, सामने केले के पेड़ उग रहे थे। उठा और एक डंठल को बहुत ज़ोर लगाकर तोड़ दिया और लाकर दाँतों से छील छीलकर पागल-सा खाने लगा। कासिम उसे खाते देखकर रो उठा। शोभा ने उसकी ओर देखते हुए एक किनारे से थोड़ा-सा डंठल तोड़कर उसके सामने रख दिया और फिर खाने लगा। कासिम ने डंठल उठाकर मुँह में रखा किंतु खा नहीं सका। वह फिर रोने लगा। शोभा ने क्रोध से उसे दूर पटक दिया। बालक के चोट लग गई। वह बहुत अधिक रोने लगा। शोभा पागल-सा उठ खड़ा हुआ और खाता हुआ एक ओर चल पड़ा।

गाँव के बाहर आते ही कुछ ही दूर बाद दूसरा गाँव आ गया। यहाँ इतनी बरबादी नहीं थी। लोग अपने-अपने काम में लग रहे थे। हाट उठ रही थी। शोभा भुखमरों की तरह चुपचाप चलता रहा। किसी ने भी कुछ नहीं कहा। गाँव पार हो गया, किंतु शोभा का डंठल फिर भी थोड़ा-सा बच रहा। सामने ही नदी झिलमिला रही थी।

आसमान में बादल गरज रहे थे। ठंडी हवा चल रही थी। वह चला, चला, पैर लड़खड़ाए और झोंक में गिर गया।

साँझ हो चली थी। कासिम पहले तो समझा, काका कुछ दूर जा रहे हैं, लौट आएँगे, किंतु जब वह नहीं लौटा तो उसका रोना ज़ोर से शुरू हुआ। किंतु रोते-रोते वह थक गया। गला सूख गया और वहीं आँख बंद करके तड़पने लगा। गाँव में इधर-उधर गीदड़ों की हूकें बढ़ने लगीं साँझ झुकने लगी। चारों तरफ अँधेरा छा गया। घोर वर्षा होने लगी।

रात काफी बीत गई। शोभा ने आँख खोलकर देखा, चारों ओर अँधेरा ही अँधेरा मुँह बाए खड़ा था। पानी से उसका शरीर ठंड में ठिठुर गया। उसने बल लगाकर अपने शरीर को बिठाया और एक कराह उसके मुँह से निकल गई। आदत के मुताबिक बगल में देखा, किंतु कासिम कहीं नहीं था। उसकी आँखों में बरबस आँसू आ गए, हृदय फटने लगा और वह फिर शिथिल हो गया।

नदी गहरी हो चली थी। पेड़ घने-घने से हिल रहे थे। अंधकार में नदी गरज रही थी। सन्नाती हवा का फूत्कार अँधेरे में थपेड़े मारकर हिलते पत्तों पर पुकार उठता था। शोभा भयातुर आँखों से इधर-उधर देखने लगा। वह धीरे-धीरे खिसकने लगा। एक जगह दो पेड़ मिल गए थे, शोभा वहीं बैठ गया। पानी बहुत ज़ोर से बरसने लगा था। कभी-कभी बिजली की कौंध में सारा संसार प्रकाश में काँपकर लय हो जाता और उस अंधकार में कुछ भी दिखाई न देता।

पानी पर छप-छप की कुछ आवाज़ हुई। शोभा ने सुना, कई आदमियों की पगध्वनि कीचड़ में छपाक-छपाक करने लगी। इसके बाद ही कुछ और आवाज़ें आने लगीं। शोभा अपनी उत्सुकता को दबा नहीं सका। ठंड से शरीर सिकुड़ गया था, होंठ काँप रहे थे। धीरे-धीरे वह उसी ओर चल पड़ा। एक पेड़ के पीछे खड़े होकर उसने देखा—नदी में कुछ नावें पड़ी थीं और कुछ लोग उन पर उठा-उठाकर बोरे रख रहे थे। दो आदमी पास ही खड़े बातें कर रहे थे जो बरसते मेह के कारण पूरी तरह से सुनाई नहीं देती थीं। शोभा भीग रहा था।

एक आदमी कह रहा था, ‘‘देखो, माल ले जा रहे हो, मगर ध्यान से रखना। चावल खराब न हो जाएं, इसीलिए मैंने बोरों में ऊपर से रेत भरवा दी है। रात में कहीं ठहरना नहीं। आज कैसा अच्छा रहा! क्या मौके से पानी पड़ा है! वहाँ जाकर कहोगे क्या, ज़रा यह तो दुहरा जाओ मेरे सामने?’’

“यही कहूँगा,’’ दूसरे ने कहा, ‘‘कि मैंने सस्ता करा दिया है। चालीस रुपए मन था। तीस दिला रहा हूँ। अब कम नहीं हो सकता। वह तो मेरी वजह से उन्होंने यह मेहरबानी की है वरना औरों को तो पचास है पचास, लेकिन मालिक एक बात है!’’

“क्या, कहो न?’’

‘‘कहीं पुलिस को पता चल गया हो? यहाँ का मजिस्ट्रेट सुनते हैं...’’

पहला आदमी हँसा-काटकर बोल उठा, “किन बातों में पड़े हो तुम भी। जहाँ राशन है वहीं कौन अफसर सीधा किसान से खरीद रहा है? मैं तो रिश्वत देकर आया हूँ। कोई रिपोर्ट करे भी तो क्या है? आना ज़रूर पड़ेगा पुलिस को, मगर देरी जो कर देगी। मुट्ठी खूब गरम कर दी है।’’ फिर ज़ोर देकर कहा, ‘‘यह माल ठीक पहुँच जाना चाहिए। आमन की फसल शुरू हो गई है, अब तो दाम घटाने ही पड़ेंगे।’’

दूसरा आदमी एकाएक बोल उठा, “मगर फसल आने से पहले ही गोदाम खोल दोगे तो लोग न कहेंगे कि अब माल कहाँ से आया?’’

आदमी कुछ देर सोचता रहा फिर बोला, ‘‘मगर उसके बिना तो काम भी नहीं चलने का। नहीं निकलेगा तो गड़ा-गड़ा बिगड़ न जाएगा। फिर कंट्रोल होने पर तो बिना लाइसेंस के कोई भी नहीं बेच सकेगा। तब तो बिलकुल बेकार हो जाएगा। अपनी तरफ से सब इंतज़ाम करने ही हैं, आगे परमात्मा की मर्जी। बनाने-बिगाड़ने वाला तो वही है।’’

दूसरा आदमी बोला, ‘‘चलूँ, कहीं बरसा न थम जाए। लोगों को मालूम नहीं पड़ना चाहिए। वरना...’’

"भगवान् मंगल करें। अच्छा, मैं चल रहा हूँ।"

"भला।"

पहला आदमी अंधकार में खो गया। शोभा सुन रहा था। वह केवल इतना ही समझ पाया कि चावल की चोरी हो रही है। चावल? तब तो माँगना चाहिए। शायद कुछ दे दें। नावें खुलने लगीं। वह वेग से कूदकर एक नाव पर चढ़ गया और इससे पहले कि उसके मुँह से कुछ निकले, तड़ातड़ चार लट्ठ उसके सिर पर बज उठे। वह लुढ़ककर नदी में गिर गया और पहुआ नौकरों से सुरक्षित नावें चल पड़ीं। पतवारों ने वेग से लहरों को काटकर नावों को आगे ढकेल दिया। देखते ही देखते नावें अंधकार में दूर निकल गईं। पानी बरसता रहा, हवा वेग से चलती रही और थपेड़ों में थर्राती नदी का गर्जन आकाश में गूँजता रहा।

ब्रिटिश साम्राज्य को उस समय भी अपने श्रेष्ठ प्रबंध पर अभिमान था। वह सत्य और न्याय के लिए भारत पर अपना शासन चला रहा था। वारेन हेस्टिंग्ज़ इस प्रजा पालन से अत्यंत संतुष्ट होता, किंतु वह मर चुका था।

सुबह नदी पर एक फूली हुई लाश तैर रही थी जिस पर योगियों की तरह गिद्ध बैठे हुए थे।

नारी का मान

जब शाम हो गई और बाबा नहीं लौटे तो इंदु भय और आशंका से काँप उठी। फुटपाथ पर अब भूखे सोने लगे थे।

'बाबा चले गए। तो क्या वह अब नहीं लौटेंगे?' इंदु सिहर उठी। 'क्या वह गुस्सा होकर चले गए? उन्हें कुछ भी विचार नहीं हुआ!' फिर मन ने कहा, 'छोड़ गए तो छोड़ गए। वह क्या किसी से डरती है? छोड़ने वाला छोड़ जाए तो वह क्यों रोए? उन्होंने अपना भला चाहा, वह भी अपनी सोचेगी अब। वह क्या कुछ नहीं कर सकती?' किंतु यह विचार अधिक देर तक नहीं टिक सका। अभी तक एक सहारा था। टूटा-फूटा कैसा भी था, था तो अपना ही; अब वह भी न रहा। वह रोने लगी। बड़ी देर तक रोती रही। जब थक गई तो चुपचाप सोचने लगी।

'पेट नहीं भर पाए तो छोड़ गए मुझे अकेला! तो लाए ही क्यों थे मुझे यहाँ? मैंने तो मना ही किया था। कुछ नहीं था फिर भी अपने तो थे। अब वह इस बड़े शहर में अकेली क्या करेगी?'

फिर वह मुस्करा उठी। बाबा थे तभी वह क्या करती थी यहाँ। यही न? भीख माँगकर खाना, चाहे जहाँ पड़ रहना। अब ही क्या फरक आ गया? बाबा तो अपना पेट भर लेंगे, लेकिन वह तो किसी से बात भी करना नहीं जानती। अभी तक बाबा सदा आगे रहते थे। गाली खाते थे तो वह, सुनते थे तो वह।

अपनी निर्बलता का ध्यान आते ही इंदु फिर रोने लगी, किंतु श्यामपद फिर भी नहीं आया। रात होते देख इंदु निराश हो गई। वह उठकर इधर-उधर देखने लगी। उसको कुछ ढूँढ़ते देखकर राह चलती एक बुढ़िया रुक गई और पास आकर उसे गौर से देखने लगी। इंदु ने देखा, बुढ़िया की आँखों में अतीव स्नेह था। करुणा से उसके नयन चमक रहे थे। इंदु उसे देखकर कुछ भी नहीं बोली। वह सकुचाकर डरी-सी खड़ी रही। बुढ़िया की तेज़ आँखों ने देखा कि लड़की ने अभी जवानी की दहलीज़ पर ही कदम रखा है। गोरा रंग, जो एक बार ही धुलकर आब दे जाएगा, मुरझाया हुआ बाग है, पानी पड़ते ही लहलहा उठेगा। भूखी है बेचारी, पेट में दाना पड़ते ही कोयल की तरह कूक उठेगी। माल तो अच्छा है।

इंदु उसे देखकर सकते की-सी हालत में पड़ गई।

बुढ़िया ने आगे बढ़कर पूछा, "किसे ढूँढ रही है बेटी?"

''बाबा को,'' और याद आते ही उसकी आँखें भीग गईं।

बुढ़िया उसको पुचकारती हुई बोली, ''छोड़ गया! बड़ा निरदयी था। मरद की जात ही ऐसी होती है। कमबखत ने कुछ तो सोचा होता। अब कहाँ जाएगी बेटी?'

''पता नहीं।''

बुढ़िया ने आशान्वित होकर दुःख का भाव प्रकट करते हुए कहा, ''हाय भोलानाथ तुम मुझे क्यों दिखा रहे हो यह सब? अब यह नन्ही बच्ची कहाँ भटकती फिरेगी? बाप छोड़ गया, माँ चली गई, मगर तुमने तो पैदा किया था, तुम तो सबके स्वामी हो, तुमने भी छोड़ दिया इसे? बेटी! मेरी छाती फट रही है। ठीक तेरी ही-सी मेरे भी एक बिटिया थी। मर गई अभागिन। चल, मेरे साथ चल। आज से तू ही मेरी बेटी है।''

इंदु हिचकिचाई, किंतु बुढ़िया ने उसका हाथ पकड़ लिया और एक ओर उसको साथ लेकर चल पड़ी।'' तू नहीं जानती,'' वह कह उठी, "यह दुनिया इतनी अच्छी नहीं। तू तो सीधी है अभी, क्या जाने इन फंदों को? चल मेरे साथ। जो रूखा-सूखा है उसे ही आपस में बाँटकर खा लेंगे।''

इंदु उसके साथ-साथ चलने लगी। वह यह भी नहीं सोच पाई कि उसके साथ जाना चाहिए अथवा नहीं। मन में विचार आया, यह बुढ़िया कौन है, कहाँ ले जा रही है? सब बातें तेज़ी से आईं और चली गईं। हाँ, वह खाना जो देगी। किंतु आज तक तो किसी ने इतने प्यार से बात नहीं की।

इंदु ने देखा वह काफी दूर निकल आई थी। वे अब स्टेशन के पास थीं। अंधकार में से निकलकर एक आदमी आ गया और बुढ़िया से बोला, ''माँ, कुछ बात करनी है।'' बुढ़िया उसे अलग ले जाकर उससे बात करने लगी और वह आदमी चला गया। थोड़ी देर बाद दो टिकट दे गया। स्टेशन पर शीघ्र ही रेल आ गई और बुढ़िया ने इंदु से कहा, "चल बेटी, जल्दी कर, नहीं तो जगह नहीं मिलेगी।"

इंदु ने कहा, ''मगर कहाँ जा रही हो?''

"पास ही तो। डर क्या है तुझे बेटी? मैं तो तुझे सदा साथ रखूँगी।''

''बाबा जो...''

बुढ़िया हँसी। उसने कहा, "अकाल में घर छोड़ा मरद कभी लौटकर आया है, पगली परमेसर को धन्यवाद दे कि अपनी राह लग गई। चल, जल्दी कर।''

इंदु गाड़ी में बैठ गई। स्टीमर में बुढ़िया ने इंदु को खाना खिलाया, जिसके कारण वह ऐसी थक गई कि एकदम सो गई। रात में जब ग्वालंद पर फिर रेल में बैठना पड़ा, वह नींद में आधी झूम रही थी। दूसरे दिन सुबह जो देखा, गाड़ी कलकत्ते के श्यालदा स्टेशन पर फुफकार रही थी। दस बज चुके थे। धूप में कुछ में लोग बैठे हँस रहे थे। पछुआ कुलियों का बलिष्ठ शरीर, भीड़, बाबू लोग तथा उस घोर कोलाहल को देखकर इंदु एकदम डर गई। बुढ़िया ने उसका हाथ अपने हाथ में लेकर कहा, "बेटी, डर गई? अरी, यह कलकत्ता है, कलकत्ता। अरे ओ गाड़ी वाले! ओ गाड़ी वाले!''

विक्टोरिया से उतरकर बुढ़िया ने किराया चुका दिया। राह के विराट् भवन, बाज़ार, मोटरें, ट्राम, बस और वह अजस्र कोलाहल देखकर इंदु की आँखें एकबारगी मिच गईं और वह कुछ भी न सोच सकी। कहाँ गाँव, कहाँ कलकत्ता! इंदु चुपचाप उसके पीछे-पीछे चलती रही।

गली में मुड़कर बुढ़िया ने एक घर के दरवाज़े को हाथ से थपथपा दिया।

भीतर से कोई खाँसकर बोला, "बेटी कमला! देख तो, द्वार पर कौन है?''

उत्तर में स्त्री-स्वर सुनाई दिया, "अभी आती हूँ, थोड़ी देर में अभी!''

बुढ़िया ने फिर थपथपाया। भीतर से किसी ने फिर आवाज़ दी और स्त्री-स्वर फिर सुनाई दिया, ''क्या है बाबा? क्यों दिक कर रहे हो? देखते नहीं, मैं अभी आती हूँ। तंग करोगे तो मैं चली जाऊँगी। चाहो तो अभी अभी, ऐसे ही है, खोल न दो उठकर। नहीं आऊँगी अभी, नहीं आऊँगी!''

और फिर बड़बड़ाहट, ''कमा कमाके खिलाऊँ और...।''

भीतर से पुरुष-स्वर सुनाई दिया, "बेटी मेरी! गुस्सा हो गई? बूढ़ा हो गया हूँ। खोल देता हूँ दरवाज़ा। अरी तनिक तो लाज कर, कोई सुन न लेगा।''

फिर उसे कोई जवाब नहीं मिला। एक आदमी ने कराहते हुए आकर द्वार खोला। बुढ़िया को देखकर वह सहम उठा। फिर सँभलकर प्रणाम किया।

बुढ़िया ने कहा, ''जियो, भैया जियो। बेटी तो ठीक है न?''

"हाँ, हाँ, काकी, तुम्हारी कृपा चाहिए। नहीं आई बाहर, लाज आती है उसे। घर के भीतर ही सही। कन्या है जो, तो बाहर कैसे आएगी? बताओ न तुम्हीं?"

''ठीक ही तो है मुखेन भैया! अभी उमर ही क्या है उसकी? बाबू तो आते हैं?''

वृद्ध ने विचलित होकर कहा, "हाँ!'' फिर सहसा ही उसका स्वर रुँध गया, ''तुम चाहो तो भूखा तो नहीं मरना पड़ेगा।''

बुढ़िया ने गर्व से इंदु को देखा, पर इंदु कुछ भी नहीं समझी। कलकत्ते के वैभव ने उसका ज्ञान हर लिया था। बुढ़िया ने कहा, "मुखेन भैया अपने ही आदमी हैं। पहले कोई कमी नहीं थी, पर अब सब चला गया अकाल में। घबराने की कोई बात नहीं।

अपना-अपना भाग्य है, भाग्य। लेकिन प्राण हैं तो सब लौट आएगा...''

बुढ़िया और आदमी की बातें एक और आदमी बगल के घर के दरवाज़े पर खड़ा सुन रहा था। बुढ़िया की दृष्टि अचानक उस पर पड़ गई। बुढ़िया ने फौरन उससे बातचीत प्रारंभ कर दी, ''कहो बेटा शैल, दीदी तो अच्छी तरह है न? झगड़ती तो नहीं?''

शैल ने सिर झुकाकर उत्तर दिया, ''कृपा है तुम्हारी काकी!''

इंदु ने उसे काकी पुकारी जाती सुनकर कहा, "काकी, चलो।"

बुढ़िया की छाती बाग-बाग हो गई। वह चलते-चलते कहने लगी, "आऊँगी शैल, आऊँगी फिर...सबके दिन एक-से तो नहीं जाते। फिर कुल की मरजाद क्या खो देनी है? एक नहीं, सभी मेढ़क किनारे पर आग लगी पाकर पानी में कूद जाएँ तो कहो, कौन डूबा कहलाएगा? अरे, मैं क्या-क्या कह गई? अब फिर आऊँगी। बेटी भूखी है। चल बेटी, चल।''

दोनों आदमियों ने इंदु को देखा और मन ही मन काँप उठे। उसकी सरलता ने उन्हें जड़ कर दिया।

वृद्धा इंदु को लिए गलियों में चलने लगी। यहाँ दोनों तरफ मकान सन्नाटे की तरह खड़े थे। सँकरे पथ पर कहीं एकाध कुत्ता सो रहा था। इंदु ने देर से चुप रहने के भार को तोड़कर पूछा, ''कितना चलना है अभी, काकी?''

''बहुत दूर नहीं बेटी, पास ही है बस अपना घर। अरे, थक गई होगी राह में बेचारी। मैं भी बड़ी निर्दय हूँ। राह में कितना रुक जाती हूँ? बात करने का ही तो एक ऐब है बेटी मुझमें। जहाँ अपना आदमी मिला, पहले उसका दुःख-दर्द पूछ लूँ, तब मेरा मन भरे। ऐसे ही चली कैसे आती बेटी। अकाल है यह परमात्मा का कोप, इसमें कौन नहीं पिस गया? कौन नहीं हो गया बरबाद? अपना-अपना भाग्य है, अपना-अपना...''

बुढ़िया एक घर के द्वार पर रुक गई। दरवाज़ा खटखटाते ही घूँघट काढ़े हुए एक स्त्री ने आकर द्वार खोल दिया। वह देखने में इंदु को भले घर की नहीं लगी।

इसी समय एक आदमी बगल के घर से एक बच्चे की लाश हाथ पर लिए हुए निकला। उसकी स्त्री घर के दरवाज़े पर हाथ रखकर खड़ी थी। बुढ़िया ने दयार्द्र स्वर में पूछा, ''हरी भैया, क्या हुआ?''

''चल बसा,'' दरवाज़े पर खड़ी औरत का रूखा उत्तर उन घरों से टकरा उठा। इंदु चौंक उठी। घर का बच्चा मर गया और इनमें से कोई रोता तक नहीं। वह चुप ही खड़ी रही। बुढ़िया हाय-हाय करने लगी, जिसको देख वह आदमी एकाएक खीझ उठा।

''अब क्या रखा है काकी! रो-धोकर ही क्या होगा? भूख ही से तो मरा है। इसकी दवा-दारू करता कि बाकी को खिलाता। उसे तो मरना था ही सो मर गया। मरे के लिए क्या रोना? किसके नहीं मरा और मरता कौन नहीं? जाने दो उसे, अब दुःख तो नहीं भोगेगा।''

बुढ़िया चुप हो गई।

आदमी ने फिर कहा, ''जाऊँ, इसे कहीं चुपचाप पटक आऊँ। गाड़ी ढो ले जाएगी। काकी, अब तो दया करके कुछ मारवाड़ियों ने मरघट में फूँकने का मुफ्त इंतज़ाम कर

दिया है।''

द्वार पर स्त्री ने कहा, ''मरे का इंतज़ाम करके स्वर्ग बनाया तो जीने का तो कोई इंतज़ाम नहीं किया।'' आदमी चला गया। औरत फिर भी खड़ी रही। बुढ़िया उसे व्यथित जानकर पूछ उठी, "क्यों खड़ी है बहू? वह क्या अब लौटेगा? कौन-सा था वह।''

स्त्री हँस पड़ी। वह बोली, ''याद नहीं कौन-सा था। मगर क्या होगा याद रखकर भी? इसका तो कोई दुःख नहीं। लेकिन अभी तो दो और जो हैं। मरद की दुकान गई लेकिन मेरा बजार...''

एकदम कहते-कहते रुक गई और होंठ दाँत से दाब उठी। उसकी आँखों में पानी आ गया।

''राधा कैसा है?'' बुढ़िया ने पूछा।

''छोटा ज़रूर है, मगर है समझदार। घर की बात याद रखता है अपने लिए, दूसरों से कहकर बदनामी कराने के लिए नहीं। आज यह कौन लड़की लाई हो?''

बुढ़िया बोली, ''एक गरीबिनी है। सड़क पर बाप छोड़ गया। मैंने सोचा, चलो भला होगा बेचारी का। आ बेटी...'' और बुढ़िया ने इंदु को लेकर घर में प्रवेश किया।

नहा-धोकर, खाना-वाना समाप्त करके इंदु भीतर के आँगन में लेट रही। थकान के कारण उसे नींद आ गई। रात को जब उसकी आँख खुली, वह स्त्री, जो द्वार खोलते समय मिली थी, उसके पास आ बैठी।

इंदु उसे देखकर उठ खड़ी हुई। प्यार से बिठाते हुए उसने बात करना शुरू किया। इंदु उसे अपना सारा हाल बता गई। साधना मुस्करा उठी। वह बोली, "दुःख होता है, उन बातों को भूल जाना ही अच्छा है। याद करने से मन तो भारी होता ही है, पेट भी नहीं भरता।''

इंदु ने कहा, ''लेकिन आप कौन हैं? काकी की लड़की तो मर चुकी है न?''

साधना हँस दी। उसने कहा, ''शहर कभी नहीं देखा शायद?"

''नहीं तो। ढाका देखा है।''

"यह ढाका नहीं, कलकत्ता है। यहाँ हर कदम सँभालकर रखना पड़ता है मेरी बहन! यहाँ भोलेपन से काम नहीं चलता, समझीं? मैं भी एक मास्टर की लड़की हूँ। अकाल में मेरा बाप पागल हो गया, क्योंकि प्राइमरी स्कूल में तनख्वाह ही कितनी मिलती है। पूरा नहीं पड़ा, माँ मर गई।''

साधना के मुँह से एक सर्द आह निकली। यह क्षण-भर चुप रही फिर बोली, ''लेकिन मैं तो नहीं मरी। चलो, खाना खा लो।"

इंदु उठ पड़ी और दोनों रसोई में खाना खाने लगीं। इंदु को बहुत-बहुत खाते देखकर साधना को हँसी आ गई और एक दया का भाव उसके चेहरे पर काँप उठा। एक दिन वह भी ऐसी ही आई थी और बड़े चाव से उसने भात उठाकर मुँह में रखा था; किंतु दूसरे ही दिन वह सब जहर-सा लगने लगा था।

इंदु उसे हँसती देखकर लजा गई और उसने शीघ्र ही दो-चार कौर मुँह में रखकर

हाथ खींच लिया। साधना अपने विचारों में मग्न थी। वह खाती रही। जब उसने भात समाप्त करके सिर उठाया, उसने देखा, इंदु खा चुकी थी। वह बोल उठी, “तूने तो कुछ भी नहीं खाया री! ऐसे कहीं काम चलता है?”

“खा तो चुकी,” इंदु ने सिर झुकाकर उत्तर दिया।

“संकोच करेगी तो तू ही तो भूखी रहेगी? मेरे खाने से तेरा तो पेट भरेगा नहीं।”

“नहीं दीदी,” इंदु के मुँह से हठात् निकल गया। कहने के साथ ही उसने साधना की ओर देखा। साधना चौंक उठी। इस संबोधन की सरलता ने उसके हृदय पर तेग़ मार दी। वह विश्वासघात का विष उसके अपने ही शरीर में व्याप्त होने लगा। अपना तो सब कुछ बिगड़ा ही, इसका भी क्यों बिगड़े बिलकुल अबोध है यह बच्ची।

उसने धीरे से कहा, “इंदु, तूने मुझे दीदी कहा है, इसी से मैं तुझे बता देना ठीक समझती हूँ। जानती है, यह बुढ़िया कौन है? जानती है, यह कौन है?” आवेश से साधना का स्वर काँप उठा, जिससे इंदु का हृदय थर्रा गया। भय से वह पीली पड़ गई। साधना कहती रही, “नादान लड़की, जिसे तू स्वर्ग समझ रही है, वही तेरा सबसे बड़ा नरक है। जिसे अपना दोस्त समझे है, वही तेरा सबसे बड़ा दुश्मन है। जानती है यह घर...

उसी समय किसी ने द्वार खटखटाया और बुढ़िया ने रसोई में प्रवेश किया। साधना की ज़बान एकबारगी तालू से सट गई। बुढ़िया ने दोनों को संदिग्ध आँखों से देखा। साधना ने हँसते हुए कहा, “काकी! तुम भी किस गँवारिन को पकड़ लाई हो। पूछती है, शहर के लोगों से डर क्यों लगता है?

बुढ़िया ने नर्म स्वर में कहा, “बच्ची है बेचारी, जा तो साधना, देख कौन आया है?” और मुड़कर इंदु से कहा, “आ, बेटी ऊपर चल।”

इंदु को लेकर वह ऊपर पहुँचकर बोली, “अभी आई। देखूँ तो कौन आया है?” साधना ने द्वार खोल दिया और एकदम उसके मुँह से निकला, “ओह! आप हैं अमिताभ बाबू!”

“हाँ, क्यों? चौंक क्यों पड़ीं?” भीतर घुसते हुए अमिताभ ने प्रफुल्ल स्वर में कहा।

एक दिन इसी आदमी को रजिया ने पकड़ लिया था किंतु वह इस बात को जैसे बिलकुल भूल चुका था। साधना ने दरवाज़ा बंद कर दिया और उसके गले में हाथ डाल दिए तथा उसके वक्षःस्थल पर अपना चिबुक गड़ा उठी। अमिताभ केवल हँस दिया। साधना खीझ गई। बोली, “अब नहीं सुहाती! पुरानी हो गई हूँ न? मगर कहाँ से आए रोज़ नई? मर गए सब, तभी तो यह हाल है, वरना मेरा भी घर था कोई...”

अमिताभ बीच में बोल उठा, “अच्छा-अच्छा, काकी कहाँ है?”

साधना हँस दी। उसने कहा, “बड़े भोले हो न जो सब टाल गए चतुराई से। एक चाल में फँसने वाले हो आज। मुझे कहो तो बता दूँ। अच्छा, जाओ काकी के पास। तुम्हीं कब मेरी फिकर करते हो? ऊँहु, जाओ, जाओ भीतर...”

अमिताभ ठिठक गया। वह बोला, “बताओ भी साधना मेरी!”

“ऊँहु, जाओ न? यहाँ खड़े-खड़े क्या कर रहे हो? हमसे क्या?”

अमिताभ समझ गया। उसने एक रुपया बढ़ाया। साधना ने देखा तक नहीं। तब उसने दो रुपये लेकर उसके हाथ खोलकर मुट्ठी में बाँध दिए। साधना ने हाथ पलटकर कहा, ''मगर बात तो इससे बड़ी है।''

अमिताभ ने कहा, ''अब देखो। फिर वही बात?''

"जाने दो, जाने दो न? मेरा क्या? तुम कुछ करो, मुझे मतलब?''

अमिताभ ने एक और रुपया उसके हाथ पर रख दिया। साधना ने प्रसन्न होकर उसके कान में कहा, ''एक नया पंछी आया है, बिलकुल नया।''

''अरे सच?''अमिताभ ने गद्गद होकर कहा और अपनी भुजाओं में भरकर साधना का मुँह चूम लिया।

''देखो, वह मुझे पसंद नहीं है बिलकुल...''

बुढ़िया की आवाज़ आई, ''अरे, कौन है बेटी साधना?

अमिताभ के आलिंगन से अपने को छुड़ाते हुए साधना ने कहा, "अमिताभ बाबू आए हैं।''

"आई।'' कहते हुए बुढ़िया ने प्रवेश किया और साधना बाहर चली गई। लगभग दस मिनट तक दोनों में कुछ बातचीत होती रही। अमिताभ जब ऊपर चलने लगा, बुढ़िया ने धीरे से कहा, ''डरा मत देना, अभी नई है। जहाँ तक हो, पुचकारकर काम लेना। स्वाद जो नहीं आया है अभी।''

अमिताभ ने सीढ़ी चढ़ते हुए कहा, ''बेफिकर रहो तुम काकी! बिलकुल बेफिकर।''

बुढ़िया के मुँह पर एक मुस्कान खेल गई।

''साधना!'' उसने आवाज़ दी।

''क्या है काकी?'' कहकर साधना पास ही आ गई। बुढ़िया ने धीरे से कहा,

''बीस रुपए क्या बुरे हैं?''

साधना ने कुछ नहीं कहा। वह चुपचाप कुछ देर खड़ी रही, फिर भीतर जाकर पलंग पर फूट-फूटकर रो पड़ी। बुढ़िया द्वार खोलकर घर के बाहर हो गई।

अमिताभ ने ऊपर जाकर भीतर से जीने का दरवाज़ा बंद कर लिया इंदु ने देखा वह अकेली थी। सामने एक पराया अनजान मर्द उसे लोलुप दृष्टि से घूर रहा था। वह निस्सहाय थी। अब उसकी समझ में सहसा ही सब कुछ आ गया। वह ज़ोर से चिल्ला उठी।

बाहर बुढ़िया पड़ोसिन से कहने लगी, "बेटी, घर के घर, मुहल्ले के मुहल्ले सभी तो यही कर रहे हैं। बाप-बेटे सभी तो जानते हैं। न हो तो खाएँगे क्या? आखिर मरना भी तो इतना आसान नहीं है। और नहीं तो करें क्या? सड़क की कुतिया चिल्ला-चिल्लाकर पारसा बन रही है। मगर बाबू लोग भी ऐसी कच्ची कौड़ी नहीं खेले। तुम ही कहो? मैंने गलत कहा?''

"राम-राम,'' पड़ोसिन ने कनपटियों को दोनों हाथों से छूते हुए कहा, ''गलत! मैं तो यह भी नहीं जानती कि यदि यह भी गलत है तो फिर ठीक क्या है?''

खिलौने की गरज

लंगरखाने की ओर जाते हुए इकबाल ने देखा कि रास्ते में चिंतामग्न किशोर धीरे-धीरे सिर झुकाए चला आ रहा था। इकबाल उसके पास पहुँचकर उसकी राह रोककर सामने खड़ा हो गया। किशोर ने चौंककर देखा। सामने इकबाल।

''ओह! मैं तो एकदम चौंक गया कि," रमेश कह उठा, ''आखिर इतने दिन तक कहाँ रहे? एक दिन तो सूरत दिखाई होती भले आदमी!''

इकबाल ने क्षमा माँगते हुए कहा, ''वह असल में लंगरखाना खुल गया है न? उसमें समय ही नहीं मिलता।''

"अच्छा जी!'' किशोर ने आँखें नचाकर कहा और वह हँस पड़ा। इकबाल भी मुस्करा दिया।

''चलो न! जा कहाँ रहे हो? चलो, ज़रा हमारे लंगरखाने ही न चलो?'' इकबाल ने जोर देते हुए कहा।

दोनों लंगरखाने की ओर चल दिए। एक बड़ी-सी किसी सेठ की पुरानी इमारत थी जिसके बाहर की तरफ एक बाड़ा-सा था। उसी में लंगरखाना बना दिया गया था। इकबाल ने किशोर को एक कुर्सी पर बिठाते हुए कहा, ''देखा?''

किशोर ने सिर हिला दिया।

"क्या राय है?''

''अच्छा है।'' वह एक सूखी हँसी हँसा

इकबाल ने विक्षुब्ध होकर कहा, "अच्छा तो है ही। लेकिन फिर भी तुम्हें शायद पसंद नहीं है।''

''क्यों?''

''तुम कुछ उदास-से लगते हो मुझे।''

''नहीं तो।''

इकबाल किशोर को कुछ देर घूरता रहा, फिर हटकर कमरे में टहलने लगा। किंतु किशोर चुपचाप बैठा रहा। इकबाल ने एकाएक रुककर कहा, ''जानते हो कितना काम करना पड़ता है मुझे? सुबह से दोपहर तक, फिर दोपहर से शाम क्या, पूरी रात तक। एक मिनट का चैन नहीं, आराम नहीं, साँस लेने तक की फुरसत नहीं। फादर का खत आ गया है कि फौरन मुर्शिदाबाद चले आओ वरना मैं तुम्हारा खर्चा बंद कर दूँगा। मैं नहीं चाहता कि तुम किसी ऐसे काम में पार्ट लो, जिसमें सरकार को तुम पर निगरानी रखने को मजबूर होना पड़े।''

किशोर ने उदासी से एक अँगड़ाई ली और कहा, ''एक सिगरेट दे सकते हो?''

इकबाल ने कहा, ''अभी ला देता हूँ। कौन-सी? पासिंग शो?"

"एनी, एनी!'' किशोर ने धीरे से कहा। इकबाल दो ही मिनट में मेज़ पर दो सिगरेट और माचिस रखता हुआ बोला, ''सुलगाओ। यह पान वाले का किस्सा भी बड़ा मज़ेदार

है। जिसकी दुकान थी वह घर-बार लेकर अकाल से तंग आ अपने देश चला गया। बिहारी था, बिहारी। हमने सेठ से जाकर बातचीत की तो उसने यह दुकान हमें दे दी, सिर्फ पाँच रुपए किराए पर। अब इसमें एक आदमी बिठला दिया है जो यहाँ कोंटाई से भाग आया था। यार की खूब चल रही है अब।''

वह प्रसन्नता से सिर उठाकर मुस्कराया, किंतु किशोर ने गंभीरता से पूछा, "तो तुमने क्या सोचा? जाओगे?''

"न बाबा! नेवर! मुर्शिदाबाद जाकर क्या होगा? यहाँ अपना लंगर चल रहा है, कॉलेज चल रहा है। आज ही लिखे देता हूँ कि पिताजी, मैंने कोई काम हाथ में नहीं लिया बल्कि भीख माँगने वालों के लिए मेरे पास सिवा लात-घूँसे के, कुछ नहीं।''

और वह ज़ोर से हँस पड़ा। किशोर ने चिंता से देखते हुए कहा, ''लेकिन वे मान जाएँगे?''

"न मानेंगे तो बला से। मैं कोई बुरा काम कर रहा हूँ? उनका तो कहना है कि मैं तो हिंदुओं के जाल में फँसकर सत्यानाश कर रहा हूँ। उनके कहने पर चलता तो आज मुझे कोई अच्छी नौकरी लग गई होती। कहते हैं कि नवाबी के बाद अब तो ज़रा मुस्लिमों के हाथ ताकत आई है। अब भी नहीं लिए जाओगे तुम?'

किशोर को हँसी आ गई। इकबाल कहता रहा, "तुम्हें क्या पता कि घर में मेरे बड़े-बड़े छुरीबाज़ हैं। बड़े भाई हैं, चाचा के लड़के, कहेंगे कि भूखों को दो मगर सिर्फ मुस्लिम लीग के ज़रिए...''

उसकी हँसी शीशे के टूटने की तरह झनझना उठी, ''हिंदुस्तान!'' इकबाल कहते हुए उठा, "या मेरे हिंदुस्तान! क्या होगा तेरा?''

किशोर सिगरेट पीता रहा। इकबाल ने कहा, ''अरे चलो, खाना बाँटने का वक्त हो गया। आज सिर्फ औरतों को बँटेगा। लड़कियाँ ही बाँटेंगी। चलो, दिखाएँ तुम्हें।''

किशोर उठ खड़ा हुआ। बाहर दो लड़कियाँ सामने बैठी औरतों को परोस रही थीं। खानेवालियों में कुछ बूढ़ियाँ और कई बच्चे-बच्चियाँ भी थीं। कोई औरत मुँह खोले बैठी थी तो कोई घूँघट काढ़े। उनके कपड़ों से एक प्रकार की बू आ रही थी। उनके शोरगुल से लड़कियाँ परेशान हो जातीं। एक बड़ी लड़की बीच में खड़ी उनको काम बता रही थी। भूखी औरतें बड़ी मुश्किल से चुप हो पातीं कि दूसरी बार एक के बोलते ही सबकी-सब फिर शोर करने लगतीं। एक छोटी लड़की ने परोसने से थककर बड़ी लड़की के पास आकर कहा, "कमला दीदी! अब पहले से कितनी ठीक हो गई हैं ये? लाइन में बिठा देना भी एक संग्राम जीतने के समान था पहले तो, अरे बाबा..''

और छोटी लड़की ने मुँह खोलकर भवें चढ़ा अपना हारा हुआ विस्मय प्रकट किया जिसे देखकर बड़ी लड़की हँस दी। उसने कहा, "घबराती क्यों हो माया? धीरे-धीरे सब समझने लगेंगी। अभी तो नई हैं न? पूरा विश्वास नहीं हुआ है। भूख ने इन्हें पागल कर रखा है।''

"किंतु दीदी, देखो न...'' माया ने फिर कहा। और काम की बात आते ही वह

भूल गई कि क्या देखो और 'ओह!' करके लौट गई।

कुछ दूर पर भद्रलोक घराने की एक औरत खड़ी थी। उसके साथ दो बच्चे थे—एक चार का, एक तीन का। जब उसे खड़े-खड़े काफी देर हो गई तो एक बच्चे ने कहा, ''माँ, मैं कुछ माँग लाऊँ तू कहे तो...''

औरत ने काटकर कहा, ''छिः बेटा, भीख दी जाती है, माँगी नहीं जाती।'' कहते-कहते स्त्री का गला रुँध गया जैसे वह रक्त का घूँट पी रही थी। किंतु बालक भूखा था, वह अपने वंश की मर्यादा क्या समझता। वह कल भी यहाँ आई थी और खड़ी-खड़ी चली गई। भीड़ में उसे किसी ने नहीं देखा। कल रात वह बच्चों को छाती से चिपकाकर खूब रोई। बालकों की यह व्यथा वह जानती थी। याँ कितने दिन काम चलेगा?

छोटी बच्ची ने इतने में कहा, ''माँ तलो। यहाँ कले-कले क्या ओगा?''

माँ का हृदय भर आया। उसी समय इकबाल ने उसे आँचल से आँसू पोंछते हुए देख लिया। उसने कमला को उस ओर इशारा किया। कमला उसके पास जाकर बोल उठी, ''बहिन, तुम यहाँ खड़ी हो? तुमने बच्चों को कुछ खिलाया नहीं, क्यों?''

स्त्री चुप रही। बालक ने कहा, ''माँ कहती थी, भीख दी जाती है, माँगी नहीं जाती...''

कमला विस्मित हो गई। किशोर ने सुना। मन के उठे हुए भाव दब गए। वह क्या कहकर अपनी कुलीनता पर धब्बा लगवा लेना चाहता था! जीभ भीतर खिंच-सी गई। वह चुपचाप देखता रहा। सामने एक स्त्री थी जिसने कभी भी हाथ नहीं पसारा था। तभी तो आज भी उसका मुँह बंद था।

कमला ने स्त्री का हाथ पकड़कर कहा, ''वाह बहिन! ऐसा भी क्या अभिमान! अपना नहीं तो बच्चों का तो विचार करतीं? यहाँ क्या कोई भीख थोड़े ही मिलती है जो तुम ऐसा सोचती हो!''

स्त्री उस परिचय से प्रसन्न मन बच्चों को लेकर खाने बैठ गई। किशोर के मुँह पर एक स्याही-सी फैल गई।

कुछ देर बाद जब किशोर और इकबाल कमरे में लौट आए, उन्होंने सुना कि बाहर लड़कियाँ गाती हुई सड़क-चलतों से चंदा जमा कर रही थीं। इकबाल ने कहा, ''मैंने लिखा है यह गीत सुनोगे?''

किशोर चुप होकर सुनने लगा। लड़कियों के गाने की आवाज़ आने लगी—

रोने के दिन सदा नहीं रहते। सिर धुन-धुनकर पछताने वाले!
तेरे दुःखों के ताप से चट्टानें पिघलने लगी हैं।
स्वतंत्रता, शांति और साम्य की दुंदुभि बजने वाली है।
तूने अपना बागी सिर उठाया है, तेरे ऊपर खून से भीगा झंडा है।
कौन कहता है, तू कमजोर है?
अरे, यह वह देश है जहाँ लाखों के सिर कट चुके हैं।
धरती अनेकों बार खून से लाल हो चुकी है,
किंतु पराजय में कभी हम नहीं डूब पाए।

माँ बच्चों को छोड़ रही है, बाप भूख से मर रहा है,
और क्या देखना है, बोलो? देख सकोगे!
बंगाल की जनता ने अपना प्राण देकर एक नई पुकार उठाई है,
जिसको सुनकर कोई भी मनुष्य पीछे नहीं हट सकता।
क्या हम इसीलिए जीवित हैं कि राष्ट्र के श्रमजीवियों को
कुत्तों का-सा जीवन बसर करते देखें?
हाहाकार करती जनता का जीवन आज दो मुट्ठी चावल पर निर्भर है।
बाहर और भीतर की मदद क्या हममें नया साहस नहीं भर सकती?
आग तो अभी नहीं बुझी है। आस्तीन का साँप तो अभी कुचला नहीं गया।
यदि हम जीत गए तो हम स्वतंत्र हैं,
किंतु यदि हार गए तो उस भीषण नरमेध में बंगाल गुलामी और
भूख की लहरों से रसातल में डूब जाएगा।
सामाजिक जीवन खंड-खंड हो रहा है।
सारे संसार से आवाजें आ रही हैं।
मनुष्य नहीं सह सकता कि मनुष्य का इस बर्बरता से ध्वंस हो।
आज वर्ग और रंग का भेद भूलकर एक हो जाओ।
शपथ करो कि मृत्यु से डरकर तुम पग पीछे नहीं हटाओगे, नहीं हटाओगे।

गीत रुक गया। इकबाल ने किशोर की ओर देखा, वह चुप बैठा था। उसने एक झोली पसारकर कहा, "किशोर! तुम भी कुछ मदद करो।''

किशोर की आँखें भीग गईं। अवरुद्ध स्वर से उसने कहा, ''मेरे पास कुछ भी नहीं है इकबाल!''

''अरे भले आदमी, कुछ भी नहीं है? इकबाल ने मुस्कराकर कहा।

"सचमुच कुछ नहीं है। भैया का स्कूल बंद हो गया है, क्योंकि बहुत-से लड़के पढ़ने नहीं आते। आधी तनख्वाह मिलती है। कोई बीमा कराता नहीं खर्च पूरा नहीं पड़ता। मैंने हफ्ता-भर हुआ, कॉलेज छोड़ दिया है...''

इकबाल का हाथ गिर गया और मुँह से निकला, "अरे!''

किशोर ने ग्लानि से मुँह फेर लिया। उसका हृदय पानी-पानी हो रहा था।

हाहाकार

बस्ती की मैली छाया में रतन पड़ा-पड़ा बर्राते-बर्राते सो गया। रात का अँधेरा छा रहा था। बसंत ठंड से सिकुड़कर सो रहा था। थोड़ा-सा चावल पेट में पड़ गया था आज। उसी में का थोड़ा-सा खिला दिया सुंदो को, उसके बालक को, और रात को जब बहुत ठंड लगने लगी, सुंदो बसंत के पास आकर लेट रही और दोनों चिपटकर सो रहे। मन

में वासना आई और लड़खड़ाकर टक्करें खाती निकल गई। दोनों चुपचाप लेटे रहे। दोनों को विस्मय हुआ। एक-आध बार सुंदो ने भारी साँस लेते हुए बसंत को छाती से मींच लिया, किंतु वह ऐसा पड़ गया जैसे सो रहा हो। मन ही मन ग्लानि हो रही थी। वह किसी मतलब का नहीं रहा था। सुंदो ने उसे हिलाकर झकझोर दिया। बसंत जाग उठा उसने करवट लेते हुए कहा, ''क्या है सुंदो?''

मैंने कहा, ''सो रहे हो तुम? मुझे ठंड लग रही है। बिलकुल नींद नहीं आती।''

''रतन कहाँ है?'' उसने आशंकित स्वर में पूछा।

"उसे ही तो सुलाने को सारे कपड़े उस पर डाल दिए। सो रहा है सुअर। उसे भी क्या बिना मान मनाए नींद आएगी? पूछा तक नहीं कि माँ को क्या हुआ!''

बंसत चुप हो गया।

सुंदो ने फिर कहा, "कारखाने में तो काम मिलता नहीं। मेट कहता है—तू मेरे पास समझे? क्या कहता है वह मैं नहीं करूँगी यह सब।''!

''क्यों?'' बसंत ने पूछा।

''क्यों? पूछते हो, क्यों? मर्द हो न? तुम नहीं जान सकते। तुम्हें क्या? झाड़ा-पोंछा अलग हुए। मगर मैं तो ऐसा नहीं कर सकती। माना कि दुनिया कहा करे, कुछ हमें मतलब नहीं, लेकिन पहला भी तो कमबखत फेरे पाड़कर लाया था। छोड़कर भाग गया तो ऐसे जैसे मैं तो मर चुकी थी। लेकिन तुम तो मुझे छोड़कर नहीं जाओगे?''

बसंत ने अँधेरे में देखा। सुंदो का साँवला मुख, उसमें चमकती वह काली आँखें। पति भाग चुका है। रतन को लिए पड़ी है। बसंत को बसा लिया है तब से घर में। दोनों भीख माँगते हैं। एक-दूसरे को बाँटकर खाते हैं। रतन को बसंत कभी प्यार कर लेता है, सुंदो की छाती ठंडी हो जाती है। जूट के कारखाने में कुछ दिन सुंदो ने काम भी किया, लेकिन फिर किसी कारण काम बंद हुआ। उधर बेकार हुई, इधर पेट में पड़ गया। और बसंत को, धीरे-धीरे फिर से मलेरिया ने खाना शुरू किया। आज की रात बसंत को प्रयत्न करके भी चुपचाप लेटा रहना पड़ा। सुंदो हँसी और कह उठी, ''और कितने दिन चलेगा यों काम?'' फिर हठात् वह रो उठी, "माई कहती थी, रतन को बेच के अलग न कर? मैं कहती हूँ, अपने गले में कोई अपने हाथ से फंदा डालता है?''

बसंत ने कहा, ''अकाल बीत जाएगा, जनम-भर खिलाऊँगा। कोई काम तो मिलता ही नहीं।''

"तो रतन को बेच दूँ? ऐसे पत्थर हो तुम?''

"रतन को क्यों बेचती है? एक काम क्यों नहीं करती?''

सुंदो ने कहा, ''क्या?''

''मेट से जाकर पूछ तो? कुछ हरज है?''

''कैसे मरद हो जी तुम? याद है न कि अब मैं तुम्हारी औरत हूँ। तुममें सकत नहीं कि मुझे बजार बैठा रहे हो?''

बसंत को अपनी गलती महसूस हुई। वह लजा गया। वह कुछ देर सोचता रहा,

फिर कुहनी पर वजन देकर उसने अपना शरीर ऊँचा करके देखा, सुंदो एकटक उसे देख रही थी। बसंत ने प्यार से उसके बालों पर हाथ फिराया। उसने कहा, ''चिंता क्यों करती है? आज रात तो काट लें, कल की कल देखेंगे? आज ही कौन स्वर्ग मिल गया है? दो दाने पेट में पड़े नहीं कि गिरस्ती बसाने लगी। कल तक तो रतन को चौबीस घंटे मारती, गाली देती थी। परसों मैं न हाथ पकड़ता तो तूने तो उसे मार ही डाला था।'' सुंदो स्नेह से झेंप गई। उसके बालक के प्रति बसंत के स्नेह ने उसे पुलका दिया। रूठती हुई कह उठी, "लेकिन मेट के पास मैं नहीं जाऊँगी। सोना को, मालूम नहीं तुम्हें, उसी से बीमारी लगी थी। मैं कहती हूँ, कलकत्ते में इत्ते बड़े-बड़े घर हैं, बाबू लोग हैं, कोई कुछ नहीं दे सकता?''

''नहीं दे सकता तभी तो सड़क पर लोग मरते हैं। कोई पूछता है?'' और बसंत ने एक दीर्घ निःश्वास लिया।

"तो होगा क्या?'' सुंदों ने लेटे-लेटे पूछा। बसंत चुप रहा और लेट गया। ठंड से काँपती सुंदो ने बसंत के शरीर से अपना शरीर ढाँपते हुए कहा, "अब जाने कितने दिन बाद फिर थोड़ा-सा अन्न मिलेगा?''

बसंत विचलित हो गया। उसने कहा, ''नहीं मिलेगा तो नहीं सही। मर ही तो जाएँगे न? और दुनिया हमें भूखा मारती ही क्यों है? अपना-अपना भाग्य है।''

सुंदो ने अविश्वास से सुना। वह बोली, "माई कहती थी कि चक्की का पाट अपने आप से क्यों बाँध रखा है तूने? सुमित्रा ने तो अपना बेच दिया—छह रुपए मिले। मैं कहती हूँ, वह तो डायन है डायन!''

सुंदो चुप हो गई। बसंत ने आँखें बंद कर लीं। वह फिर भी ठंड से सिसियाती रही।

दोनों सो गए।

भोर होते ही दोनों भीख माँगने निकल पड़े। रतन दो बरस का, सोता रहा। दिन में बड़ी देर पर जब उसकी आँख खुली उसने देखा, वह अकेला था। डरकर रोने लगा और रोते-रोते बेहाल होकर फिर सो रहा। सड़क का शोर होता रहा और धरती में सरेशाम फिर अँधेरा छा गया। बूढ़ा हरचरन अब भी पकौड़ियों की दुकान लगाए बैठा रहता। बस्ती से गुज़रते मज़दूर कभी-कभी खरीदकर खाते और जब वह पैसे की छह पकौड़ियों मात्र उठाकर पत्ते पर धर देता, उसकी ओर देखते। कहते, "एक और धर बूढ़े! लूट मचा रखी है, लूट!''

बूढ़ा हरचरन कहता, ''माल कहाँ मिलता है भैया जो है सो लेते जाओ,'' और दोनों में झगड़ा होने लगता। देर तक रात में उसकी दुकान की बत्ती हवा में काँपती, टिमटिमाती रहती और वह छोटा प्रकाश उस बस्ती की निबिड़ नीरवता में बहुत ही भयावना लगता। रात को बड़े-बड़े घरों में बिजली की बत्ती जलती, काले कागज़ से ढकी या मुँदी और उनके भीतर का धुँधला प्रकाश श्मशान की बीभत्स छाया की तरह बस्ती के घरों पर सोता हुआ कीड़ों की भाँति आकर रेंगा करता। बस्ती के घिनौने घर दबे हुए-से छटपटाते

रहते।

सुंदो ने रतन को उठा लिया और एक बार ज़ोर-ज़ोर से रोने लगी। बसंत अभी लौटा नहीं था। वह उसे पुचकारने लगी। बालक फिर भी चुप नहीं हुआ। सुंदो उठी और बालक को लेकर हरचरन के सामने जा खड़ी हुई। हरचरन ने देखा और मुँह फेरकर बोला, "आगे बढ़, आगे बढ़! यहाँ नहीं, भीड़ न लगा..."

"बाबा," सुंदो का करुण स्वर बिखर उठा, "बच्चा तीन दिन का भूखा है। दया करो, बाबा!"

हरचरन ने फिर कठोर स्वर से कहा, "जा-जा यहाँ से। यहाँ क्या कोई महादान हो रहा है? भाग-भाग..."

किंतु सुंदो नहीं हटी। हरचरन मुँह फेरकर बैठ गया और सुरती हाथ पर मलते हुए पास बैठे बिहारी कुली से कहने लगा, "देखा भैया! आकर जान दे रही हैं। यहाँ अपने पेट को पूरा नहीं पड़ता, इसको कहाँ से दे दूँ?"

बिहारी कुली ने पत्ता फेंकते हुए कहा, "बकने दो जी ऐसी न जाने कितनी मारी-मारी फिरती हैं। अगर इन्हें खिला दो तो आप क्या खाओगे? घर-गिरस्ती छोड़ के इन्हीं के हो रहो।"

सुंदो लौट आई। बसंत ने आकर देखा, वह चुपचाप रतन को गोद में लिए बैठी थी। बसंत ने कुछ नहीं कहा—वह आकर लेट गया और कराह उठा।

"तुमको क्या हुआ?" सुंदो ने कहा, "एक काफी नहीं है यह घर में?"

"सिर में दर्द हो रहा है। चलते-चलते थक गया हूँ, कहीं कुछ नहीं मिला। तू लाई है कुछ?"

"लाई हूँ भर के थाल। खाओगे?"

बसंत कुढ़ता हुआ करवट बदलकर लेट रहा। सुंदो बड़बड़ाती रही। उसने कहा, "सुनते हो? फिर नहीं जाओगे कहीं? लेटने से क्या भूख थम जाएगी? मेरे तो प्राण निकल रहे हैं!"

बसंत ने आँखें बंद किए ही कहा, "और मैं तो भरपेट खाकर सोया हूँ न? तू नहीं जा सकती?"

"तो इस अनोखे को कौन सँभालेगा। मुआ मरता भी तो नहीं। ज़माने को मौत है, एक इसी को नहीं आती। सुअर! अमरफल खाके यहीं जन्म लेना था।"

बसंत ने कुछ नहीं कहा। तब सुंदो उठी। बालक को बसंत के पास लिटा दिया और बाहर चली गई। दोनों अपनी-अपनी भूख से आधे बेहोश से पड़े रहे। सुंदो बाज़ार में भीख माँगती रही। बहुत-से बाबू आँखों के सामने से निकल गए, किसी ने कुछ नहीं दिया, तब वह वहीं फुटपाथ पर बैठकर रोने और चिल्लाने लगी, "हाय रे! बाबू, मेरा बच्चा भूखा है। मैं मर रही हूँ, देओ बाबू..."

अनेक करुण पुकारों का भी अर्थ कुछ नहीं निकला। कलकत्ते के मनुष्यों की अनुभूति ने इस बात का अर्थ समझना छोड़ दिया था। वह कुछ भी प्राप्त नहीं कर सकी। लाचार

होकर वह उठी और मन मारकर घर की तरफ लौट पड़ी।

जब वह घर पहुँची, देखा, दोनों सो रहे थे। सुंदो जाकर रतन के पास बैठ गई। भूखा सो रहा था बेचारा। एक बार जी किया कि पुचकार ले। फिर उठा बेचारा तो? हाथ ठिठक गया। कहीं मरा जग न जाए, नहीं तो रो-रोकर बस्ती को उठा लेगा। बसंत का निर्जीव मुख सूख रहा था। उसकी दाढ़ी बढ़ आई थी। कपड़े फट गए थे, जिनमें से बीच-बीच से मैला शरीर दीख रहा था। पैरों पर मन-भर धूल छा रही थी। सुंदो चटाई पर लेट गई। आज वह न मरद के साथ लेटी, न बालक के साथ। अकेली ही बाहर का अंधकार देखकर काँप उठी। रात को बसंत कराहने लगा। सुंदो ने छूकर देखा, बुखार से बदन तप रहा था। उसने कहा, "तुम्हें तो ताप है।"

"होगा," कहकर बसंत फिर कराह उठा और उसने क्षण-भर खोली आँखों को बंद कर लिया। सुंदो उदास होकर उसके माथे पर हाथ फेरने लगी। उसने कहा, "कोई कुछ नहीं देता। हम मरते हैं, कोई पूछता तक नहीं। अगर एक-एक बाबू एक-एक पैसा करके दे जाए तो उसका भी कुछ न बिगड़े; हमारा तो पेट भर जाए। लेकिन किसी को कोई चिंता नहीं।"

बसंत ने धीमे से कहा, "भूखा कोई एक ही तो नहीं है? किस-किसको कौन-कौन दे?'

सुंदो को कुछ जवाब नहीं सूझा। बसंत ने कराहकर कहा, "पानी!"

सुंदो ने गिलास भरके उसके होंठों से लगा दिया। बसंत गट-गट करके पी गया।

भोर के समय उसका बुखार उतर गया, किंतु सुंदो ने देखा कि रतन भूख से बेहोश-सा था। तीव्र ज्वर के कारण उसका कंठ बार-बार सूख जाता था। पेट फूल रहा था। वह हताश-सी सारी ममता फड़कते होंठों में लिए उसे गोद में लेकर बैठी रही। बसंत ने कहा, "सुंदो, मैं हो आऊँ। जल्दी लौट आऊँगा। आज शरीर में तनिक भी ताकत नहीं। अंग-अंग टूट रहा है।"

सुंदो को शंका हुई। कहीं मोटर-ओटर के नीचे न आ जाए। उसने कहा, "न हो, न जाओ। इसे सँभाले रखो, पानी बहुत माँग रहा है। मैं ही हो आती हूँ।"

बसंत ने देखा। एक बार फिर बोल उठा, "नहीं री, तेरे बिना क्या वह मुझसे सँभलेगा। मैं ही जाता हूँ।"

बसंत चल दिया। बड़ी सड़क पर आकर देखा, वही रोज़ की तरह ट्राम, मोटर, जाने क्या-क्या चल रहे थे। फुटपाथ पर भिखारी पड़े थे। कोई कुछ नहीं पा रहा था, जैसे उन दिनों किसी के पास कुछ था ही नहीं!

बात असल में यह थी कि यदि बाबू का दान कोई देख लेता तो भूखों की भीड़ उसे घेर लेती और बाबू का छूटकर चलना दुश्वार हो जाता। इसी से वे लोग सिर झुकाए या दृष्टि बचाए निकल जाते।

बसंत धीरे-धीरे एक गली में मुड़ गया। राह में एक बाबू को देखकर उसने गिड़गिड़ाकर कहा, "बाबू! बहुत भूखा हूँ..."

बाबू ने चलते-चलते कहा, "अरे, तो मैं ही कौन रईस हूँ? मारवाड़ियों के पास जा, मारवाड़ियों के पास!"

बसंत का शरीर थक गया। वह देर तक एक किनारे गली में बैठा रहा। दोपहर आ गई तब उसे अचानक सुंदो का ध्यान हो आया। बैठी होगी बेचारी, न जाने कितनी आस लगाए होगी। पड़ोस के ऊँचे घर में बाजा बज रहा था, मधुर-मधुर स्वर गूँज रहे थे...

बसंत ने भी सुना—मरि गेला प्रेम...

"मर तो हम रहे हैं," बसंत बुदबुदा उठा, "मरने वाला भी क्या उस घर में है?"

वह फिर सोचने लगा; क्या होगा लौटकर? कौन मेरी अपनी है। एक मरा, मैं हो लिया; मैं न सही, कोई और रख लेगी।" लेकिन फिर विचार आया; दुःख-सुख में अपना काम करती है। पहले की तरह अब सड़क पर तो नहीं सोना पड़ता। ठंड से बचने को एक घर तो है। भूखी होगी बेचारी?"

यह सोचकर वह दम लगाकर उठ खड़ा हुआ। पैरों में एक झनझनाहट हुई जो दो कदम चलने से दूर हो गई। बदन में दर्द हो रहा था। हाथों में जैसे कोई शक्ति ही नहीं थी। मन कर रहा था कि वह वहीं बैठ जाए, किंतु उसे लौटने की जल्दी हो रही थी। गाल गड्ढों में बैठ गए थे, आँखें भयानक-सी पीली-पीली-सी चमक रही थीं। किंतु फिर भी आस थी। कहीं कुछ मिल जाए तो इस हाथ ले उस हाथ ही लौट चले।

वह एक घर के सामने रुक गया। द्वार खुला था। कमरे के पीछे आँगन में एक औरत बाल काढ़ रही थी। उसकी पीठ ही बसंत को दीख रही थी। बगल में एक औरत जाँघ तक साड़ी हटाए पैर धो रही थी।

बसंत ने खड़खड़ाकर ध्यान आकर्षित करते हुए कहा, "दे दो माई, दे दो कुछ, तुम्हारा भला होगा। आज कई दिन से कुछ भी नहीं खाया, तेरे पास कुछ है तो दे दे माई.." पैर धोने वाली स्त्री ने सिर उठाकर देखा और पैर धोती रही। उसने कुछ अपनी साथिन से कहा, जिसे सुनकर वह हँसी और बिंदी लगाने के लिए शीशे के सामने झुककर बोली, "आगे जा, आगे। यहाँ कोई आदमी नहीं है, जो तुझे भर-भरके दे सके।"

"भर-भरके नहीं माई, मुट्ठी-भर दे दो तो तनिक साँस लौटे।" बसंत फिर रिरिया उठा। वह पहचान गया था कि दोनों वेश्या हैं। भले घरों की स्त्रियाँ ऐसी नहीं होतीं। किंतु इससे क्या, जो मुट्ठी-भर चावल दे सके, उसे और कुछ से क्या मतलब!

"अरे, कह दिया, चला जा यहाँ से। मालूम है, बड़ा भूखा है जो काँय-काँय कर रहा है। तेरे ही लिए तो हम कमा रही हैं न? जा-जा, तेरे बाप ही का तो घर है यह?"

किंतु बसंत नहीं गया। अपमानों से हटने के दिन गए। वह फिर रें-रें करने लगा।

स्त्री झल्ला उठी। क्रोध से उठी और दरवाज़े को उसने ज़ोर से भिड़काकर बंद कर दिया। बसंत ने देखा—यह इंदु थी। एक बार उसका सारा हृदय उमड़ आया कि पुकार ले, किंतु होंठ नहीं खुले। उसकी इंदु वेश्या थी! उसकी इंदु वेश्या हो गई थी! वेश्या!

इंदु! इंदु! वेश्या!! घूम गए दो शब्द सिर में तेजी से और वह चक्कर खाकर गली में गिर गया।

जब बहुत देर हो गई और बसंत नहीं लौटा, सुंदो रोने लगी। पानी पी-पीकर रतन भी बार-बार कै कर रहा था। उसका शरीर धीरे-धीरे ऐंठ रहा था। सुंदो देखती और काँप उठती।

"नहीं आया बसंत! छोड़ गया उसे! कमीना! फिर यह जो एक अनोखा है, मर न जाए कमबखत!" फिर देखा, वह मर ही न जाए कहीं। रोने लगी। किंतु रोने से कोई लाभ नहीं हुआ। वह अकेली इधर-उधर बस्ती में देख आई। घर लौटने पर उसके गले में एक सूखापन था। उसने पानी पिया। बड़ी ज़ोर की भूख लग रही थी। रतन को जाकर देखा, वह धीरे-धीरे उलटी साँसें खींच रहा था। ज़ोर से रो उठी।

''अभागे,'' वह चिल्ला उठी, ''तुझे मरना ही था तो कहा क्यों नहीं? मैं तुझे बेच ही देती तो धेला रुपया कुछ मिल तो जाता जाता है तो यों क्यों जा रहा है?''

उसने फुर्ती से रतन को उठा लिया और सड़क की ओर भाग चली। वह चिल्ला रही थी, ''अरे, कोई बालक खरीदता है चार पैसे में, बालक चार पैसे में...''

रतन ने एक बार और कै की। सुंदो उससे लिसर गई। उसने हाथों पर उसे लिटा लिया और कहती रही, "चार पैसे में, चार पैसे में...''

राह चलतों ने उसके हाथों पर वह बालक का ढाँचा देखकर दुःख से मुँह फेर लिया। मौत ने उस घिनौने बच्चे को बेमोल खरीद लिया था; किंतु वह फिर भी पागल-सी चिल्लाती रही, ''चार पैसे में, बस, चार पैसे में..'

चार पैसा उस लाश के लिए शायद बहुत अधिक था।

रूपों का बावला

हावड़ा स्टेशन के पास कुछ दूर चलकर कुछ गंदे घर बने हुए हैं। उनमें कुछ मज़दूर रहते हैं—गंदे, मैले, काले। अमिताभ शहर के कोलाहल से ऊबकर आज इधर निकल आया था। नदी के किनारे-किनारे चलते हुए उसके भाव प्रसन्न थे। ठंडी-ठंडी हवा चल रही थी। सूरज डूब रहा था। आसमान का नीला प्रसार जल में प्रतिबिंबित होकर काँप रहा था। दूर-दूर छोटी-छोटी नौकाएँ पानी पर नाचती हुई फिसल रही थीं। पुल की लाल बत्तियाँ जगमगा रही थीं, जैसे किसी का ताली रँगा नाखून हो। अमिताभ को जिस बात में आनंद आता, वह उसे ही अपना धर्म समझता। शेयर मार्केट से उसकी महीने में हज़ारों की आमदनी थी। विवाह एक बोझ था। कलकत्ते के शहर में पैसे के लिए स्त्रियों की कोई कमी नहीं। देशी, पंजाबिन, गोरी मेम, बर्मीज़, चाहे जिस उमर की, किंतु अकाल की सताई ने उसकी उड़ान को चार पंख लगा दिए थे। अभी-अभी वह थोड़ी-सी पी चुका था। उसकी आँखों में मंदिर अलसाहट झाँकने लगी थी। ठंडी हवा ने उसे और भी अधिक प्यासा

बना दिया। एक दुकान पर खड़े होकर उसने पान खरीदे। यह एक छोटी-सी दुकान थी। अमिताभ ने पान खाकर सिगरेट जलाई और छड़ी घुमाता हुआ धीरे-धीरे चल पड़ा। कल बॉल में उसके साथ जो एंग्लो इंडियन लड़की नाची थी, वही उसके नयनों को अखर रही थी। उसका वह सुडौल शरीर, वह मांसल अंग, वह उतार-चढ़ाव। अमिताभ सिहर उठा। पीते समय उसने व्हिस्की की बोतल के ऊपर से जो कटाक्ष किया था, जान-जानकर बार-बार उसके शरीर से अपने अंग छुलाती निकल गई थी, यह सब अमिताभ को कचोट रहा था।

एकाएक उसका स्वप्न टूट गया। झल्लाकर उसने देखा कि एक बूढ़ा उसका रास्ता रोककर खड़ा है। उसने सलाम किया। बूढ़ा बहुत गंदा था। माथे पर नसें उफन आई थीं। वह छोटा था ही, झुक जाने से दयनीय रूप से निर्बल और छोटा हो गया था। वह केवल एक अँगोछा बाँधे था। उसकी एक-एक हड्डी दीख रही थी। अमिताभ खीझ उठा। उसने कहा, ''क्या है?'' कठोर स्वर गूँज उठा, ''क्या चाहता है?''

बूढ़े ने घरघराती आवाज़ में कहा, ''हुजूर को इधर आया देखकर अपनी किस्मत को सराहा। आप जैसे शौकीन आदमी इधर कम ही आते हैं। आइएगा?''

अमिताभ मुस्कराया। बूढ़े ने कहा, ''क्या बताऊँ सरकार! मेरी तीन लड़कियाँ हैं—एक बीस की, एक अठारह की, एक सोलह की। चलिए आप बड़ी प्यारी हैं मुझे। बल्कि वे ही मेरी सेवा करती हैं। क्या बताऊँ, पर्दा करती हैं। परेशानी की हालत है, फिर आप तो जानते ही हैं। तकलीफ न हो तो आइए।''

अमिताभ इन मामूली बातों से चौंक जाए, ऐसा कच्चा नहीं रहा था। उसने कहा, ''क्या रेट है? कुछ बता तो दे!''

''सरकार जो देना चाहें। खुश होने की बात है।''

''कितनी दूर चलना होगा? कहीं घरबार है भी?''

"पास ही है सरकार,'' बूढ़े ने कहा, ''आप मेरे साथ-साथ आइए।''

बूढ़ा घिसटता-घिसटता आगे चला। पीछे-पीछे सिगरेट पीता हुआ अमिताभ। कुछ दूर चलकर बूढ़ा एक गंदे-से घर के सामने रुक गया। अमिताभ ने रूमाल नाक पर रखते हुए कहा, ''कहाँ ले आए जी? यह तो बड़ी गंदी जगह है!''

''सरकार, भीतर आइए, भीतर।''

अमिताभ भीतर चला गया। उसने देखा और उसके चेहरे से मुस्कराहट उड़ गई। सामने तीन लड़कियाँ ज़बर्दस्ती लाज करने की कोशिश करके खड़ी थीं। तीनों का रंग बिलकुल आबनूस का-सा था। वक्षस्थल प्रायः नहीं के बराबर। हाथ-पाँव की खाल सिकुड़ गई थी, फिर भी बालों में तेल था। माँग में सिंदूर नहीं, हाँ, माथे पर बिंदी दीखती थी, किंतु नज़र गड़ाने पर। उनकी देह पर गंदे चिथड़े थे जिनमें से उनका बहुत-सा शरीर दीख रहा था। सबसे छोटी लड़की का वक्षस्थल कपड़े के भीतर से आधा-सा निकल रहा था। तीनों स्त्रियाँ भूतों की तरह उसके सामने खड़ी थीं।

अमिताभ ने कमरे में इधर-उधर देखा। एक मैला-कुचैला-सा बिस्तर पड़ा था, जिस

पर अनेक तरह के दाग थे और सिवा लोटा, थाली, गिलास के और कुछ भी नहीं था। वह क्रुद्ध होकर देखता रहा और फिर बाहर निकल आया। बूढ़े ने उसकी ओर आशा से देखकर कहा, ''वे बाहर आ जाएँगी। आप किसको कह रहे हैं?''

अमिताभ ने क्रोध से बूढ़े को एक चाँटा मारा और वह चीख उठा, ''बदमाश! कहाँ कुतियों में मुझे खींच लाया है।''

बूढ़ा चाँटा खाकर बैठ गया और कहने लगा, "बाबू! मैं और कहाँ से लाऊँ? मैं उन्हें बहुत प्यार करता हूँ। वह मुझे खिलाती हैं।''

अमिताभ चल पड़ा। बूढ़ा चिल्लाने लगा, "बाबू, कहाँ जा रहे हैं आप? बाबू, मेरी लड़कियाँ बहुत अच्छी हैं, वह आपको ज़रूर खुश कर देंगी। आइए तो एक बार...''

बूढ़ा चिल्लाता रहा। अमिताभ दूर निकल गया। तब वह बूढ़ा गुर्राता हुआ भीतर घुस गया और चिल्लाने लगा, "बाबू से बात नहीं की तुममें से किसी ने। नाराज़ कर दिया उन्हें सुअर! अब क्या खाओगी? मेरा सर...''

तीनों लड़कियाँ अपराधिनी बनकर सहमी-सी खड़ी रहीं। बूढ़ा खीझता रहा।

अमिताभ क्रोध से विषक्त मन ही मन कहता जा रहा था, कंबख्त, बदमाश! चुड़ैलों में ले जाकर खड़ा कर दिया मुझे उफ कितनी भयानक थीं, बिलकुल मैकबेथ की विचेज़! बिलकुल विचेज़।''

उस रात अपना गम हलका करने के लिए उसे 'रम' के चार पैग नित्य से अधिक पीने पड़े और वह बाथरूम चल दिया...

फोड़ा फूट गया

इंदु थकान से करवट बदलकर सो रही। दो दिन से बुढ़िया कहीं बाहर चली गई थी। साधना दो बार उसे जगा गई थी। धूप चढ़ आई थी। इंदु नहीं उठी, वह पड़ी रही। मन अलसा रहा था। साधना इधर-उधर करके फिर आ गई और उसकी खाट पर आकर बैठ गई। उसका स्वास्थ्य बिगड़ चला था। गाल बैठ गए थे, आँखें दब गई थीं, हाथ और पैर पतले पड़ गए थे। आँखों के नीचे स्याही कुंडली मारकर बैठ गई थी। यद्यपि उसकी आयु अधिक नहीं थी, फिर भी वह काफी उम्रदार लगती थी। वह कभी-कभी पूछ उठती, ''इंदु, रात को कितने आए? क्या-क्या हुआ?'' उसकी निर्लज्जता पर इंदु को शर्म आती; तब वह हँसकर कहती, "शर्माती है बेवकूफ! और वह भी मुझसे?'' उसकी हँसी से इंदु विक्षुब्ध हो जाती। तब साधना कहती, "अरी, हम-तुम क्या कोई अलग-अलग हैं? लेकिन बाबू लोग मुझे तो तेरे सामने कुछ पूछते ही नहीं।'' और वह एक दीर्घ निःश्वास लेकर इंदु को ईर्ष्या से देखती। इंदु मन ही मन गर्व का अनुभव करती। अपने आप कहती, 'कंबख्त पाप की रोटी खाकर भी मरती नहीं।' फिर अपने ऊपर दृष्टि जाती और मन कहता, 'भूखे मरकर ही कौन धर्म रह जाता जो अब लुट गया? दुनिया धर्म की दुहाई

देती है। कोई खुल्लमखुल्ला करता है, कोई छिपा-चोरी। करता कौन नहीं?''

साधना अधिक शृंगार करती, अधिक मटककर चलती और उसमें इंदु के प्रति ईर्ष्या दिन-दिन बढ़ती जाती। जब से इंदु आई तभी से बुढ़िया ने उसे दूसरे नंबर पर रख दिया। पहले दिन जब इंदु बहुत रोई थी तो साधना ने कहा था, ''अरी, रोकर क्या लेगी? अब तो तू लौटकर भी कहीं नहीं जा सकती।''

दोनों बैठतीं तो बुढ़िया को गालियाँ देतीं। डायन, हरामज़ादी आदि-आदि कहतीं। इंदु कहती, ''हमने तो पेट के लिए अकाल में किया बहिन!''

साधना कहती, ''मगर यह तो अच्छे दिनों में भी यही करती थी।''

घृणा से इंदु का मन दुर्गंधित हो जाता। वह कहती, ''नागिन है बुढ़िया! नागिन!''

साधना ने इंदु को हिलाकर कहा, "आज क्या दिन-भर सोती रहेगी? बुढ़िया आ गई तो?''

''तो? तो क्या बुढ़िया को खिलाकर बुढ़िया से डरकर रहना होगा?''

साधना हँस दी। उसने कहा, ''नहीं, तू तो रानी बन के बैठेगी, क्यों?''

इंदु भी हँस पड़ी। वह उठ गई। नित्य-कर्म करने के बाद वह बैठी ही थी कि किसी ने द्वार खटखटाया। साधना ने ऊपर से कहा, "देख तो इंदु, कौन है?"

इंदु ने उठकर द्वार खोल दिया। बुढ़िया को देखकर उसने कहा, "कब आईं काकी?''

"अभी, अभी तो बेटी,'' बुढ़िया ने स्नेह से कहा और मुड़कर कहा, "आ बेटी!''

इंदु के सिर पर जैसे किसी ने हथौड़े की चोट की। ठीक ऐसे ही बुढ़िया उसे भी फाँसकर लाई थी। बुढ़िया के साथ एक लड़की थी। अधिक नहीं, चौदह की। मुँह अवश्य उतर गया था, किंतु रंग एकदम गोरा था। इंदु को दया आई, किंतु साथ ही ईर्ष्या भी हुई।

बुढ़िया ने भीतर आकर दरवाज़ा बंद करते हुए कहा, "इंदु, यही मेरी दूसरी बेटी है।'' फिर इंदु से कहा, ''यह बेचारी गरीबनी सड़क पर बिछुड़ गई थी। मैंने कहा, तुम्हारा भी जी बहलेगा। चलो, ले आई; भगवान भला ही करेंगे।''

इंदु ने ऊपर से नीचे तक उस नवागता को देखा। कितना निर्दोष बचपन, कितनी पवित्र लगती थी वह। वह मन ही मन काँप उठी। मन में आया कि बुढ़िया का वहीं का वहीं गला घोंट दे, किंतु चुपचाप भीतर आ गई और साधना के पास जाकर कहा, ''दीदी, तुमने देखा?''

साधना ने उठते हुए कहा, ''नहीं तो? कहाँ...?

''डायन एक और लड़की आज कहीं से भगवान् का भला करने ले आई है।''

''अरे नहीं?'' साधना ने चौंककर पूछा।

''मैं क्या झूठ कहती हूँ? विश्वास न हो तो चलकर नीचे देख न लो।''

बुढ़िया ने नीचे से आवाज़ दी, "बेटी इंदु! आ न इधर, उसे नहलाकर खाना-वाना तो खिला दे।''

"मैं जाती हूँ,'' इंदु ने कहा, और वह नीचे उतर आई। "आई तो मैं,'' कहकर

उसने नवागता का हाथ पकड़कर कहा, "तुम्हारा नाम क्या है बहिन?"

लड़की ने सकुचाकर कहा, "नीलिमा!"

"नीलिमा!" इंदु ने हँसकर कहा, "मगर तुम नीली तो नहीं।"

लड़की सकुचा गई। बुढ़िया ने प्यार से डाँटकर कहा, "दिल्लगी न कर उससे इंदु अभी बच्ची है जो"

"ओह काकी!" कहकर वह उसे अपने साथ ले गई। जब वह नहा चुकी, इंदु ने उसे खाना परोसा। लड़की ने धीरे-धीरे चुपचाप खाया और दोपहर ढले इंदु उस लड़की से बात करने लगी। लड़की ने बताया, वह एक क्लर्क की बेटी थी। पिता की मृत्यु हो गई। वह अकेली थी। एक बहुत-दूर के मामा थे, जिन्होंने जैसोर में उसे बुला लिया और अंत में अकाल के कारण जब हालत बहुत बिगड़ गई, उन्होंने उसे अपनी एक दूर की रिश्तेदार के पास भेज दिया। वहीं काकी से मुलाकात हुई। वहाँ वे लोग मारते थे, अब यहाँ आ गई है। इंदु ने सुना, उसकी आँखों में पानी आ गया। उसने कुछ भी नहीं कहा। वह इधर-उधर की बात करके उठ गई। बुढ़िया ने आवाज़ दी, "इंदु, ज़रा दरवाज़ा तो बंद कर लीजो, संझा तक आऊँगी मैं। नीलिमा को धीरज देना।"

इंदु दरवाज़ा बंद करके साधना के पास पहुँची। साधना उदास मुँह लेटी हुई थी। इंदु ने पास जाकर कहा, "सुना दीदी? नीलिमा भी आ गई है। आखिर बुढ़िया किसे-किसे लाएगी? क्या हम दो काफी नहीं हैं?"

साधना चुपचाप देखती रही। अभी थोड़ी देर पहले वह नीलिमा को देख आई थी। उसका रूप उसे विष-सा लगा था। उसके बाद इंदु का नंबर होगा और बुढ़िया उसे दूध की मक्खी की तरह निकाल फेंकेगी। यह विचार उसके हृदय में शूल की तरह गड़ रहा था। फिर वह कहाँ जाएगी? क्या करेगी? अकाल तो समाप्त हुआ नहीं। अब कौन-सा धर्म बचा है जो वह दुनिया में अपना मुँह दिखा सकेगी?

इंदु की बात को उसने गौर से सुना। इंदु ने फिर कहा, "लड़की बिलकुल अबोध है। मुझे बड़ा दुःख हो रहा है। मैं कहती हूँ, हम गए तो गए; यह क्यों बिगड़े! बिलकुल पवित्र है अभी। बुढ़िया न जाने कितनों का सत्यानाश करेगी? मरती भी तो नहीं राँड़!"

साधना गमगीन-सी लेटी रही। उसने कहा, "तो क्या कर लेगी तू?"

इंदु ने आवेश में आकर पूछा, "तू कहे, तो बता दूँ सब।"

साधना ने शंकित स्वर से पूछा, "है इतना साहस? बता सकेगी? न बाबा! मैं तो नहीं कह सकूँगी। बुढ़िया को पता चल गया तो कच्चा चबा जाएगी, कच्चा।"

इंदु ने धीरे से कहा, "लेकिन उसको खबर ही क्या पड़ेगी?"

साधना ने कहा, "तू जाने।"

इंदु नीलिमा को लेकर ऊपर चली गई। साँझ आ चली थी। साधना रसोई करने नीचे उतर आई। इंदु नीलिमा से पूछने लगी, "जानती हो, यह बुढ़िया कौन है?"

नीलिमा ने कहा, "तुम्हारी माँ?"

"नहीं।"

“नहीं” सुनकर वह लड़की चौंककर उसका मुँह देखकर डरी-सी बोल उठी, “तो?”

किसी ने द्वार खटखटाया। साधना ने द्वार खोल दिया। उसने देखा, सामने एक आदमी शराब पिए खड़ा है। वह झूम रहा था। उसने लड़खड़ाते स्वर में साधना से कहा, “यह लो बीस रुपया...यह लो बीस रुपया...”

साधना ने पहचाना कि यह व्यक्ति इंदु के आने के पहले एक बार और आ चुका है। इसको बुढ़िया ने निकाल दिया था। साधना के पूछने पर उसने कहा था—इसको बुरी-बुरी बीमारियाँ हैं, इसे घर में मत आने दिया कर। जगह-जगह यह अपनी बीमारी फैलाता फिरता है।

साधना उसे देखकर काँप उठी। किंतु आदमी ने बीस रुपए के दो नोट उसके हाथ पर रख दिए। उनका लालच वह न छोड़ सकी। एकाएक उसे नीलिमा का ध्यान आया। उसको यहाँ फँसाकर वह बुढ़िया से नहीं बच सकती। क्यों न इंदु को बुला दे और दस रुपए उसे देकर यहाँ कर दे। इंदु को छूत लगते ही बुढ़िया उसे निकाल देगी। तब साधना को कोई डर नहीं रहेगा। इस बात के आते ही उसने इंदु को आवाज़ दी और जीने के भीतर ले जाकर धीरे से कहा, “मैं खाना बना रही हूँ। यह आदमी बीस रुपए दे रहा है। तू ले ले। ज़रा हो आ न? मैं खाना बना लूँ। देख, इसके आने की कानों में भी भनक न हो बुढ़िया को, नहीं तो बीस के बीस चले जाएँगे। मैं अभी नीलिमा को भी बातों में लगाती हूँ।”

इंदु ने कमरे में जाकर द्वार भीतर से बंद कर लिया। साधना एक बार रसोई में जाकर हँसी, फिर रोई, फिर चुप हो गई और खाना बनाने लगी। उसने ऊपर जाकर देखा, नीलिमा हथेली पर गाल रखे कुछ सोच रही थी। वह देखकर चुपचाप लौट आई। षड्यंत्र की उत्तेजना से वह पागल हो रही थी। उसे बुढ़िया के यहाँ आने के पहले के भूखों मरने वाले दिन एक-एक कर याद आने लगे! किसलिए ऐसी हो गई।

द्वार चर्राकर बंद हो गया। शराबी चला गया था। इंदु भी साधना के पास आ गई। साधना के मुख पर एक कुटिल हँसी खेल गई। उसने व्यंग्य से इंदु को विजय की भावना से देखा। इंदु दस रुपए की जीत समझकर नीलिमा के पास जाकर बैठ गई। उसके पीछे-पीछे ही साधना भी ऊपर चली गई और छिपकर सुनने लगी।

नीलिमा ने कहा, “कहाँ गई थीं?”

“तनिक रसोई में हाथ बँटाने गई थी नीचे, दीदी से काम नहीं होता अकेले। मुझसे दिल ही दिल जलती है। मुझे क्या?” उसने उपेक्षा से मुँह फिराया।

नीलिमा ने पूछा, “तुम कहती थीं कि काकी तुम दोनों की माँ नहीं हैं?

“सच ही तो कहा था मैंने, क्या झूठ था वह सब?” और इंदु ने धीरे-धीरे उसे साधना का और स्वयं अपना विवरण सुना दिया। लड़की सुनकर काँप उठी और रोने लगी। इंदु उसे दिलासा देने लगी।

साधना चुपचाप नीचे लौट आई। थोड़ी देर बाद बुढ़िया और एक आदमी ने प्रवेश किया। साधना ने दबे पाँव दरवाज़ा खोल दिया। बुढ़िया से उसने धीरे से कहा, “काकी,

एक बात कहनी है तुमसे।''

बुढ़िया ने शंकित स्वर से पूछा, ''क्या?''

"रसोई में चलो।''

बुढ़िया साधना के साथ चली। साधना का स्वर फूल रहा था। उसने धीरे से कहा, ''इंदु का रहना अब यहाँ ठीक नहीं।''

बुढ़िया ने चौककर पूछा, "क्यों? क्या हुआ?''

साधना ने कहा, ''मेरा नाम न लो तो बताऊँ?''

''बेटी!'' बुढ़िया ने धीरे किंतु आश्वस्त स्वर से कहा।

साधना ने कहा, "काकी! इंदु ने नीलिमा को पहले ही से सारा भेद बता दिया। अब तो वह हाय-हाय करेगी। पड़ोस को खबर होगी। रोज़-रोज़ ऐसा होना तो ठीक नहीं। जब स्वयं आई थी तभी हाय-तौबा मचाई थी। अब दूसरों को भी भड़का रही है।''

बुढ़िया की भवें तन गईं। उसे क्रोध हो आया था। वह कुछ सोच रही थी। उसने एक बार संदेह से साधना की ओर देखा। साधना घबराई हुई-सी खड़ी थी।

चूल्हे पर चढ़ी दाल की भगौनी पर से ढक्कन को खिसकाकर पानी उबल रहा था, झाग बाहर आ-आ जाते थे। धुआँ उठकर रसोई में ही धीमे-धीमे घूम रहा था।

साधना ने फिर भी कहा, "आज वही शराबी आया था जिसे एक दिन तुमने निकाल दिया था कि इसे बीमारी है। मैंने ऊपर से आकर इंदु को उसके पास देखा। कुछ रुपए भी दे गया है उसे। इंदु को बीमारी लग गई है, क्या अब उसका यहाँ रहना ठीक है?''

बुढ़िया ने फिर कुछ नहीं कहा। वह सुनती रही। साधना फिर बोल उठी, ''इंदु कहती थी कि साधना को काकी ने निकाल देने को कहा है। क्या तुमने ऐसा कहा है काकी?''

काकी ने देखा, उसके नेत्रों में आँसू थे। साधना ने कहा, ''मैं तो सदा तुम्हारा भला चाहती हूँ काकी! सब कुछ होते हुए भी तुम्हें सदा मैंने अपनी माँ के समान माना है। चाहे रखो, चाहे निकालो, तुम्हारे हाथ से तो मैं ज़हर पीने को भी तैयार हूँ, लेकिन इंदु ने ऐसा कहा तो मुझे वह बात लग गई। तुमने कहा था काकी उससे?''

बुढ़िया ने अचकचाकर कहा, ''नहीं तो, मैंने तो कभी नहीं कहा।''

''मगर वह तो कहती थी!'' साधना ने एकदम अनजान बनकर कहा।''

''बकती है।'' बुढ़िया के मुँह से निकला।

साधना ने बुढ़िया के दोनों पैरों को गद्‌गद होकर पकड़ लिया और बोली, ''तुम्हारे अतिरिक्त मेरा कौन है काकी? औरत की जात! तुम्हारी छाया में पेट तो भर लेती हूँ, नहीं तो न जाने कहाँ गली-गली कुतिया बनकर मारी-मारी डोलती। कहो काकी, मुझ पर तुम सदा दया रखोगी...''

बुढ़िया ने स्नेह से उसका हाथ पकड़ उसको उठाया और ममता से भरे स्वर में कहने लगी, ''तू हीरा है बेटी, हीरा। किए का अहसान न मानने वाले आदमी नहीं होते। एक बार जिसका नमक खा लिया, उससे कोई भलामानुस दुश्मनी नहीं रखता। रास्ते की

कुतिया! उठाकर लाई तो सिर पर चढ़ने लगी। उसकी यह मजाल?''

बुढ़िया के दोनों नथुने क्रोध से फूल गए, "बेटी, देखा तूने? भला करने का नतीज़ा आजकल क्या निकलता है? यह बदी नहीं तो और क्या है बेटी? बदी से गैर क्या है?

बुढ़िया के दोनों हाथ नाच उठे। साधना ने धीरे से कहा, ''बदी ही है काकी, बिलकुल नमकहरामी!''

बुढ़िया ने कहा, ''मैं तो इसे बड़ी सीधी समझा करती थी और यह निकली आस्तीन का साँप। इतना भारी षड्यंत्र रचा है इस छोकरी ने?''

साधना ने भय से देखा। बुढ़िया का कर्कश स्वर उसके कानों में गूँज उठा, ''अगर वह बीमार है तो यहाँ नहीं रह सकती और भड़का रही है उसे? तब तो उस पर काबू भी देर में ही लग सकेगा।''

साधना ने दाल में मसाला डाल दिया। बुढ़िया शोकातुर-सी सोचती रही। कभी वह इधर सिर हिलाती, कभी उधर; फिर कुछ प्रोग्राम-सा बनाने लगती। उसने कहा, ''चलो, तनिक रघुनाथ से पूछ लें। देखें, वह क्या कहता है!''

साधना ने चावल चूल्हे पर चढ़ा दिया और बुढ़िया के साथ उस आदमी के सामने आ गई जो इतनी देर से बाहर के कमरे में प्रतीक्षा कर रहा था।

उस आदमी की मूँछें खड़ी थीं। आँखों में कठोरता ही चमक रही थी जैसे अपनी स्वार्थ-सिद्धि के लिए वह कुछ भी कर सकता है। बुढ़िया ने उसे धीरे से सब समझाकर कहा, ''क्यों हरगोविंद, अब क्या करना चाहिए?''

हरगोविंद मुस्कराया। उसने कहा, "काकी, तू है फिर भी औरत ही। अरे, कोई मुश्किल बात है?''

और उसने उसके कान में चुपचाप कुछ कहा। बुढ़िया की बाछें खिल गईं। उसने आवाज़ दी, "इंदु!''

इंदु सुनकर काँप उठी। उसने नीलिमा से कहा, ''मैं जाती हूँ, बहिन!''

"लेकिन मैं तो अकेली रह जाऊँगी।'' नीलिमा के धीमे स्वर में हृदय का आतंक साफ-साफ झलक रहा था।

बुढ़िया ने फिर आवाज़ दी, "बेटी इंदु!''

इंदु ने जल्दी से कहा, "आई,'' और चलते-चलते बोली, ''दरवाज़ा भीतर से बंद कर लो।''

नीलिमा ने दरवाज़ा बंद कर लिया। इंदु उतरकर नीचे आ गई। माथे पर घूँघट खींचकर सामने आ खड़ी हुई। साधना रसोई में चली गई थी।

बुढ़िया ने कहा, ''बेटी यह देख मेरी बड़ी बहिन का बेटा आया है। इसके साथ तुझे जाना होगा। कुछ कपड़े तो खरीद ला नीलिमा के लिए। रुपया तो होगा हरगोविंद, तेरे पास?''

गोविंद ने नम्रता से सिर हिलाकर स्वीकार किया।

बुढ़िया ने फिर कहा, ''देख बेटी बजार देखकर घर आना न भूल जाइयो। जहाँ

तक हो, जल्दी लौट आना ही ठीक है। हरगोविंद, देख, याद रखना।''

"अच्छा काकी, अच्छा! कि खा जाएगी मेरे दोनों कान?'' हरगोविंद खीझता-सा बोला और उसे दोनों हाथों से अंदर ठेलता हुआ बोला, ''तू भीतर जाकर रसोई में बैठ, हम अभी आ जाएँगे।''

बुढ़िया हँसती हुई भीतर चली गई। हरगोविंद इंदु को लेकर निकल पड़ा। उस समय राह पर अँधेरा छाने लगा था। कहीं-कहीं घरों में से प्रकाश की धुँधली किरणें दिखाई दे रही थीं। ब्लैक आउट के कारण संध्या का उदास मंडल प्रकाशहीन कोलाहल के स्तरों में घुटा करता था।

बुढ़िया एक बार रसोई में जाकर ज़ोर से हँसी। उसने कहा, ''मैं तो सचमुच घबरा गई थी। लेकिन अब देखें कौन घबराता है? साँप तो मरेगा ही, लाठी भी न टूटेगी।''

"क्या हुआ काकी?" साधना ने अचरज से पूछा। उसका मन बल्लियों उछल रहा था।

''हुआ क्या?'' बुढ़िया ने हाथ नचाकर कहा, ''भटकेगी अब दर-दर! हरगोविंद उसे कहीं भूलभुलैया में डालकर छोड़ आएगा। बड़ी अकलमंद बनती थी, लेकिन गाँव की छोकरी को इस मुहल्ले या गली का नाम भी याद नहीं है। न कभी वह घर से निकली ही। और अगर कहीं अचानक आ भी गई तो कह दूँगी, जाने कौन है तू? क्यों साधना, ठीक है? आ सकेगी वह?''

साधना ने फटे नेत्रों से देखा और कहा, ''नहीं काकी, कलकत्ते जैसे महानगर में वह इस छोटे घर का अकेली पता नहीं लगा सकती। और जब उसको निकाला ही है तो वह आएगी भी क्यों?''

बुढ़िया प्रसन्नता से आँगन में आ बैठी। साधना ने अपने नीचे के होंठ को दाँतों से काट लिया और फिर भी एक बार हाथ का आँचल आँखों पर चला ही गया। बुढ़िया ने खाना खा लिया। साधना मुश्किल से आज दो-चार कौर ही खा सकी। लगभग एक घंटे बाद हरगोविंद घुस आया। बुढ़िया ने उत्सुक स्वर में पूछा, ''हरगोविंद बेटा, क्या हुआ?''

"अरे!'' हरगोविंद ने उपेक्षा से मुस्कराकर कहा, ''तू उससे डरती थी? वह तो बड़ी ही बेवकूफ थी। फौरन उल्लू बन गई। उसकी तो शायद अब समझ में आया होगा। मैंने एक दुकान पर छोड़कर कहा—अरे, ज़रा अपना आदमी है वह, उससे भी पूछ लूँ, छोड़कर लौट पड़ा और वह वहीं खड़ी प्रतीक्षा करती रही। निगाह हटते ही मैं निकल भागा।''

बुढ़िया ने उसे गद्‌गद होकर आशीर्वाद दिया। हरगोविंद बैठ गया। बुढ़िया ने अचानक पूछा, ''अरी, नीलिमा को खाना खिला दिया?''

साधना ने अपनी भूल स्वीकार की। उसने कहा, "अभी लो, काकी!'' और आवाज़ दी, "नीलिमा बहिन! नीलिमा!!''

कोई उत्तर नहीं आया।

''सो गई क्या?'' बुढ़िया ने कहकर स्वयं पुकारा, "बेटी नीलिमा! नीलिमा बेटी!!''

कोई उत्तर नहीं मिला। बुढ़िया के दिमाग में फौरन कुछ भय की छाया सरक उठी।

हरगोविंद को साथ लेकर वह ऊपर चढ़ गई। द्वार पर थपथपाने के पहले बुढ़िया ने अपने हाथ से बनाए द्वार के एक छेद से झाँककर देखा। देखते ही वह काँप उठी। साधना पीछे खड़ी थी। वह आगे बढ़ आई। उसने कहा, ''क्या हुआ, काकी?''

बुढ़िया का स्वर भय से थर्रा गया, ''सत्यानास हो गया और क्या? अब क्या होगा हरगोविंद?''

हरगोविंद सिर उठाकर देख चुका था। वह कुछ सोच रहा था। साधना ने झुककर देखा। कमरे में छोटी बत्ती का धुँधला प्रकाश छा रहा था। छत की कड़ी से एक रस्सी बँधी थी, जिसके दूसरे छोर का फंदा गले में डालकर नीलिमा लटक रही थी। वहाँ तक चढ़ने को खाट पर एक मेज़ रखी थी। उसकी आँखें बाहर निकली पड़ती थीं, जीभ बाहर लटक रही थी और चेहरा नीला हो गया था। उसके बीभत्स रूप को देखकर साधना काँप उठी। उसने मुड़कर कहा, ''लड़की बड़ी हिम्मत वाली थी—इतना सब करके भी एक बार चूँ तक नहीं की।''

देखा, बुढ़िया घुटनों पर सिर रखे रो रही थी और हरगोविंद चुपचाप सीढ़ियों से नीचे उतर रहा था।

नया रेडियो

बूढ़ा श्यामपद भूखों की भीड़ में सोता रहा। अनेक भूखे सड़क पर सो रहे थे। रात के नीरव अंधकार में ऐसा लगता था ज्यों मरघट के पास अनेक शव पड़े हों, जिन्हें थोड़ी देर बाद जलाकर उनका अंतिम चिह्न तक मिटा दिया जाएगा। हवा सनसना रही थी। दूर आसमान में अगणित तारे झलक रहे थे।

धीरे-धीरे रात बीत गई। सुबह मेहतर सड़क पर झाड़ू लगाने लगे, उस समय भूखों को उठा दिया गया। श्यामपद भी उठ बैठा। वह एक ओर हटकर जा बैठा। रहमान भी उसके पास चला गया। दोनों बैठे रहे। भोर की शीतलता में दोनों बूढ़े काँपते रहे।

कुछ देर बाद सड़क चलने लगी। बूढ़ा श्यामपद अपने स्थान से उठकर एकाएक कुछ ढूँढ़ने लगा। उसके बाल बिलकुल सफेद हो गए थे, मुख पर मैली दाढ़ी उग आई थी और गर्दन झुककर सीने पर आ रही थी। रहमान भी अत्यंत जर्जर था।

श्यामपद उठकर कुछ इधर-उधर देखने लगा। ऐसा लगता था जैसे वह कुछ ढूँढ़ रहा हो। राह-चलता एक दस-बारह बरस का लड़का उसको इस हालत में देखकर उसके पास आकर खड़ा हो गया और उससे बोला, ''क्या खोज रहा है रे बुड्ढे?''

श्यामपद ने सिर उठाकर कहा, "खोई हुई चीज़ ढूँढ़ता हूँ। एक दिन छोड़ गया था, न जाने कहाँ चली गई।''

लड़के ने कहा, ''तो भी बता न? क्या खो गया आखिर तेरा—सोना या चाँदी?'' और लड़के के चेहरे पर व्यंग्य खेल उठा।

श्यामपद ने निराशा से सिर हिलाकर कहा, "अपनी बेटी खोज रहा हूँ मैं, अपनी वह छोटी-सी बच्ची। बड़े दुःख सहे हैं उसने भैया। न जाने क्या हुआ बेचारी का, जाने कहाँ चली गई। ढूँढ़ रहा हूँ उसे भैया, वही तो एक बची थी। माँ गई, बाप गया, सब छोड़ गए उसे, तो मैं ही क्यों न उठ गया। अपने हाथों से खिलाया था उसे मैंने। वह चली गई, मुझे छोड़कर चली गई...।"

वृद्ध का स्वर रुँध गया। लड़के ने हमदर्दी से उसे देखा और लाचार-सा, सड़क पार करके साइकिल वाले की दुकान में घुस गया। श्यामपद रहमान के पास लौट गया और उससे कहने लगा, "कहीं वह भी तो अपनी इज़्ज़त नहीं बेचती? रहमान भैया बताओ न?"

रहमान ने कुछ नहीं कहा, जैसे उसने सुना ही नहीं। श्यामपद थोड़ी देर तक अवहेलना से बकता रहा, फिर चुपचाप सिर झुकाकर बैठ गया। उसकी आँखों में एक सूनापन उन्मत्त होकर लहरा उठा।

दोपहर होने को आई। दोनों भीख माँगने लगे। दो बाबू एक जगह खड़े सिगरेट पी रहे थे। श्यामपद उनके पास जाकर खड़ा हो गया। बोला, "बाबू, चार पैसा होगा?"

एक ने कहा, "नहीं, आगे बढ़, आगे।"

श्यामपद ने कहा, "बाबू, चार पैसा तो आपके लिए कुछ नहीं। मेरा पेट भर जाएगा।"

दूसरे बाबू ने करुणा से कहा, "दे तो दूँ, लेकिन खेरीज तो है ही नहीं। रुपया है।"

"बाबू, रुपया ही दे देंगे तो कुछ बिगड़ जाएगा!"

बाबू ज़ोर से हँस पड़ा। बोला, "गोद ही न ले लूँ तुझे। लालची बुड्ढे, भाग जा, भाग!"

श्यामपद सुनता रहा। दोनों ने उस पर कुछ ध्यान नहीं दिया; तब वह वहीं से हट गया। इसी प्रकार बहुत देर हो गई। तब श्यामपद और रहमान वहाँ से चल पड़े घिसटते-घिसटते। थोड़ी दूर चलने पर उन्होंने देखा, सड़क की बगल में कुछ मैदान-सा है जिसके परे एक छोटा-सा होटल है। बाहर के बंद बरामदे में कुर्सी और मेजें पड़ी हैं और बाहर ही की तरफ एक आदमी रोटी बेलकर तवे पर फेंक रहा है। दूसरा सेंक-सेंककर भीतर पहुँचा रहा है। दोनों दरवाज़े के पास ही सामने आकर बैठ गए और आते-जातों से माँगने लगे। काफी देर बीत गई, किसी ने कोई सुनवाई नहीं की। होटल में से खाना पकने की सौंधी-सौंधी सुगंध आ रही थी, उससे उन लोगों की भूख बेतरह भड़क उठी। मुसलमान मैनेजर, तहमत बाँधे अपने मोटे शरीर को कुर्सी पर उचकाकर कभी-कभी ग्राहकों से मज़ाक करके अपने गंजे सिर पर हाथ फेरता हुआ ठट्टे लगाता और कभी सिगरेट जलाकर पीने लगता। प्याले, तश्तरियाँ, चम्मच खड़कते; बड़ी-बड़ी प्लेटों पर चावल उनके सामने इधर से उधर निकल जाता। बाहर रोटी बेलने वाला आदमी कभी बंगाली के गाने गाता, कभी "अल्ला कसम" कहकर कोई उर्दू की गज़ल दुहराता। श्यामपद उसी के पास जाकर माँगने लगा। आदमी बोला, "वाह बेटा! रोटी खाओगे? निकालो दो आने, निकालो, अभी

लो एक।''

"बाबू! पैसा कहाँ है? एक ठो दे दो तो कुछ पेट की आग बुझे। बहुत दिन का भूखा हूँ।''

रोटी वाला आदमी उसकी ओर दया से देखने लगा। शायद वह दे भी देता; किंतु उसी समय मैनेजर को सामने खड़े होकर किसी से बात करते देखकर वह चिल्ला उठा, ''अरे, जा यहाँ से। मना कर दिया तुझसे, एक बार नहीं सौ बार, लेकिन सुनता ही नहीं। तेरे बाप का होटल है न? जा, भीतर मन-भर के खा। तेरे लिए तो सब मुफ्त है।''

श्यामपद चुपचाप लौट आया और रहमान के पास आकर बैठ गया। दोनों गिद्धों की तरह होटल का वैभव देखते रहे।

साँझ होने लगी। होटल की बिजलियाँ जल उठीं। भीतर-बाहर के शीशे जगमगाकर रोशनी को और तेज़ करने लगे। मेज़ों पर लगे संगमरमर के टुकड़े चमचमा उठे। कोलाहल और ग्राहक दोनों पहले से कहीं अधिक बढ़ गए। बाज़ार में भी बत्तियाँ जल उठी थीं। अंधकार में दोनों खो गए।

इसी समय एक नौकर ने आकर दरवाज़े की बाईं तरफ कुछ जूठन लाकर फेंक दी। थोड़ी देर तक थाल का बचा-खुचा हाथ से गिराकर वह थाल बजाता हुआ भीतर लौट गया। दोनों ने देखा और दोनों ही उस खाने की जूठन पर टूट पड़े। रहमान को जल्दी-जल्दी खाते देख श्यामपद ने उसे धक्का दे दिया। रहमान लुढ़क गया, किंतु श्यामपद के जल्दी सब समाप्त कर जाने के भय से उठकर वह फिर खाने पर टूट पड़ा। श्यामपद को क्रोध हो उठा। वह गुर्राया और उसने पूरा बल लगाकर रहमान को धकेल दिया। रहमान अंधकार में गिरकर मूर्च्छित हो गया। धक्के का ज़ोर वह सँभाल नहीं सका। उसके गिर जाने पर श्यामपद धीरे-धीरे खाने लगा। जूठन काफी थी। वह उन सबको बीन-बीनकर, धूल पोंछे, बिना पोंछे खा गया। खाते ही उसके पेट में एक भयानक मरोड़ उठी और अललल करके बदबूदार कै कर उठा। इतनी ज़ोर का चक्कर आया कि वह गिर गया। उसका सिर बिजली की रोशनी में था। होटल का दरवाज़ा उससे प्रायः दो-तीन हाथ था।

होटल में उस समय अनेक ग्राहक बैठे आपस में बातचीत करते खाना खा रहे थे। श्यामपद कराह उठा। उसका दर्द बढ़ता गया और उसकी कराहें भयानक अमानवीय पशुता से बार-बार कर्णभेदी बर्बरता से चारों ओर गूँज उठीं।

किनारे ही बैठे खाते हुए एक व्यक्ति ने कहा, ''मैनेजर साहब, यह क्या नई बला पाल ली है आपने? खाने भी देंगे या नहीं?'

''हराम कर दिया है खाना इसने,'' किसी दूसरे ने कहा, ''भई, ऐसे कोई लाश पर रोए तो सामने बैठकर हमसे तो नहीं खाया जाता।''

मैनेजर ने नम्र स्वर में उत्तर दिया, "आप खाइए बाबू, कोई भिखारी बदमाशी कर रहा है। मैं अभी हटवाता हूँ उसे।''

ग्राहक फिर खाने लगे। मैनेजर ने दो आदमियों को बाहर भेज दिया।

दोनों ने बाहर आकर देखा, एक बूढ़ा पड़ा कराह रहा था। उसके पास से भयानक

बदबू आ रही थी। घृणा से नाक सिकोड़कर एक ने कहा, ''ए, ए बुड्ढे, उठ, उठ यहाँ से। मरने को यहीं जगह मिली है तुझे कंबख्त?''

श्यामपद कराहता ही रहा। तब दूसरे ने चेतकर पैर से हिलाते हुए कहा, ''सुनता नहीं तू बुड्ढे, उठ, उठ यहाँ से।''

श्यामपद ने कुछ कहने का प्रयत्न किया किंतु स्वर उसके गले से नहीं निकल सके। वह घिघियाकर रह गया। तब दोनों आदमियों ने चेतकर उसके कंधों को पकड़कर उसे उठा लिया और घसीटकर सड़क पर छोड़ दिया। श्यामपद वहाँ भी कराहता रहा।

चलते-चलते एक ने कहा, "लो बेटा, चिल्लाओ, जी भरके चिल्लाओ।''

दूसरे ने कहा, ''बदमाश, मक्कार है, मक्कार!''

दोनों चले गए। श्यामपद फिर भी भयानक रूप से कराहता रहा, जैसे उसका पेट फटा जा रहा हो।

पत्थर और पत्ता

रोगी ने कराहकर करवट बदली। उसके अंग-अंग में पीड़ा हो रही थी। उसने अस्फुट स्वर से कहा, "ज्योति!"

ज्योत्स्ना ने अपना दुलार का नाम सुनकर कहा, ''क्या है भैया? सिर दबा दूँ?''

भैया ने धीरे से आँखों से इशारा किया। ज्योत्स्ना गोद में भैया का सिर रखकर धीरे-धीरे मुलायम रीति से दबाने लगी।

कमरा प्रायः खाली था। एक खाट पर वृद्ध न होते हुए भी वृद्ध लगने वाले भैया थे। सामने एक तख्त था, दो कुर्सियाँ पड़ी थीं। दीवारों पर अवनींद्र के कुछ चित्र थे तथा कोने में एक मेज़ पड़ी थी, जिस पर बहुत-सी दवाओं की खाली शीशियाँ पड़ी थीं। भैया थोड़ी देर बाद सो गए। धीरे-धीरे अँधेरा छाने लगा। सड़क का शोर अभी भी उस निरुद्देश्य उदासीनता में ऊबता हुआ काँप रहा था। कभी-कभी ट्राम की टनटनाती घंटियाँ गूँज उठतीं घड़ी की टिक-टिक सुनकर उसने मुँह मोड़ा। आठ बज चुके थे। धीरे से उसने भैया का सिर तकिए पर टेक दिया और हलके से उठ खड़ी हुई। उसके हृदय में एक अद्भुत नीरवता छा रही थी। खिड़की के बाहर झाँककर देखा, ट्रामों में खचाखच भीड़ थी। लोग बाहर की तरफ लोहे के 'बार' पकड़े झूलते हुए चले जा रहे थे जैसे इस भीड़ में उनका अपना कोई अस्तित्व नहीं था, वह केवल तूफान में तिनके के समान बह रहे थे। इन्हीं सड़कों पर दिन और रात भूखे तड़पते हैं। ज्योत्स्ना का शरीर सिहर उठा। हम ही कौन अच्छे हैं? केवल सिर पर यह छत ही तो शेष है। कौन जाने कल हमें भी उन्हीं में जा खड़ा होना पड़ेगा। इस बात की याद आते ही उसके भाव भीतर ही भीतर घुमड़ने लगे। क्या करेगी वह? पढ़ी-लिखी भी तो नहीं है। और क्या होगा? वही तो न, जो अनेक स्त्रियाँ पेट भरने के लिए करती हैं?

ज्योत्स्ना अपने आप थर्रा उठी! अपमान के अंधकार में विक्षोभ का तूफान उठा, नारीत्व की जर्जर नौका उलट-पुलट होने लगी। उसने इधर-उधर देखा। भैया तो चुपचाप सो रहे हैं, आज उन्हें अनेक दिन से असह्य यंत्रणा है। भयानक ज्वर ने उनका सारा शरीर खा लिया है। अनेक विपत्तियों से निरंतर संघर्ष करते-करते उस योद्धा की शक्ति आज टूट गई है और वह प्राणांतक वेदना में तड़पता एक कातर नींद में क्षण-भर सब कुछ भूलकर इस मूर्च्छा के रूपांतर में विध्वस्त पड़ा है। उनका वह जर्जर स्वास्थ्य देखकर ज्योत्स्ना को एकबारगी रोना-सा आया। फिर वह नीचे का होंठ दाँतों से दबाकर किसी तरह खड़ी अंधकार में उन्हें देखती रही। आज तक उन्होंने जी तोड़कर परिश्रम किया है। उन्होंने ही मातृ-पितृ-विहीन इन अनाथों को पाला-पोसा है। एक दिन जिसकी अक्षय स्नेहनिधि खाली नहीं हुई, खुद झाग पीकर जिसने इन दोनों को सदा दूध पिलाया है। कभी भी जिसके पिता का अधिकारपूर्ण वात्सल्य-भरा हाथ सिर पर नहीं है, ऐसा अनुभव ही नहीं होने दिया; उसकी इस रुग्ण दशा को देखकर ज्योत्स्ना का मन फिर उदास हो गया। दिन-दिन-भर मास्टरी करते थे, बाकी समय बीमा करते फिरते थे। दस आदमी में दो-तीन भले ही बात कर लें, वरना बाकी और अधिकांश ही मुस्कराते, व्यंग्य कसते। किसलिए करते थे वे सब? एक बार किशोर भैया ने कहा भी था कि दादा, अब मैं बी.ए. हो गया। कॉलेज छोड़कर कोई नौकरी कर लूँगा। तुम भी अब बीमा-सीमा छोड़ो। इतनी मेहनत करके क्या होगा? भैया ने हँसकर कहा था, "अरे किशोर तेरा क्या ठीक? कल को नई बहू आएगी। जाने ज्योत्स्ना से पटे न पटे। कहीं तू भी पलट गया तो? मैं तो सदा रहूँगा नहीं। अब दो-चार जमा कर दूँ। इस बेचारी का मेरे सिवा है ही कौन? परमात्मा ने ही जब सिर-माथा अपने हाथ से धोकर हाथ खाली कर दिए तो बेचारी क्या करेगी? कोई सुख नहीं सही, पेट तो भरना ही होगा?" भैया की आँखें तरल हो जातीं और वे पिता की भाँति वात्सल्य से उसकी ओर देखते। ज्योत्स्ना मन ही मन गद्‌गद हो जाती। उसका सुहाग परमात्मा ने छीना तो वह लुटी ही तो; भैया के बिना तो वह जी भी नहीं सकती। किशोर सुनकर चुप रह गया था। जब सात-आठ दिन कलकत्ते के बड़े-बड़े अनेक चक्कर मारकर सूखे मुँह कुम्हलाया हुआ किशोर लौटता, भैया ने पहले तो कुछ नहीं कहा, लेकिन एक दिन बोल ही पड़े, "क्यों वक्त बेकार खराब कर रहा है किशोर? क्यों नहीं कॉलेज में फिर से दाखिला करा लेता। अरे, जब तक पिताजी थे, मैंने कभी काम करने की चिंता नहीं की। मुझ जैसे पापी पर दया करने का अपराध न कर। पिता को इतनी बड़ी गिरस्थी सँभालनी पड़ी थी तब मैं दस बजे उठता था। अब मेरा नंबर है। इसमें रोना-धोना क्या? एक न एक दिन सभी का पाँव काठ में फँसता है। जब तक मैं हूँ, तब तक तुझे ऐसा उपवास करने को किसने कहा?"

भैया हँस दिए थे। किशोर दूसरे ही दिन कॉलेज में भर्ती हो गया था।

किंतु आज बिस्तर पर पंगु-से पड़े देखकर ज्योत्स्ना कुछ भी सोच नहीं पाई। प्रत्येक पग के बाद आज पथिक को सोचना पड़ता था—इसके बाद, जैसे सारा पथ ऊबड़-खाबड़ था, काँटे ही काँटे बिछे थे। और किशोर उस दिन बिलकुल रो ही दिया था जब लाचार

होकर ज्योत्स्ना ने अपनी सोने की चेन बक्स में से निकालकर बेचने को दी थी। कॉलेज छोड़ने की परवशता भी उसे इतना नहीं कचोट सकी। कभी वह हताश-से नयनों से भैया को देखता और कभी ज्योत्स्ना को, और फिर उसके नयन बरबस छलछलाकर ऊपर की नीरव छत से अटककर टकरा जाते। वह कुछ भी न कर सकने वाले प्राणी की भाँति एक लंबी साँस छोड़ता और पूछता, "ज्योत्स्ना! भैया कैसे हैं अब?"

वह निराशा से सिर हिलाती। कमरे में कुछ ऐसा भारी-भारी घृणित अवसाद झूलने लगता कि अपराध सब इन दो का है, वे उससे बचने का प्रयत्न कर रहे हैं। फिर यही भाव उनको भीतर ही भीतर खाने लगता। वे एक-दूसरे से मुँह छिपाने लगते। दोनों एक-दूसरे की उपेक्षा करते और भैया के प्रति अपनी दुश्चिंता का व्यापार अत्यधिक सम्मान और परेशानी का समझौता बनाकर आगे ला रखते। किशोर का मुख गंभीर हो जाता और ऐसा लगता जैसे उसे कोई भी चिंता अब नहीं रही है। यदि कोई है तो केवल भैया। कैसे भी ये अच्छे हो जाएँ, फिर तो कोई बात नहीं। ज्योत्स्ना सोचती कि यह अच्छे हो जाएँ तो क्या होगा? पैसा भी तो चाहिए? किशोर कहता, ''तुझे सदा पैसे की पड़ी रहती है। खास बात तो भैया की बीमारी है।'' उसकी मूर्खता पर ज्योत्स्ना फिर भी मुस्करा देती। वह जानती थी, यह मुस्कान वैसी ही थी जैसे हड्डी का सिर खुले फैले दाँतों के कारण हँसता हुआ दिखाई देता है। किंतु फिर जब किशोर उसे ऐसे देखता जैसे वही अकेली एक स्वार्थ से भरी निश्चिंत थी, तब वह टोककर कहती, ''कुछ कमाकर न लाओगे तो भैया को आराम कैसे होगा? तुम्हें तो कॉलेज से मतलब! तुम्हें घर के काम-काज से क्या? चाहे भैया कोल्हू के बैल की तरह चौबीस घंटे जुते रहें। कोई काम तो करो! नहीं तो क्या तुमसे कुछ छिपा है? खाना खराब मिलने से ही तो इनकी यह हालत हुई है।''

किशोर मन ही मन इस अभियोग को स्वीकार करता, किंतु ज़ोर से प्रकाश्य यही कहता कि तुझे तो दिन-भर कुढ़ना आता है! धीरे भी तो नहीं बोल सकती? भैया बीमार हैं! ऐसी बातें उन्हें सुनानी चाहिए?

ऐसी पढ़ी-लिखी दलीलों से वह क्रुद्ध हो जाती। कहती कुछ नहीं। तभी उसे याद आता कि वह उस घर में थी जहाँ उसको रहने का कोई अधिकार नहीं था। यदि वे होते तो क्या किशोर उसे जो चाहे, सुना जाता?

तभी भैया का प्रशांत स्नेह से प्रदीप्त मुख उसके नयनों के सामने आ जाता, फिर आँखों में आँसू आ जाते। सामने दुकान में रेडियो बजता रहता और भैया के सिरहाने बैठी-बैठी रात-रात भर आधी सोई और आधी जागी-सी झूमती, चौंक उठती, ऊँघती, भहरा उठती...

खड़ी-खड़ी ज्योत्स्ना ऊब गई, क्षण-भर विश्राम नहीं, आराम की एक साँस नहीं। तब उसने मुड़कर देखा। बाहरी कमरे में किसी की पदचाप सुनाई दी। उसने कहा, "कौन?" फिर हठात् इस विचार से कि कहीं भैया की नींद न टूट जाए, पैर दबाकर उधर ही बढ़ चली। अँधेरे कमरे में कोई खड़ा बड़बड़ा रहा था। ज्योत्स्ना ने कहा, ''कौन? कौन है यहाँ?''

"अरी, मैं हूँ और कौन?" खिसियाते हुए आगंतुक ने माचिस की सींक जलाते हुए कहा। और ज़ोर से बोल उठा, "पहचाना कि अब भी नहीं पहचान सकीं? वह हँस पड़ा।

ज्योत्स्ना ने नम्र स्वर में कहा, "धीरे अरुण बाबू! धीरे! भैया सो रहे हैं। बड़ी मुश्किल से नींद आई है।"

"क्यों?" उसने आगे बढ़कर स्विच दबाते हुए कहा, "क्या हुआ?"

कमरे में एकदम प्रखर प्रकाश फैल गया। अरुण कहता गया, "भैया को क्या हुआ? कुछ भी तो तुमने लिखा नहीं।" वह कुर्सी पर बैठ गया।

ज्योत्स्ना सामने खड़ी ही रही। उसने कहा, "अनेक दिन से बुखार आ रहा है। ज्वर के कारण कुछ भी नहीं कर पाते।"

"हूँ।" अरुण ने गंभीर होकर कहा, "और किशोर क्या करता है? इकबाल की कोर्निश?"

ज्योत्स्ना ने कुछ जवाब नहीं दिया। थोड़ी देर तक वह बाहर देखती रही, फिर उसने धीरे से कहा, "वे काम ढूँढ रहे हैं। करने से तो मिल ही जाएगा।"

अरुण ने कहा, "दवा दी है? किसकी दवा चल रही है? बैठ जाओ न? खड़ी-खड़ी कब तक रें-रें, में में करोगी?"

ज्योत्स्ना मुस्करा दी। यह अरुण की पुरानी आदत थी। वह जान-पहचान की स्त्रियों के लिए ऐसे ही शब्दों का उपयोग करके अपनी घनिष्ठता का परिचय दिया करता था। वह बैठ गई। अरुण ने उसकी ओर देखा। ज्योत्स्ना ने फिर गंभीर होते हुए कहा, "पहले डॉक्टर गांगुली को बुलाया था। खूब दाम खर्च हुए, फायदा नाममात्र को भी नहीं हुआ। तभी से यही अपने पुराने डॉक्टर मैत्रा, हैं न..."

अरुण ने सिर हिलाकर स्वीकार करते हुए पूछा, "यही होम्योपैथ न?"

"हाँ-हाँ..." ज्योत्स्ना ने कहा, "वही, वही कर रहे हैं इलाज़।"

"कुछ फायदा दीखा है?"

"न, न, दादा! अभी तो कोई फरक नहीं मालूम देता। दिन-रात कराहते हैं, वही बेचैनी, परेशानी, बदन में दर्द, सिर में दर्द, ताप और छोटी-मोटी अनेक बातें। कहाँ से आए इतनी दवा? आजकल तो हर जगह अकाल है। कुछ समझ में नहीं आता, क्या होगा?"

उसने एक बार दोनों हाथ मेज़ पर फैलाकर मेज़ को सहला दिया और फिर दसों उँगलियाँ आपस में गूँथकर बाहर की ओर देखने लगी। अरुण भी चुपचाप बैठा रहा। जब कुछ देर बाद ज्योत्स्ना ने सिर उठाया, उसने देखा, अरुण उसकी ओर एकटक दृष्टि से देख रहा था। अनजाने ही वह सकपका गई। अरुण की दृष्टि कुछ अद्‌भुत थी। वह मानो ज्योत्स्ना के शरीर के पार दीवार में जाकर कुछ ढूँढ़ रही थी। ज्योत्स्ना ने दो-एक बार कनखियों से उसको देखा, किंतु अरुण फिर भी वैसा ही बैठा रहा जैसे ज्योत्स्ना उसके सामने थी भी और नहीं भी थी। ज्योत्स्ना कुछ नहीं समझी। मन में एक बार एक भयद आशंका-सी काँप उठी। उसने कहा, "क्या सोच रहे हो, अरुण बाबू?"

अरुण चौंक उठा। उसने एक बार उसकी ओर फिर देखा। अबकी ज्योत्स्ना का वह अकाल-स्खलित यौवन उसके नयनों के सामने ऐसे धधक उठा, जैसे कोई जेठ की अँधेरी रात में धू-धू करके चिता जल उठती है। वह सिहर उठा। उसने कहा, "सोच तो कुछ भी नहीं रहा था। हाँ, इतनी बात अवश्य थी कि मैं आगे की बात पर विचार कर रहा था। भैया इतने बीमार हैं और किशोर अभी भी कुछ नहीं कर रहा है। फिर आगे क्या होगा? मैं तो उसे काम बता सकता हूँ; किंतु वह तो ठहरा कम्युनिस्टों का सहोदर, भला क्यों मानेगा वह? उसे घर की क्या चिंता? भैया ने इतने दिन जो कुछ खून-पसीना करके कमाया-खिलाया है, उसके लिए वह तो ज़िम्मेदार नहीं है?''

"तो आखिर चोरी-ओरी तो वह कर भी नहीं सकेंगे? कहीं जेल-वेल हो गई तो?''

अरुण ने हँस दिया। उसने मेज़ पर हाथ टेककर कहा, ''फिर वही मूर्खता? मैं तो सदा यही कहता आ रहा हूँ और कहता ही रहूँगा कि जिस दिन देश की स्त्रियों में अकल आ जाएगी उसी दिन सब ठीक हो जाएगा। मगर कोई नहीं मानता। अब मैं चोरी करके लाया हूँ? बाबा ने जब सुना कि मैंने डेढ़ महीने में बीस हज़ार रुपया कमाया, कहा कि मैं तो पहले ही जानता था कि अरुण नहीं करता तब तक कुछ नहीं करता, मगर जब उतर आता है तब अच्छे-अच्छे रह जाते हैं और वह बढ़ता ही चला जाता है।''

ज्योत्स्ना ने विस्मय से मुँह फाड़कर देखा और कहा, ''बीस हज़ार? तुमने अरुण बाबू कमाए बीस हज़ार! क्या कोई रेसकोर्स?''

अरुण कुढ़ गया। उसकी ऐसी ही कीर्ति थी कि लोग आसानी से उसके प्रति कोई ढंग का काम नहीं सोच पाते थे। उसने कहा, ''रेसकोर्स नहीं, लॉटरी नहीं। यह है मेहनत की कमाई, ईमानदारी की कमाई, व्यापार की कमाई।''

''तुमने व्यापार किया था?'' ज्योत्स्ना ने उसकी ओर देखा और हँस पड़ी। अरुण कुंठित हो गया। यह लड़की तो सारी बनी-बनाई शान को फूँक में उड़ा देना चाहती थी।

"हाँ-हाँ, व्यापार में," अरुण ने ज़ोर देते हुए कहा, "मैंने ढाका में चावल का व्यापार किया था और उसी में इतनी जल्दी इतना लाभ हुआ। किशोर चाहे तो उसे अपना साझीदार बना सकता हूँ।''

ज्योत्स्ना ने उसे दूसरी ओर देखते हुए देखकर कहा, ''वह ऐसा काम शायद ही करें। कोई भी सरकारी काम तो करते नहीं, न कोई सेठ महाजन की चाकरी करना चाहते हैं। वे कहते हैं कि ये सेठ ही इस अकाल के लिए जिम्मेदार हैं।''

अरुण ने उपेक्षा से वैसे ही कहा, ''तो यह देश का नुकसान करना है? एक महाराणा प्रताप तो बस वही है!''

ज्योत्स्ना ने टोककर कहा, ''वे कहते हैं कि आदमी को ईमानदारी से काम करना चाहिए। ऐसे तो सभी पेट भर लेते हैं।''

"तुम भी ऐसा ही सोचती हो?'' अरुण ने पूछा।

ज्योत्स्ना ने अनजान बनकर कहा, ''मैं तो कुछ भी नहीं जानती।''

अरुण ने मुड़कर कहा, ''ज़माना पहले अपना पेट भरने का प्रयत्न करता है, ने

क्योंकि अन्यथा आत्महत्या संसार का सबसे बड़ा पाप है, समझी! देश-वेश तब सूझता है जब पेट में ठंडक रहती है। आज तक सुना है किसी राह के भिखारी को देश का नेता होते हुए? राजनीति तब आती है जब मीटिंग में जाकर सभापतित्व करने को एक मोटर होती है। और किशोर कहेगा कि मैं डकैती करता हूँ?''

ज्योत्स्ना अनबूझ-सी देखती रह गई। अरुण भी तो ठीक ही कह रहा था। और अरुण ने उसी बात को छेड़ा, जो उसके दिमाग में सिर उठाने लगी थी।

“अच्छा, मान लो, किशोर वही करेगा जिसको वह ईमानदारी समझता है, किंतु उसका परिणाम क्या है, जानती हो?''

ज्योत्स्ना ने जानते-बूझते भी सिर उठाकर देखा। अरुण कहता गया, ''भैया ने तुम्हें आज तक अपना बेटा-बेटी समझकर पाला है। किंतु आज वे रुग्ण होकर ज्वर से मूर्च्छित हो गए हैं। आज उनमें इतनी शक्ति नहीं रही है कि वे तुम्हारा पालन कर सकें। उस समय किशोर अपने आदर्शों के पीछे जान देने चला है। कौन है जो पहले घर में आग लगाकर देश-सेवा करने निकलता है। तुम कहोगी, यह त्याग है। मैं कहूँगा, यह मूर्खता है। क्या एक दिन में देश आज़ाद हो सकता है? परमात्मा की मैं नहीं कहता। किंतु एक बात बताओ। तुम विधवा हो, तुम्हारी देख-भाल करने वाला भैया के अतिरिक्त कौन है?'' ज्योत्स्ना की आँखों में आँसू आ गए। उसने उन्हें मुँह फेरकर आँचल से पोंछ लिया। अरुण ने उसके हाथ को अपने हाथ में लेकर कहा, ''ज्योत्स्ना! काम चाहिए और उसे पाकर सफलता से करना भी चाहिए। इससे क्या फायदा कि सुबह से शाम तक धूल फाँकी, गप्पबाज़ी की और रात को घर आकर मुफ्त की खाकर सो रहे कि मैं तो देश-सेवा कर रहा हूँ। ऐसी देश-सेवा से न तो देश ही आज़ाद होता है, न अपने घर में ही शांति रह पाती है। न, न, मैं तो ऐसा नहीं कर सकूँगा।''

ज्योत्स्ना ने भी व्यंग्य से कहा, ''उनको क्या है? आज तक तो कमी रही न किसी बात की। भैया ने ही दुलार कर-करके बिगाड़ दिया। संसार में कोई बंधन नहीं, अपनापन नहीं। अरुण बाबू, आदमी और पुरुष होकर जो चार का पेट भरके हुकूमत नहीं कर सकता, वह मेरी नज़र में आदमी नहीं है। एक नहीं, दो नहीं, अनेकों ही आज सैकड़ों नौकरियाँ करते हैं। दिमाग तो ऐसे हैं कि करूँगा तो तीन सौ की, चार सौ की, यह नहीं कि सौ-पचास जो मिले वही ठीक है, घर पर रहें और काम भी चलाते रहें। चार सौ की तो कोई थैली खोले ही बैठा है। बस इनके पहुँचने-भर की देरी है।'' वह विषण्ण मुख से मुस्कराई और धीरे से बोल उठी, ''भाग्य अच्छा चाहिए, अरुण बाबू! भाग्य चाहिए। अपना ही दोष है, अपना ही, और किसी का नहीं।''

अरुण ने संतोष की साँस ली। मुँह ऊपर करके ज्योत्स्ना ने कहा, ''तुम्हारा घर फला-फूला है, ऐसा क्यों? ईर्ष्या की बात न समझना, बुद्धि भी समयानुसार ही चलती है। किशोर दा कोई निराले ही तो नहीं हैं। मैं तो आगे क्या होगा, यही सोच-सोचकर मरी जाती हूँ। तुम्हीं कहो न क्या करूँ? तुम्हारा भी तो कुछ बोलने का अधिकार है। कोई पराए नहीं, तुम्हारी माँ हमारी मौसी लगती थीं।''

अरुण ने सुना और कुछ सोचने लगा। ज्योत्स्ना उसकी ओर देखती रही। अरुण ने कहा, ''ज्योत्स्ना बचपन से ही मैंने तुमसे अत्यंत स्नेह किया है। मौसी की लड़की होने के कारण ही जो नहीं हो सका, वह शायद वैसे कितना सुंदर विवाह होता, यह मैं कभी-कभी सोच उठता हूँ। तुम हिंदू नारी हो। आज दुर्भाग्य से विधवा हो, इसी से मैं तुम्हारी इज्जत करता होऊँ, यह गलत है। सदा से मैंने तुम्हें अपने हृदय का पूरा सम्मान दिया है और तुम्हें अपना समझा है। इस पवित्र प्रेम को मैं संसार की सबसे बड़ी बात समझता हूँ। सुख-दुःख में सदा ही मैं तुम्हें सहायता देता रहूँगा। मैं जानता हूँ, तुम्हारी हालत अच्छी नहीं है। तुम मेरी बहिन हो, अतः मेरा तुम पर अधिकार है। जो मैं कहता हूँ, करो।'' अरुण ने यह कहकर जेब में से कुछ नोट निकाले और उसकी ओर बढ़ाकर कहा, "इसे अपना ही समझना। यह कोई उधार नहीं है। जब तुम इसे सदुपयोग में ले आओ, मुँह करके ही फिर माँग लेना। यदि तुम्हें मुझ पर विश्वास हो, मुझे अपना ही समझती हो, तो इसे स्वीकार करो और इसे अपने प्रेम की कीमत समझने की गलती कभी भी न करना।''

ज्योत्स्ना गद्‍गद हो गई, किंतु फिर भी आज तक जिससे कुछ भी नहीं लिया, उससे एकदम बिना किसी से पूछे कैसे इतने रुपए ले ले। अरुण ने फिर उसका हाथ पकड़कर स्नेह से कहा, ''पगली! संकोच करती है? तू इन्हें अपना समझकर ही रख। वक्त-बेवक्त काम आएँगे। किशोर तो गधा है, गधा। उससे कहने की भी कोई आवश्यकता नहीं। अरी, मैं क्या कोई पराया हूँ, जो तू इतना शर्माती है? देख, फिर भैया जाग जाएँगे। उनकी सेवा करना ही तेरा मुख्य धर्म है...''

अकस्मात् ही किशोर ने प्रवेश किया। अरुण का बढ़ा हुआ हाथ झटके से पीछे चला गया। उसमें अब भी नोट झलक रहे थे। ज्योत्स्ना कुर्सी पर से उठकर खड़ी हो गई। किशोर ने यह सब देख लिया। वह कुछ देर हाथ बाँधे उन दोनों को घूरता रहा, जैसे कुछ समझ में नहीं आ रहा था कि आखिर क्या करे?

कमरे की हवा में फिर दम घुटने लगा। अविश्वास का पंजा फिर गर्दन के चारों ओर जकड़ गया। अरुण ने नोट वाला हाथ अपने कुर्ते की जेब में रख लिया। ज्योत्स्ना ने कहा, "किशोर दा...''

किशोर ने सिर उठाया। ज्योत्स्ना ने फिर साहस करके कहा, "अरुण दादा कहते थे कि...''

किशोर हँसी। उसकी हँसी ने उसके वाक्य के टुकड़े-टुकड़े कर दिए और शब्द निस्सहाय से छिपकली की दुम की तरह शून्य में तड़फड़ाने लगे।

भीख की बात भी पीछे चली गई। यह जो एक नया संदेह, एक भयानक अभिशाप की छाया बनकर गूँज उठा, उससे वे दोनों विचलित हो उठे; किंतु दोनों का साहस मूर्च्छित हो गया। उन्होंने किशोर की ओर देखा।

क्रोध से उसकी आँखें लाल हो रही थीं। शराबी की तरह लड़खड़ाता हुआ वह अरुण के सिर पर आ खड़ा हुआ। अरुण ने देखा। वह मन ही मन विक्षुब्ध हो गया। हठात् ही क्षण-भर ज्योत्स्ना और अरुण, दोनों ही के मुँह पर स्याही-सी फिर गई। ज्योत्स्ना दहल

उठी। आज दादा के सामने यह क्या हो गया। किशोर ने उसी तरह पूछा, ''क्या दिया जा रहा है अरुण? कलकत्ते का और कोई घर नहीं मिला? मौसी आज जीती होतीं तो कितनी प्रसन्न होतीं?''

और वह एक बीभत्स हँसी हँस उठा, जिसने ज्योत्स्ना की आँखों को ज़मीन पर गाड़ दिया और अरुण न जाने क्यों इतना अक्खड़ होते हुए भी कुछ ढंग का उत्तर नहीं सोच सका।

"कुछ नहीं,'' उसने सकपकाते हुए कहा, ''योंही, भैया बीमार हैं...''

''तो?'' कर्कश स्वर में किशोर ने मुँह बनाकर पूछा, ''भीख देने के लिए सड़क पर आदमी नहीं मिलते? यहीं लाट साहब बनने आए हो? दो बीघे बंजर जमीन क्या मिल गई, बर्द्धमान के राजा बन बैठे?'' वह फिर एक बार ठहाका मारकर हँस उठा। जब से भैया बीमार हुए थे, उसने कभी मुँह खोलकर बात नहीं की थी कि उन्हें शोरगुल से तकलीफ होगी, लेकिन आज जैसे उसे इस सबकी कोई चिंता न थी। अरुण का समस्त बल लुप्त हो गया। आज वह उपकार करता हुआ भी एक घोर पाखंडी के रूप में पकड़ा गया था। मन में आया, कह दे कि इस ऐंठ का परिणाम कुछ नहीं होगा। भैया बिना इलाज़ के रह जाएँगे और तुम दोनों तो सड़क पर दाने-दाने को तरसोगे ही, किंतु संकोच ने रोक दिया कैसे कहे कि रुपया देकर वह उपकार कर रहा था। आज वह मौसी के घर में खड़ा था– वह मौसी जिसके मरने के बाद भी उसके स्वाभिमान की पूरे कुटुंब में एक स्वर से प्रशंसा है। वह आज उस घर में खड़ा था जिसके निवासियों ने स्वयं भूखे रहकर भी अपने-तमाम आश्रितों को मान और प्रेम से खिलाया था। इतनी बड़ी बात सोचकर वह चुप रह गया। किशोर कुछ देर नीचे देखता रहा। ज्योत्स्ना का वैधव्य पुकार-पुकारकर अंतराल में जैसे क्षण-भर के लिए अवरुद्ध-सा आर्तनाद कर रहा था। क्या समझा होगा किशोर ने? यही कि इसीलिए मैं चाहती हूँ कि वह दूर ही दूर रहे? और जब भैया बीमार पड़े हैं, तब मुझे यह सब सूझ रहा है। मन में आया, पैरों पर गिरकर कहे कि तुम मुझे गलत न समझ लेना। मैं बिलकुल पवित्र और निर्दोष हूँ। किंतु फिर भीतर की शक्ति ने कहा, क्यों? क्षमा किस बात की माँगू? यदि वे पूरी बात न सुनकर गलत मतलब लगा लें तो इसमें मेरा क्या दोष?

किंतु इसी समय उसके कानों ने अविश्वास करते हुए सुना, ''अरुण! तुम्हें यदि गर्व है कि तुम एक रईस के बच्चे हो तो सुन लो कि हम भी कोई भिखारी नहीं हैं, समझे! अपमान करने का यदि तुममें साहस है तो आकर मुझसे बात करो। पुरुष होकर स्त्रियों को बहका लेना और उन पर अपना अहसान लादना भले आदमियों का काम नहीं होता। माना कि हम आज गरीब हो गए हैं, किंतु हम अपना मान नहीं बेच सकते। मैं जानता हूँ, तुम्हारे कागज़ मामूली नहीं हैं। उन पर वह मुहर लगी है जिसके बल पर कुत्ता भी अपने को न जाने क्या समझने लगता है। किंतु तुम जो भयानक षड्यंत्र रच रहे हो वह कभी पूरा नहीं होगा, समझे! निकल जाओ यहाँ से, और यदि तुममें कुछ भी अपने मानापमान का भाव होगा, तो आइंदा यहाँ कभी नहीं आओगे। निकल जाओ, मैं कहता हूँ, देख क्या

रहे हो? निकल जाओ।''

अरुण सिर झुकाए चला गया। ज्योत्स्ना सिर झुकाए खड़ी रही। किशोर का इतना भयानकता से विकृत मुख उसने आज तक नहीं देखा था। वह समझ नहीं पा रही थी कि आखिर क्या कहे, कैसे हो!

किशोर कुर्सी पर बैठ गया। उसने ज्योत्स्ना की ओर एक बार भी नहीं देखा।

उसी समय भैया ने कराहकर पुकारा, "ज्योति!''

ज्योत्स्ना बढ़ने लगी। किंतु किशोर ने कठोर स्वर में कहा, ''रहने दे ज्योत्स्ना! इन हाथों से उन्हें न छू! अन्यथा उनकी बीमारी कभी भी नहीं जाएगी। मैं जाता हूँ।''

और उत्तर की प्रतीक्षा किए बिना ही वह भैया के कमरे में घुस गया। ज्योत्स्ना की आँखें फटी की फटी रह गईं, जैसे सफेदी पर उसकी पुतलियाँ ऐसी ही थीं, मानो सफेद- स्याही सोख पर किसी ने स्याही के धब्बे डाल दिए हों, निःस्पंद-सी, भावहीन, शून्य और निर्जीव-सी...

आग का प्यार

और इंदु सड़क पर बिलख-बिलखकर रो उठी। देर तक वह गोविंद की प्रतीक्षा करती रही। जब वह नहीं आया तो इधर-उधर घूमकर देखा। एकाध आदमी को रोककर भी पूछा। किंतु जब वे लोग अनादर से उसे दुत्कार गए, तब उसका रहा-सहा साहस भी जाता रहा। रात बहुत बीत गई, दुकानें बंद हो गईं। सड़कों पर डरावना अंधकार छा गया, जिसको कभी-कभी कोई कराह तोड़ देती थी। इंदु वहीं फुटपाथ पर पड़ी-पड़ी सोचने लगी। पत्थरों पर उसका शरीर दुखने लगा, क्योंकि इधर कुछ दिन से वह बुढ़िया के यहाँ गद्देदार बिछौने पर सोने लगी थी। अब उसे याद आया कि वह वास्तव में बुढ़िया के यहाँ कितने सुख से थी। समय से दोनों वक्त खाना मिलता था, आराम से सोती थी, पर अब? अब कहीं कुछ न था। बुढ़िया के घर का कोई पता नहीं। याद करके भी जिस गली का नाम वह बार-बार भूल गई, वहाँ जाकर भी क्या बुढ़िया घुसने देगी, जिसने उसे वहाँ से धोखा देकर बाहर निकाला है?

इंदु काँप उठी। रात का सारा अँधेरा सघन होकर आसमान से ज़मीन पर झूल रहा था।

सोचते-सोचते इंदु सो गई। जब उसकी आँख खुली, उसने देखा, सड़क खूब चल रही थी। अनेक बाबू और बबुआइने राह पर चल रहे थे। उसने देखा, अनेक भिखमंगे टोल के टोल खड़े होकर गा-गाकर माँग रहे थे। वह भी उन्हीं में जाकर मिल गई। एक-एक करके दसों रुपए खत्म हो गए।

साँझ हो गई। धीरे-धीरे फिर भिखमंगे छितरा गए। इंदु ने देखा, वह अकेली रह गई थी। रात को वह एक बिहारी पान वाले की सड़क के किनारे सजी छोटी दुकान के

साये में जाकर सो गई। दुकानदार खाँस रहा था। उसने निकलकर देखा और कहा, ''कौन है?'' इंदु नहीं समझी। तब पान वाले ने टूटी-फूटी बंगला में कहा, ''क्या कर रही है यहाँ?''

इंदु ने कुछ नहीं कहा, उठकर खड़ी हो गई। पान वाले ने पास आकर देखा।

मन ही मन उसने कहा—ठीक है। उसके बड़े-बड़े दाँत पिचके गालों में से झलक उठे। उसने सिर हिलाकर कहा, ''सोना चाहती है? सो रह।'' और फिर हँसकर कहा, ''क्या अकेली है?''

इंदु ने नीरस स्वर में कहा, ''हाँ। कुछ खाने को दो।''

बिहारी हँसा। ''आ'' उसने घरघराते शब्दों को ऐसे अपने मुँह के बाहर कर दिया जैसे बहुत बड़े फाटक के बंद करने पर चूलें झूलती-सी चरमरा जाती हैं।'' भीतर चल। सो रह। देखें, शायद कुछ खाने को भी एक-आध टुकड़ा पड़ा हो!''

इंदु इसके साथ दुकान में चली गई। एक ओर इंदु को बैठाते हुए उसने कहा, "हमारा नाम गुरू है, समझी! गुरू! अपना देश छोड़कर हम यहाँ रहते हैं। परमात्मा ने हमको यहाँ का रोटी-पानी लिखा है, समझी? यह एक मोटी रोटी बची है, खा ले।''

इंदु दुबकी-सी कोने में दोनों हाथों से रोटी खाने लगी, जैसे चुहिया आगे के पैर उठाकर कुतर-कुतरकर कोने में कुछ खाने लगती है। गुरू उसकी यह हालत देखकर हँस उठा।

''कितने दिन से भूखी है?'' गुरू ने पास खिसककर पूछा।''

कल से नहीं खाया।''

''अरी, तब तो कुछ भी नहीं, यहाँ तो कई-कई दिन की भूखी सोई हैं। ब्याह हो गया?''

''नहीं,'' इंदु ने कहा, और न जाने वह क्यों लजा गई। हलकी दीपक की ज्योति में गुरू ने देखा और भाँपा। उसने कहा, ''नाम क्या है?''

''इंदु,'' उसने एक घूँट पानी पीकर कहा। गुरू ज़ोर से हँस पड़ा। ''वाह! क्या नाम है? है तो सकल की भी अच्छी। कौन जात है? बाप-माँ हैं? क्या काम होता है तेरे?''

"अब तो कुछ भी नहीं होता। पहले किसान थे।''

''और तेरा कोई नहीं है?''

"कोई नहीं।'' कहने के साथ ही वह काँप उठी, जैसे उसने अब तक के सब पापों से बड़ा पाप किया हो। किंतु कैसे बताती वह, किस मुँह से बताती कि बाबा हैं, चाचा हैं। लेकिन कौन जाने, हैं भी या नहीं? क्या ठीक कि अकाल में वे सब भी मर न गए हों। वह फिर काँप उठी।

''डरती क्यों है?'' बिहारी ने अपना फर्श हाथ उसके शरीर पर रखते हुए कहा, ''सो रह, सो रह।'' और उसने अपने बिस्तर की ओर इशारा किया। इंदु सकपकाई-सी बैठी रही। बिहारी ने सहानुभूति से कहा, ''देश छोड़ दिया, सब कुछ छोड़ दिया इस पापी

पेट की खातिर। आज तक ब्याह नहीं हुआ। अब दो की मदद करता हूँ। मौके पर हाथ देकर दुःख बँटाना ही तो सबसे बड़ा काम है। वह उठा और लोटा भरकर पानी पिया फिर बीड़ी सुलगाई और धुआँ छोड़कर खाँसता हुआ कहने लगा, ''परमात्मा सबकी सुनता है। बारह बरस में तो घूरे के भी दिन फिरते हैं।''

बहुत रात बीते, जब इंदु उसी के बिस्तर में जगी, उसने देखा बिहारी जाग रहा था। वह उठ बैठी। बिहारी ने कहा, ''जा अब! क्या यहीं घर बसाने की ठान ली है तूने?''

इंदु को अत्यंत क्रोध हो आया। यह व्यक्ति जो रात-भर उसके साथ सोया है, अब काम निकल जाने पर इतनी कठोरता से पेश आ रहा है! उसने एकदम निर्लज्जता से कहा, ''सो?''

बिहारी ने कुहनी के बल शरीर उठाकर कहा, ''अब जा! रोटी खिला दी, बिस्तर दिया, अब क्या जन्म-भर सताएगी? कोई तू ऐसी पहली ही तो नहीं है?''

इंदु झल्ला उठी। उसने कहा, ''तो क्या कोई ऐसी-वैसी समझ रखा है?''

"ओ हो, हो''—बिहारी मुँह में हवा भरकर अजीब ढंग से हँसा, जिसको सुनकर इंदु हठात् कुंठित हो गई। ''बड़ी सती है? जा परमेसुरी, अब दिन निकलने वाला है। आज तक गुरू पर किसी ने आँख नहीं उठाई, जा।'' फिर एकाएक स्वर धीमा करके बोला, ''तो तुझे क्या सदा के लिए जाने के लिए कह रहा हूँ? अरी पगली! अरे, कल फिर रात को आ जइयो। दिन में नहीं। समझी? दिन में नहीं। यहीं खाइयो। ठीक? फिकर मत करना। रात को आ जइयो।''

इंदु संतुष्ट-सी दुकान में से निकल आई और वहीं बाहर फुटपाथ पर लेट रही।

पौ फटने लगी थी।

दिन-भर इंदु घूम-घामकर थकी-माँदी फिर रात को आकर गुरू की दुकान में पड़ रही। गुरू ने देखा और हँसा। इंदु भी मुस्करा दी। परमात्मा ने यह एक अच्छा सहारा ला दिया, अन्यथा न जाने कहाँ-कहाँ दर-दर भटकना पड़ता। गुरू उस समय खाना खा रहा था। इंदु उसकी ओर बढ़ी। गुरू ने कहा, ''हाँ-हाँ, उधर ही, उधर ही। अभी मैं खा लूँ तभी तो तू खाएगी। ठीक है न? समझी?'' और वह आँखें नचाकर मुस्कराया, ऐसे कि बड़ी-बड़ी मूँछ हिल उठीं। जब वह रोटी चबाता था, तब एक अजीब तरह की आवाज़ आती थी। इंदु को याद आया, गाँव में एक बछड़ा ऐसे ही बैठकर जुगाली किया करता था, जिसे देखकर वह स्नेह से हँस देती थी। आज वह उसी दृश्य को देखकर फिर हँस पड़ी। गुरू ने कहा, ''क्यों? हँसी क्यों?'' और मन ही मन प्रसन्न होकर उसने सिर हिलाया, जैसे यह अच्छा रहा। दो रोटी में यह सौदा बुरा नहीं, एक रोटी वह कम खा लेगा मगर रात अच्छी बीता करेगी। दिन का तो कोई टंटा नहीं। देखो, परमात्मा की भी अजीब गति है। अकाल क्या आया, रोटी गायब हुई, मगर औरत तिनके-तिनके पर आ बैठी? और एक ज़माना वह भी था कि महरी का साया पड़ना भी एक अचरज की बात थी। तब तो सिरफ बड़े आदमियों के सुख की बात थी।

इसी उधेड़बुन में उसने जल्दी-जल्दी दो-चार कौर मुँह में डाले और एक लंबी डकार

ली, जिसकी आवाज़ ने उसकी आत्मा को संतुष्ट कर दिया। वह उठा, हाथ धोकर इंदु के हाथ पर दो रोटियाँ धर दीं और उसे चुपचाप एकाग्रचित्त से खाते देखकर धीरे-धीरे चमकती आँखों से देखता हुआ रह-रहकर मुस्कराने लगा।

खाने के बाद इंदु उसके बिस्तर पर जाकर लेट रही और दोनों सो रहे। सुबह इंदु अपने आप उठकर चली गई। गुरू आँख खोलकर तब तक देखता रहा जब तक वह बाहर नहीं निकल गई और फिर जब उसने टटिया उढ़का दी, आँख बंद करके फिर पड़ रहा।

किंतु छठे दिन जब इंदु आई, उसने देखा, गुरु गंभीर और भयानक रूप से स्तब्ध था। वह पहले तो चुपचाप खाता रहा और इंदु कुछ न समझी-सी बैठी रही। जब वह खा चुका तब वह उठकर बिस्तर में जा लेटा जैसे आज उसे इंदु से कोई मतलब न था इंदु सकपकाई-सी बैठी रही। जब काफी देर बीत गई और उससे कुछ भी नहीं कहा गया, तब लाचार होकर उसने कहा, ''आज कुछ नहीं दोगे?''

गुरू उठ बैठा। एक बार उसने इंदु की ओर घूरकर देखा जैसे अब और क्या चाहती है? तेरा भला करने पर ही तो यह फल मिला। इंदु को लगा जैसे वह अभी तक एक हठीले बालक के समान था तो गुस्सा हो गया था; किंतु फिर भी जिसका स्नेह उसे एक पशोपेश में डाले था। गुरू ने क्रोध और घृणा से देखा और फिर एकाएक जाने क्यों उठा। कटोरदान से निकालकर दो रोटियाँ उसके हाथ पर धर दीं और कहा कुछ नहीं। इंदु बिना कुछ सोचे हुए चुपचाप खाने लगी। गुरू भेड़िए की तरह गुर्राता हुआ उसे देखता रहा और बीच-बीच में दाँतों से नीचे का होंठ काट लेता जैसे उसे कहीं बड़ी भयानक पीड़ा हो रही थी, जिसके दर्द से अधिक उसकी लाज उसे भीतर ही भीतर खाए जा रही है।

जब इंदु खाकर पानी पी चुकी, वह लाज से मुस्कराती उसके बिस्तर की ओर चल पड़ी। एकाएक गुरू का कठोर स्वर उसके मुँह पर घूँसे की तरह बज उठा, "दूर रह! खबरदार कुतिया, नहीं तो! छू मत।''

इंदु के पैर ठिठक गए, वह वहीं खड़ी रह गई। वह समझी नहीं। उसे लगा जैसे वह कठोर शरीर का बर्बर पशु उसे मार डालेगा। भय से उसका कंठ अवरुद्ध हो गया। पैर डगमगाए, वह वहीं बैठ गई। गुरु हँसा। कितनी कड़वाहट थी उस हँसी में कि इंदु का दम घुटने लगा। जिस आदमी की दो रोटियों के लिए उसने अपना सब कुछ बेच दिया, वही अब अकारण उसका अपमान कर रहा था? इंदु को मन ही मन क्रोध आया, किंतु फिर उसने कहा, ''क्या हुआ? क्या पागल हो गए हो?''

गुरू और भी बर्बरता से हँसा, जैसे चाहता तो वह उसके टुकड़े-टुकड़े कर देता, किंतु अभी चुप था। इंदु डरी-सी देखने लगी। गुरू की हँसी जब थमी तब उसके हृदय में भयानक आतंक छा गया; जैसे वह राक्षस के सामने बैठी थी, जो उसे कभी भी मार डाल सकता था। गुरू ने घृणा से कहा, ''बड़ी सीधी बनकर बैठी है हरामज़ादी, जैसे कुछ जानती ही नहीं। मालूम है, तूने क्या किया है?''

इंदु ने जब सिर उठाया तो जैसे गुरू का मुँह किसी ने बलपूर्वक दाब दिया। वह कुछ भी न कह सका। इंदु जड़ हो गई। न जाने उससे कौन-सा ऐसा महान अपराध

हो गया था कि इस व्यक्ति को, जिसने इतने स्नेह से उसे आश्रय दिया था, ऐसी असह्य यंत्रणा हो रही थी। यह बोली, "तो कहते क्यों नहीं? कसूर किया है तो मारते क्यों नहीं। भीतर ही भीतर क्यों घुट रहे हो?''

सचमुच जैसे गुरू का उठने वाला हाथ किसी ने पकड़ लिया। वह फिर परास्त हो गया। अभी-अभी उसने इरादा किया था कि मारते-मारते उसको चटनी कर दे। किंतु इस बात से तो लगता है कि वह स्वयं अनजान है, उसे भी किसी ने यह भयानक उपहार दिया है जिसे मजबूरियों के कारण उसने चुपचाप स्वीकार कर लिया है।

अजीब परिस्थिति पैदा हो गई। दोनों ही अपने-अपने को दोषी समझ रहे थे और भीतर ही भीतर अवरुद्ध-से छटपटा रहे थे।

गुरू ने ही कहा, ''इतनी-सी लड़की, वैसे तो तू कम भी नहीं है। दुनिया के कान काट रही है।''

उसके पास जैसे और कोई शब्द ही नहीं था इंदु का दुःख उसे ज्ञात था। दो रोटियाँ देकर जो उसने उसकी मजबूरियों का नाजायज़ फायदा अपने अंधेपन में आकर उठाया है, परमात्मा ने उसे यह उसी का दंड दिया है। फिर भी उसे क्रोध था। इंदु उसकी बात सुनकर हँस दी और निर्लज्जता से बोल उठी, ''तुम मुझे अब भी छोटी कहते हो?

गुरू को रास्ता मिल गया। वह इसी की प्रतीक्षा कर रहा था।

''तो यही राह थी तुझे बड़ा बनने की, सूअर की बच्ची! राह की कुतिया! कमीनी! एक तो तेरा पेट भरा, उस पर यह किया तूने कि मैं अब कहीं भी मुँह दिखाने का न रहा। इस बुढ़ापे में यह दाग लगाया तूने!''

इंदु ने पहली बार देखा कि वह वास्तव में अधेड़ भी नहीं था। उतर चुका था बुढ़ापे की तरफ। शायद यही उसकी ममता का एकमात्र कारण था। उसे देखकर उसे अपने घर की याद आने लगी। क्या बाबा ने कभी उसके बारे में यह भी सोचा था? यह उन्हें अगर कहीं अंदेशा भी हो आता तो गला घोंटकर मार डालते।

गुरू ने किटकिटाकर कहा, ''सूअर की बच्ची! कुतिया!'' और फिर इसके बाद गंदी गालियाँ देता हुआ सड़क के कुत्तों से उसका न जाने कैसा-कैसा रिश्ता जोड़ने लगा।

इंदु चेत पड़ी, "क्या है? क्यों बक रहे हो?'' उसने सिर उठाकर कहा, "क्या किया है ऐसा मैंने?''

गुरू ने इधर-उधर देखा। और कुछ भी नहीं सूझा, एक ज़ोर का थप्पड़ उसके मुँह पर जड़ दिया। इंदु उसके झटके से भूमि पर लेट गई और फिर हठी बालिका की भाँति आँखों में आँसू भरे चिल्लाई, "मार डाल पशु, मार डाल! तेरे घर में आग लगे! तेरे मुँह में कीड़े पड़ें। कमीना! आया बड़ा मारने वाला।''

गुरू ने फूत्कारकर कहा, ''खींच लूँगा ज़बान जो बोली है। डायन! न जाने कहाँ-कहाँ से...'' और उसने कुछ इतनी काँटेमार गालियाँ दीं कि इंदु किचकिचाकर रह गई जैसे दाँतों को भींचकर वह उन गालियों को मुँह में जाने से रोक रही थी।

गुरू कह रहा था, ''मैंने तुझे आश्रय दिया, सोने को जगह दी और तूने मुझे क्या

दिया?''

''क्या दिया सो? बोल?'' इंदु ने रोते-रोते कहा, ''तेरे घर में आग लगा दी?''

"घर तो दूर, उल्लू की पट्‌टी, तूने मुझमें आग लगा दी। इस बुढ़ापे में जो बीमारी तूने दी है लाड़ली...''

और एक लात उठकर इतनी ज़ोर से मारी कि कमर पकड़कर इंदु ज़ोर से रो उठी। तो क्या उसे बीमारी थी? एकदम एक चक्कर-सा आया, उसने ज़मीन पर सिर टेक दिया। गुरू ने देखा। कुछ देर खड़ा रहा, फिर बैठकर गोद में सिर धर लिया और हवा करने लगा। जब वह फिर भी आँखें मूँदे पड़ी रही, खींचकर बिस्तर पर लिटा दिया और पानी के छींटे मुँह पर मारकर पास बैठ रहा। इंदु ने थोड़ी देर बाद आँखें खोलीं, वह बौरा गई थी। गुरू ने स्नेह से उसके सिर पर हाथ फेरा। आँखें मूँदकर फिर पड़ रही। गुरू चुपचाप देखता रहा और फिर बगल में लेट रहा। थोड़ी ही देर में दोनों सब कुछ भूल गए और आलिंगन में बँध गए।

जब रात बीतने की बेला आई, गुरु के दर्द होने लगा। उसे अत्यंत क्रोध आया। उठा और बिना कुछ कहे-सुने इंदु को लात और घूँसों से मारने लगा। थोड़ी देर तक तो वह चिल्लाती रही और फिर जाने क्यों गला रुँध गया। औंधी पड़ी-पड़ी चुपचाप मार खाती रही और सिसकती रही। पिटते-पिटते वह बेहोश हो गई। गुरू फिर भी उसे मारता रहा।

रात में कहीं दूर चार के घंटे बजे। तब इंदु की आँखें खुल गईं। उसने कराहकर करवट बदली और प्रयत्न करके उठकर बैठ गई। उसने देखा, गुरू रो रहा था जैसे उसने पाप किया हो। खिसककर पास गई और धीरे से पूछा, "रोते क्यों हो?''

गुरू ने जवाब नहीं दिया।

इंदु ने कहा, "छि! मरद होकर रोते हो? तुम्हें लाज नहीं आती? मैंने भी तो तुम्हारा भला नहीं किया। मगर मैं कसम से कहती हूँ, मैं बिलकुल नहीं जानती थी।''

''झूठ!'' गुरू बीच में कठोर स्वर से टोक उठा।

इंदु ने फिर कहा, ''तुम्हारी कसम, सच कहती हूँ।''

अबके गुरु हँसा। ''सच कहती है!'' व्यंग्य से पूरा मुँह भर गया, जिसे उगल देना ही ठीक था। "अब क्यों सता रही है? जा परमेसुरी! अब तो जा!''

''जाऊँ?'' इंदु ने पूछा।

"हाँ-हाँ, जा बिलकुल जा।'' उसने निश्चय से कहा।

"तो अब नहीं घुसने दोगे?'' इंदु ने शंकित होकर पूछा।

''नहीं, तू रहेगी तो मेरा इलाज कैसे होगा? नहीं होगा। जा! अब लौटियो मत।'' उसने मुँह फेर लिया। इंदु उठकर खड़ी हो गई। आँखों में आँसू भर आए। द्वार तक पहुँच गई। जी नहीं माना, मुड़कर देखा। गुरू ने पूछा, "जा रही है? सच?'' इंदु को लगा जैसे वह लौटा रहा है, जैसे उसकी समस्त ममता उसे खींचे ले रही है। उठकर बोली, ''हाँ! जा रही हूँ।'' गुरु ने सिर नीचा कर लिया। अब इंदु के लिए और कोई राह नहीं रही। कुछ देर खड़ी रही और फिर बाहर चली गई। गुरू देर तक उसी ओर देखता रहा, फिर

एक बार ज़ोर से रो उठा और बिस्तर पर मुँह छिपाकर लेट गया।

अनेक दिन बीत गए। इंदु को जब कभी याद आती, बैठकर राह पर रोती और मन करता, फिर लौट चले। वह परदेशी था कितना अच्छा! बड़ा दिल था उसका। किंतु फिर हिम्मत नहीं पड़ती। राह पर ही भीख माँगती पड़ रहती। अब उसके शरीर पर फोड़े फूट निकले थे। रात को जब अँधेरा छा जाता और पत्थरों से इंदु की पीठ छिलने लगती, तब ज़ोर-ज़ोर से साँस लेते हुए वह आदमी की पीठ पर बाँहें कसके ज़ोर से उसके कंधे पर दाँत गड़ा देती। कभी-कभी कोई सिपाही आता और रोशनी ऊपर चमकाता। वह हाथ न हटाती, ऊपर अलग होने का प्रयत्न करते पुरुष को जाने नहीं देती और जब सिपाही ठोंकरें मारकर उनको अलग करता तो उठती और दस कदम पर जाकर फिर सो रहती। उसे मालूम था कि वह एक भयानक बीमारी से ग्रस्त थी, जिसकी यंत्रणा असह्य होने पर वह घंटों पथ पर पड़ी पड़ी छटपटाया करती। अब कभी उसे सड़क चलतों को खुलेआम बीमारी बाँटते हुए संकोच नहीं होता। रात के अंधकार में जब आदमी उसका चेहरा नहीं देख पाता, जब वह उसका मुख नहीं देख पाती, उसे कोई भी भय न होता। बीच-बीच में वह अपने रोग की पीड़ा से कराह उठती-चलते वक्त आदमी यदि उसके हाथ पर एक आना रख देता तो वह उसे भूरि-भूरि आशीर्वाद देती, किंतु अधिकांश उसे दो पैसे से अधिक नहीं देते।

एक रात अंधकार में किसी ने उसके ज़ोर से लात मारी और उसका फुसफुसाता स्वर गूँज उठा ''हरामज़ादी! कुतिया!''

इंदु मन ही मन हँसी और चिल्ला उठी। आदमी ने उसे लात और घूँसे मारकर गिरा दिया और ऊपर चढ़कर मारने लगा। इंदु की घोर चीत्कार सुनकर चारों ओर से भूखे आ-आकर इकट्ठे होने लगे। कोलाहल होने लगा। जब दूर सिपाही की रोशनी दिखाई दी, वह आदमी कहीं अँधेरे में भाग गया। सिपाही ने आकर देखा, एक गंदी भिखारिन बैठी गंदी-गंदी गालियाँ दे रही थी। वह चुपचाप लौट गया। इंदु के शरीर में अत्यंत पीड़ा होने लगी। उसे उसने बड़ी बुरी तरह पीटा था। कुहनी पत्थर से टकराकर फूट गई थी और ठोड़ी छिल गई थी। छीना-झपटी-सी में कपड़े फट गए थे। सुबह इंदु प्रयत्न करके उठी और लाज छिपाने के लिए एक आड़ में साड़ी ऐसे बाँधने लगी कि फटा-फटा भाग अंदर हो जाए। जब वह सड़क पर निकली, राह पर बैठे दो आदमी उसे देखकर ठठाकर हँस पड़े। किसी तरह भी वह अपनी लाज नहीं ढक सकी थी।

जब उससे निर्बलता के कारण नहीं चला गया, तब एक मकान के दरवाज़े पर बैठ गई और रिरियाकर माँगने लगी। मोटा-सा काला मकानदार बाहर निकला। इंदु के घावों पर मक्खियाँ भिनभिनाते देखकर उसका मन घृणा से भर गया। इंदु ने सुना, वह कह रहा था, ''सुबह ही सुबह आ गई तू हरामज़ादी! अकाल क्या हुआ, जान आफत में आ गई। जब देखो, एक न एक दरवाज़े पर सर तोड़ रहा है। भीख माँगे सो माँगे, और न जाने क्या करती फिरती है...''

इंदु ने घिघियाकर कहा, ''बाबू, बीमार हूँ,'' और ज्योंही उसने घाव पर से साड़ी

हटाई, बाबू बुरी तरह चिल्ला उठा, ''उठ उठ, हरामजादी! यहाँ आकर बैठ गई है, मारेगी क्या हम सबको? तब नहीं सोचा था?''

"बाबू बहुत दर्द हो रहा है,'' वह रो उठी; किंतु बाबू तड़पकर आगे बढ़े और इंदु की पीठ में एक लात दी। वह लुढ़ककर सड़क पर आ रही। उसने केवल इतना सुना, ''देखा, बेशर्म मुझे कैसे समझा रही है, जैसे मैं ही तो इसका यार हूँ...''

इंदु दर्द से पड़ी पड़ी बड़ी देर तक कराहती रही और बहुत देर के बाद जब वह चली, तब उसके पाँव लड़खड़ा रहे थे। कोई कह जाता था—मरी है, कोई कहता था—खूब पिलाई है किसी ने, और गंदी आवाजें उसके चारों तरफ फंदा बनकर कस जातीं। किंतु अपमान की वह पैनी तलवार भी अब भौंटी हो चुकी थी।

महानगर की सड़कों पर उस समय बड़ी-बड़ी मोटरें दहाड़ती हुई भागी चली जाती थीं और इंदु बेठी राह किनारे के 'डस्टबिन' में से खाने को कुछ हाथ डालकर खोज रही थी।

साँप की कुंडली

छुटकी तो मर गई। हरिदासी बहुत रोई, बहुत रोई, किंतु न वह रोने से लौटी, न सिर पीटने से। कभी हरिदासी जाकर पालने के पास बैठती और सोचने का प्रयत्न करती। कभी-कभी सचमुच ऐसा लगने लगता कि टटिया के पीछे कोई बालिका किलकारी मारकर हँस रही है, मगर वह सब भ्रम था। वहाँ जो कुछ होता तो यह सब भी सफल होता। छुटकी को तो अकेला कालीपद पंखे पर बाँधकर, चिथड़े ओढ़ाकर समुद्र में फेंक आया था और जब हरिदासी बहुत रें-रें, में-में करने लगी थी, और बादल दबका-सा सूजी-सूजी-सी आँखें लिए सहमकर उसे देखने लगा था। कालीपद ने उसे पहले तो फटकारकर चुप कर दिया था और चुप होने पर स्नेह दिखाकर फिर रुला दिया था, स्वयं रो दिया था। छुटकी मरी ही इसलिए थी कि दूध नहीं मिला था और कालीपद जो ज़मीन बेचकर आया था, उसके अतिरिक्त उसे चट्टोपाध्याय ने धेला भी कभी नहीं दिया। सब कुछ होते हुए भी वह जीवित था, यहाँ तक कि बादल को जीवित देखकर हरिदासी को विस्मय हो आता, उसकी उपस्थिति से चिढ़ होती और गैरहाजिर छुटकी के प्रति उसकी ममता बढ़ती जाती और लड़-झगड़कर, मार-पीटकर, बार-बार रुलाकर भी, जब रात हो जाती, भूखा या अधखाया अथवा माँ का भोजन खाया बादल सदा स्नेह-भरी छाती के सूखे स्तनों के नीचे अपने-आपको पाता और अँधेरे से डरकर चुपचाप बहुत कमज़ोर-सा होंठ भींचकर आँखें बंद करके सो जाता। कालीपद का नारियल अब भी गुड़-गुड़ करता। धुआँ निकलकर छितर जाता। उसकी खाँसी निरावरण बाँसों से टकराकर खड़खड़ा उठती।

आज सुबह ही से हरिदासी चिड़चिड़ा उठी। कालीपद ने कहा, ''क्या हुआ जो? क्यों भोर हुए काँय-काँय कर रही है?''

"तुम्हें सदा अठखेली सूझती है," हरिदासी ने काटकर कहा, "मालूम है, तुम्हारे लाड़ले ने एक नई बिपत खड़ी कर दी है। चुप नहीं रहा जाता उससे?"

"अरी, तो हुआ क्या आखिर? कुछ कहेगी भी कि बस चकड़-चकड़ किए जाएगी। औरतों का स्वभाव ही कुछ ऐसा होता है। परमात्मा ने सब कुछ दिया, मगर इन्हें अकल नहीं दी।"

"मालूम है, उसे ताप हो आया है?" जैसे उसने कोई बड़ा अपराध किया हो, हरिदासी ने स्वर उठाकर कहा।

"ओहो, तो इसमें उसका तो हाथ है जैसे? भूखा है बेचारा, कब तक झेलेगा? हम-तुम तो चंगे हैं बेशर्म?"

हरिदासी चुप हो गई। कालीपद ने जाकर देखा। हरिदासी ने उसके शरीर पर हाथ रखकर कहा, "देखा, कितना जल रहा है!"

"हाँ," कालीपद ने उदास होकर कहा। बादल लेटा हुआ था, जैसे उसे मालूम था कि वह माँ बाप का एक बोझ था, और इसीलिए कातरता से मुख काला पड़ गया था। कालीपद का हृदय भर आया। वह वैसे ही स्नेह-भरी आँखों से देखता रहा।

बाहर आकर हरिदासी ने कहा, "एक बात कहूँ?"

"कह न?" कालीपद ने कहा, जैसे कहने-सुनने का अधिकार अब भी उन्हीं का था, क्योंकि उससे आगे कोई चारा नहीं था।

हरिदासी ने कहा, "एक बार मालिक के पास जाते। कहते, बच्चा बीमार है।" कहते-कहते आँखें भर आईं।

कालीपद ने कहा, "अब तो ज़मीन भी अपनी नहीं है, किसलिए जाऊँ, जाकर भी क्या होगा?"

"तो जाने में कुछ हरज है? वह बड़े आदमी हैं। उनके बीस काम हैं। तुम्हें एक नहीं दे सकेंगे?"

"बीस काम हैं तो आदमी चालीस हैं। आधा-आधा भी बाँटेंगे तो कहाँ तक?"

इसी समय पाँचकौड़ी जाता दिखाई दिया। कालीपद ने आवाज़ दी। वह आ गया।

"बैठो भैया! सुना तुमने? कहती है, मालिक के पास जाओ। कहो, कुछ लाभ है?"

पाँचकोड़ी ने बैठकर नारियल लेते हुए कहा, "जाने में तो हरज नहीं है। मैं भी जाने की सोच रहा हूँ। नहीं जाओगे तो करोगे क्या?"

दोनों चिंता में पड़ गए। इधर-उधर की बात करके पाँचकौड़ी चला गया। हरिदासी फिर बाहर आ गई। उसने कहा, "अब कहो, क्या रही? जाओगे?"

"अच्छा!" कालीपद ने उठते हुए कहा, "हो आऊँ।"

"क्या कहोगे?" हरिदासी ने सकपकाकर पूछा, जैसे वह उसे अनुचित दबाव देकर ऐसी जगह भेज रही थी जहाँ भेजना ठीक नहीं था। किंतु दोनों चुप हो रहे। कालीपद चल दिया। वह उसे धीरे-धीरे जाता हुआ देखकर गुमसुम-सी, भारी-भारी-सी बैठी रही।

चलते-चलते कालीपद ठिठक गया। यही वह ठौर थी, जहाँ एक दिन ज़मीन बेचकर

लौटते समय बूढ़ा श्यामपद मिला था। आज वह भी नहीं है। आज गाँव में अपना कोई नहीं है। पुराने-पुराने सब छोड़ गए। क्या सुख है अब?

अतीत का सारा जीवन एक सुख की भयावह तृष्णा बनकर उसके हृदय को घोंट उठा। वह चल पड़ा। चट्टोपाध्याय का घर आते ही उसने एक बार अपना मुँह फेर लिया।

दुरभिमानी पक्की ईंटें अविश्वास और अत्याचार का प्रतीक बनकर सफेद भूत-सी उस वीरान मरघट सदृश गाँव में खड़ी थीं।

कालीपद अपनी घृणा से अपने आप डर गया। जब ज़रा हृदय स्वस्थ हुआ, वह घर की ओर बढ़ा। पैर ठिठक रहे थे, मन लौट रहा था। किंतु इसी समय याद आया, हरिदासी आँखों में आँसू लिए बैठी होगी। बादल तड़प रहा होगा।

वह भीतर चला गया। जाकर प्रणाम किया और एक ओर बैठ गया। हृदय भीतर धुक-धुक कर रहा था? 'जाने क्या होगा' का भय भीतर ही भीतर हथौड़े की-सी चोट करने लगा। जैसे उसने हलकी नोंक से धरती माता की छाती भेद दी थी, आज वैसा ही कोई लोहा उसकी छाती को भी छेदने लगा।

वृद्ध चट्टोपाध्याय के नयनों में एक नई तरह की प्रसन्नता झलमला रही थी। उन्होंने अप्रत्याशित लाभ उठाए थे। जब सारा देश हाहाकार कर रहा था और चारों तरफ अंगार बरस रहे थे, परमात्मा ने उन पर अपने हाथ का छत्र लगा दिया था। यह तकिए के सहारे लेटे हुए थे। उनका बड़ा पेट स्वयं एक तकिए के समान था। उन्होंने कालीपद को देखकर नम्र स्वर में कहा, ''कहो कालीपद! कहाँ रहे? आज तो बहुत दिनों में दीखे। बाल-बच्चे तो अच्छे हैं?''

कालीपद ने फिर प्रणाम किया और बैठ गया, फिर कहा, "मालिक! छुटकी तो मर गई, अब बादल भी पड़ा बर्रा रहा है, उसकी भी आ गई।''

चट्टोपाध्याय उठकर बैठ गए। उन्होंने ऊपर देखकर कहा, ''माँ! इस देश का यह तूने क्या किया? हे महिषमर्दिनी! यह तूने क्या किया? शस्यश्यामला श्मशान हो गई, किंतु तेरी भूख अभी तक नहीं मिटी।''

रुद्रमोहन की कलम रुक गई। उसने एक बार सिर उठाकर देखा और फिर झुककर कलम घिसने लगा।

चट्टोपाध्याय ने कहा, ''रुद्रमोहन! सुना तुमने? किसानों पर कैसा भयानक संकट आया हुआ है? भूमिराजा आज अपनी ही ज़मीन पर काम करने की शक्ति से हीन हो गए हैं। कैसे काम चलेगा? यदि माँ यह जनसंहार नहीं रोकेंगी तो कौन क्या कर सकेगा?''

वह चुप हो गए। पड़ोस में एक मंदिर था। आज वहाँ बहुत-से लोग कीर्तन कर रहे थे। अकाल और महामारी से बचाने को उन्होंने आज माता के चरणों पर सब कुछ लगा दिया था। चट्टोपाध्याय ने स्वयं रुपया दिया था। उन्होंने इस प्रयत्न की अत्यंत प्रशंसा भी की थी।

कालीपद के हृदय में आशा जाग उठी। उसने कहा, "मालिक! भक्त का अंतिम परमात्मा है, मगर हम तो पापी लोग हैं। आप पूजा करते हैं, संस्कृत के श्लोक बोलते

हैं। परमात्मा आपकी बात नहीं टाल सकता। ऐसा आशीर्वाद दीजिए कि आपके बच्चे का बाल भी बाँका न हो।''

''क्यों नहीं कालीपद, क्यों नहीं,'' चट्टोपाध्याय ने तरल स्वर से कहा, ''सब वही करते हैं। उनकी मर्जी के बिना कुछ नहीं होता। उनकी बात में कौन अड़ंगा डाल सकता है? रखो, उसी पर विश्वास रखो, वही पार लगाएगा।''

कालीपद ने मन ही मन नहीं बल्कि हाथों को उठाकर, आँख बंद करके, अंतःकरण से नमस्कार किया। वृद्ध चट्टोपाध्याय ने ही फिर कहा, ''तो अब क्या इरादा है कालीपद?''

"मालिक! आप ही रक्षा करो। हमारा और कौन है? हम तो इसी भूमि के पेड़ हैं। आप जैसा रखवाला न होता तो क्या पत्ता भी बच सकता था? इतने दिन पहुँची पकड़ाकर चलाया है, तो अब अंतिम बेला उँगली भी नहीं मिलेगी?''

''क्यों नहीं, क्यों नहीं,'' रुद्रमोहन ने बीच में कहा। चट्टोपाध्याय ने फौरन कहा, ''रुद्रमोहन! बोलने में हिसाब में गलती हो जाएगी भैया! मैं जो बैठा हूँ, तुम्हारा काम बँटाने, ज़रा ध्यान लगाओ उधर ही। कैसे हो तुम जवान लोग कि एक राह चलते में आठों दिशा देखते रहना चाहते हो?

वह हँस दिए। रुद्रमोहन झेंपकर अपने काम में लग गया।

"तो देखो कालीपद,'' उन्होंने कहा, "अब काम करोगे?''

"मालिक! जितनी सकत है, उतना तो करेंगे ही। नहीं तो क्या काम चलेगा? हमारे लिए तो भूमि है, भूमि ही है। मालिक उसके आप हैं। और कौन है।''

''सो तो ठीक है, मगर अब ज़मीन तो तूने बेच दी।''

''हाँ मालिक, सो तो मिल जाएगी, आपके ही तो पास है?'' कालीपद ने बीच में जल्दी से कहा।

चट्टोपाध्याय ने गंभीर होकर जवाब दिया, ''हाँ, है तो हमारे ही पास। तूने कहा, ज़रूरत है, रख लो, हमने कहा—चलो भाई, इसका भला होगा। और कौन हमारी हो गई वह। तू रुपया चुका देगा, फिर वह तेरी हो जाएगी। क्यों? ठीक कहा न मैंने? मगर अब जो काम शुरू होगा सो तो करना ही होगा भाई। फसल का काम तो तुम्हें ही करना होगा।''

''करेंगे मालिक,'' कालीपद ने कहा, ''हम नहीं तो और कौन करेगा, मगर मालिक एक बात है?''

''क्या, सुनूँ तो?'' उन्होंने झुककर कहा।

''कुछ मिल जाता मालिक! बादल भूखा है, मर रहा है...''

"हाँ, हाँ, मुझे खयाल है कालीपद। बड़ा मूरख है तू रे! अभी तूने कहा तो क्या मैं कुछ नहीं करूँगा। देख, परमात्मा ने मुझे जो मन-भर दिया है तो सेर-भर उसमें अलग तेरा करके कान में कह दिया है, समझा! मूरख!"

कालीपद दया की इस बाढ़ में डूब गया, बह गया। अपने आप पर लज्जित भी हुआ। अपने आप दोनों हाथ जुड़ गए। सिर झुकाकर नमस्कार भी किया। वृद्ध चट्टोपाध्याय

ने मुड़कर रुद्रमोहन से कहा, ''रुद्रमोहन!''

रुद्रमोहन ने लिखना छोड़कर सिर उठाया।

चट्टोपाध्याय ने कहा, ''देखो, दो मन धान इस बेचारे को दे दो। कहीं मारा नहीं जाता, समझे? लिखा लेना। अब यह अपनी जमीन जोतेगा। फसल का वक्त आ गया है न? इसे सब देंगे। हल, बैल, बीज सब मिलना चाहिए, तुम्हारा जिम्मा है। अपना नुकसान तो होगा, मगर अपना पुराना काश्तकार है, समझे? इसके लिए कोई औं-ऊँ की गुंजाइश नहीं है।'' फिर मुड़कर कालीपद से कहा, "और देख, कालीपद! तुझसे दुराव नहीं है, आ जाना काम पर। सब दिला दूँगा तुझे। हाँ, एक बात है, पुराना कर्जा चुकाना होगा, सो फसल में अलग देना होगा और एक-चौथाई बाकी फसल का देकर सारी यह लागत चुकानी होगी। जो बचेगा सो तेरा। सीधी बात है, न ज्यादा कहा है, न तकलीफ देने की बात है। बल्कि और ज़मींदार तो किसान की चिंता ही नहीं करते, जबर्दस्ती पूरी फसल दाबकर मजूरी पर रखते हैं। लेकिन कमलापति चट्टोपाध्याय पाप की कमाई नहीं खाना चाहता। गरीबों का गला घोंटकर वह दूध नहीं चाहता। समझे? मर्जी है तुम्हारी मैं तो बाकी फसल तुम्हें दूँगा, चाहो किसी को बेच देना। मन हो मुझे बेचना, नकद दाम दूँगा। औरों से दो रुपया बढ़ाकर हाथ पर धरूँगा। जाओ अब, जाओ, बच्चे को सँभालो। यहाँ देर करने से क्या होगा?''

उन्होंने करवट बदली और लेट गए। रुद्रमोहन उठ खड़ा हुआ और चल पड़ा। कालीपद उसके पीछे-पीछे चला।

दो मन धान लेकर जब कालीपद घर पहुँचा, हरिदासी मुरझाई बैठी थी। देखते ही प्रसन्न हो गई।'' ''मैंने कहा था,'' वह बोल उठी, ''मालिक के फिर भी दया है। औरों जैसे नहीं हैं।''

''कहती है तू?'' कालीपद ने कहा, "मालूम है क्या किया उसने?''

"क्या?'' हरिदासी ने पूछा।

"अपनी ज़मीन अपनी नहीं रही। कहता है, रुपया देकर छुड़ाओ।''

''नहीं तो कौन मुफ्त लौटाएगा?''

कालीपद अप्रतिभ हो गया। उसने फिर कहा, ''अब अपनी पुस्तैनी ज़मीन फिर चट्टोपाध्याय के लिए जोतनी होगी।''

''और नहीं तो खाओगे क्या? मजूरी तो करनी ही होगी।''

"मजूरी नहीं,'' वह झल्ला उठा, ''मजूरी नहीं करनी होगी। फसल मिल जाएगी।''

''अच्छा!'' विस्मय से हरिदासी ने कहा, ''मालिक का दिल बड़ा है, तभी परमात्मा ने उन्हें मालिक बनाया है।''

कालीपद बोल उठा, "जोतने का अपना तो सब बिक गया, वह ही सब बैल, हल, बीज-बीज देंगे।''

''देवता हैं, देवता! दुनिया तो जिसके पास है, उससे सदा जलती है, भला बुरा तो बड़े का ही गाया जाता है। मैं तो कहती थी।''

कालीपद ने कहा, ''पुराना कर्जा पहले खड़ी फसल से काट लेंगे।''

''सो? लेंगे नहीं? ऐसा कौन मूरख है?''

"अरे, सामान जो देंगे तो बाकी फसल का एक-चौथाई ले लेंगे।''

"नहीं तो कह देंगे मेरा घर है, इसी में आ बसो।''

कालीपद ने परास्त होकर कहा, "बाकी फसल अपनी। चाहो जिसे बेच दो।''

''बेचेंगे उन्हीं को। जो मौके पर हाथ देगा उसी को मौके पर हम अपनी गर्दन देंगे। यहाँ रिन चुका के न जाओगे, वहाँ पाई-पाई चुक जाएगी।''

कालीपद बैठ गया। उसने नारियल भरकर उसमें आग रखते हुए कहा, ''तो मूरख! उसमें बचेगा क्या? अगली फसल तक कैसे कटेगा?''

हरिदासी ने चेतकर कहा, ''कैसे भी काटनी ही होगी। दाम बढ़ाकर बेचेंगे।''

"अबके भी तो बढ़ा के बेचे थे। चावल के दाम तो कहीं ज्यादा बढ़ जाएँगे।''

''तो बिलकुल नहीं बेचेंगे। घर रखेंगे, खाएँगे।''

''हा-हा,'' कालीपद हँसा। "घर रखेंगे, खाएँगे। चावल के अलावा भी तो कुछ है? कहाँ से आएगा वह? कपड़ा लेना है। घर बनाना होगा, यह मेरे बाप की निशानी है। बिना बेचे कैसे काम चलेगा भोली? तीन बच्चे जन चुकी, मगर यह तक समझ में नहीं आया।''

हरिदासी ने मुस्कराकर कहा, ''चलो, देखो। फिर लगे वैसी बात करने। बच्चे जनना क्या कोई ज़मींदारी का काम है? तुम मरद हो, तुम समझो।''

दोनों हँस पड़े।

''होगी सो देखी जाएगी।'' कालीपद ने कहा, ''जा, धान आया है। उठ, बना कुछ! महीना! पंद्रह दिन तो बला टली। बादल कहाँ है?''

"मेरी जान में तो सो रहा है।'' हरिदासी ने उठते हुए कहा।

"जा फिर, जगा दे, बेचारा-बुखार में नींद लग गई होगी।''

हरिदासी भीतर की तरफ गई। कालीपद बैठा नारियल पीता रहा। जब वह कुछ देर तक नहीं लौटी तो जाने क्यों हृदय में आशंका हुई। भीतर घुस गया। देखा, हरिदासी गोदी में बादल को लिए बैठी थी और बालक निःस्पंद पड़ा था।

वह बढ़कर बोला, ''क्यों? बहुत बुखार है?''

"नहीं," हरिदासी ने कठोर स्वर में कहा, ''बुखार तो उतर गया।''

छूकर देखा। कालीपद का हाथ ठिठक गया। बादल का शरीर ठंडा हो गया था, वह जिसे माँ की अवरुद्ध ममता की ऊष्मा तक तनिक भी जीवन का ताप नहीं दे सकी थी।

काँपते हुए स्वर से उसने कहा, ''चल बसा।''

हरिदासी एक बार भी नहीं रोई। कालीपद डर गया। उसने कहा, ''अरी, अब तो रो ले। नहीं फटती तेरी छाती। तेरा बेटा मर गया है। अपने बेटे की लाश को गोदी में लिए बैठी है। पत्थर, तनिक तो रो दे।''

किंतु वह रोई नहीं। उसके पास एक बूँद भी आँसू न था। वह चुप बैठी रही। कालीपद कुछ भी नहीं समझ सका। उठकर बाहर आ गया। माँ की वेदना उसकी समझ में आ रही थी। हरिदासी नहीं रोई, क्योंकि वह जिंदा थी। उसका सवाल था कि वह नहीं मरी और बेटा मर गया। ऐसी पापिन को रोने का भी क्या अधिकार है? यह दंड तो परमात्मा ने जानकर दिया है, फिर उसे न भुगतेंगे तो क्या करेंगे; बहुतों के माँ-बाप मरे हैं, अच्छा है, बाल-बच्चों का दुःख देखने को ज़िंदे तो नहीं हैं।

फिर भीतर लौट गया। जाकर बच्चे को उठा लिया और बाहर ले आया। हरिदासी वहीं बैठी रही, जैसे उसे कुछ मतलब नहीं था। छू-छूकर कालीपद ने सब जगह देखा, वह तो बिलकुल मर गया। हड्डी-हड्डी निकल आई है, पेट फूल गया है, फिर भी अपना है। कितना अच्छा लग रहा है। चेहरे पर अभी कितना प्यारापन है! कालीपद की छाती घुमड़ने लगी, कलेजा मुँह को आने लगा। वहीं पंखे ढूँढ़े और चिथड़ों से ढककर बाँध दिया और अकेला ही उठ खड़ा हुआ।

एक बार हरिदासी को सुनाने को कहा, "हरि बोल! हरि बोल!"

लगा, हरिदासी फूट पड़ेगी। मगर कुछ नहीं, वह अब भी चुपचाप बैठी थी।

कालीपद ने कहा, "रो ले अभागिन! एक बार तो रो ले। ले जा रहा हूँ तेरे बेटे की लाश दफन करने।"

कहते-कहते वह ज़ोर से रो उठा, किंतु हरिदासी फिर भी चुप बैठी रही। कालीपद को लगा वह पागल हो गई थी। वह बादल को हाथों पर उठाकर समुद्र की ओर चल पड़ा।

मीलों का रास्ता था। अकेले चलते-चलते हाथ दुःख गए। मन में आया, वहीं पटककर लौट चले। अब उसमें क्या है, वह तो मिट्टी है, किंतु मन नहीं माना। लाश के चारों तरफ युगांतर की पवित्रता और बाप की ममता हाथ में हाथ डाले खड़ी हो गईं। यहाँ तो जानवर खा जाएँगे और समुद्र में क्या होगा? नहीं, समुद्र ही ठीक है। यहाँ तो मिट्टी खराब हो जाएगी। जीवन तो बिगड़ा ही, पैदा होकर बिचारे ने एक भी सुख नहीं पाया।

वह थक गया, किंतु अपराजित-सा चलता रहा। सामने ही समुद्र था। एक बार ज़ोर लगाकर फेंका और वहीं उस झोंके में गिर गया। देर तक अचेत-सा पड़ा रहा। बोझ ढोया था उसने। लाश उठाई थी उसने अपने बेटे की।

जब होश ठीक हुआ, उठा और घर की ओर चल दिया। पैर लड़खड़ा रहे थे, कंधे टूटे जा रहे थे। किंतु हरिदासी की चिंता में वह व्याकुल हो उठा। उसके हृदय में उसके प्रति एक आशंका भर गई थी। बैठ जो गई है उसे वह दहशत, कहीं कुछ और न हो जाए। एक-एक करके बिचारी के तीनों मर गए, अब किसका मुँह देखकर जिएगी। सहसा उधर दृष्टि उठी। एकाएक ही कालीपद ठिठक गया। उसने देखा, एक आदमी एक कब्र खोद रहा था। पेड़ों के पीछे से उसने देखा, वह आदमी बिलकुल नंगा था। उसे देखकर ऐसा लगता था जैसे वह कोई वनमानुस था। उसके मुँह और सिर के बाल बेहद बढ़े हुए थे। कालीपद वहीं से देखता रहा। वह समझ नहीं पाया कि आखिर वह आदमी कब्र

को खोद क्यों रहा था। किंतु थोड़ी ही देर बाद सारा विस्मय अपमान और भय बनकर कालीपद के मन में समा गया। आदमी दोनों हाथ मिट्टी पर रख साँस लेने लगा, फिर उसने लाश का कफन निकाला। हर्ष की एक किलकारी उसके मुँह से निकलकर गूँज उठी। नाचते हुए उसने कफन से अपने आप को ढक लिया, जैसे उसे नंगा रखकर यह जो लाश की इज्ज़त की गई थी यही उसे सबसे बड़ा अपमान बनकर खा रहा था। कालीपद बढ़ चला। कोई ऐसी खास बात नहीं हुई। उसने तो सोचा था, शायद वह पागल लाश निकालकर खाने लगेगा। पगडंडी के मोड़ पर एकाएक उस आदमी ने दौड़कर कालीपद के कंधों को पकड़ लिया और हर्ष से गद्‌गद होकर कहने लगा, "भैया, अब मैं भीख माँगने बाहर जा सकूँगा; भैया, मैं अब मुर्दा नहीं रहा, अब मैं चल-फिर सकूँगा।'' और वह आदमी उसी उन्माद में सामने की ओर भागता चला गया। कालीपद मुस्कराया, जैसे बड़ी भीख बँट रही है। मूरख! घर में बंद था न? तभी दुनिया इतनी अच्छी लग रही थी, बाहर होता तो पता चलता कि दाम देकर चीजें पाना भीख पाने से भी कठिन हो गया था। आदमी दूर खड़े झोंपड़ों के पीछे खो गया। वही गाँव जो वीरान पड़ा था, जहाँ मछुए दिन-रात अब भी मरते थे, जो एक ज़माने में पैदा होते नहीं थकते थे, आज उन्हें मौत के रास्ते पर चलने में जरा भी थकावट नहीं थी, जैसे मौत और जीने में कोई खास फरक नहीं था, क्योंकि हँसने और रोने की कमजोरियों को सींचने के लिए न आँखों में पानी था, न रगों में लहू। कालीपद का सिर भन्ना गया। वह लौट चला। अब जाकर क्या होगा? किंतु अब घर छोड़कर भी क्या होगा? यह न जीना है, न मौत! जब यह कुछ भी नहीं है तब सबसे क्या शिकायत? जब दुःख पर हँसी आती है, सुख गाँव को छोड़कर चला गया है, तब इन खोहों में रहने का क्या रोना? कितने गीदड़ रात को नहीं इकट्ठे हो जाते? और कालीपद को मन ही मन जलन हुई! काश, वह गीदड़ होता! तब न चट्टोपाध्याय से काम पड़ता, न हरिदासी गले पड़ती और अकाल में उसे इतनी लाशें मिलतीं, इतनी लाशें मिलतीं कि सुबह भी, शाम भी पूरा पेट मांस मिलता। कालीपद इस बच्चों की-सी कल्पना पर मन ही मन हँसा।

घर पहुँचकर उसने देखा, हरिदासी शांत बैठी थी, जैसे आज उसे करने-धरने को कुछ नहीं था। वह ऐसे चुप थी जैसे कोई भी भावना व्यर्थ थी, कोई भी चिंता मूर्खता थी। जो हो गया सो हो गया, क्योंकि जो हुआ है वह नहीं होता तो शायद आश्चर्य की बात होती, क्योंकि यह परिणाम ही उन कार्य-कारणों का एकमात्र अंत हो सकता था! कालीपद का मन उसे देखकर भर आया। वह स्त्री, जो अब बीत चुकी थी, कैसी मुरझाई-सी बैठी है! एक बार अपने आप वह समय याद आया जब जवानी ने जवानी से खम ठोंककर हाथ मिलाए थे और आँखें चार होते ही दल-बादल उमड़ चले थे। एक बार लगा था कि दिल बल्लियों उछाल मारकर आसमान से प्रलय नीचे खींच लाएगा। उसी ने पाला था उन्हें, अपने पेट में रखा था, वे असल में तो उसी के बच्चे थे, उसी के दिल के टुकड़े थे, उसी का खून-मांस थे। वह मर गए तो यह भी अब मर जाएगी, ऐसे कहाँ तक चल सकेगी!

और फिर याद आया बादल! कैसे अचानक ही मर गया, आदमी की जिंदगी का भी कोई भरोसा है! ठोकर लगी और हरे-हरे! मगर क्या है! बड़ा होता तो क्या होता, ज़रा हमारी छाती ठंडी होती। तब हमने नहीं सोचा था जब हमारे बाबा हमें एक छिन आँखों से दूर नहीं होने देते थे। बड़ी चिढ़ लगती थी कि यह बुड्ढे नहीं लेने देते जरा भी चैन। हम तो उनके लिए कुछ भी नहीं कर पाए, बल्कि वे तो मरते दम तक लड़ते रहे। जीना क्या अब आसान था? दुनिया क्या तब अच्छी थी? जी लेता बादल, मर गया बुढ़ापे का सहारा, हम कौन कछुए की उमर लेकर आए हैं जो, रहता, लेता वह तो देखते, बड़ा होता, ब्याह होता, घर-आँगन में उसके बच्चे डोलते और फिर हम भी चल देते। पर परमात्मा को तो यह मंजूर नहीं था। उसने तो कभी किसी की बगिया को लहलहाता देखा कि बज्जर टूटा। बस।

कालीपद चौतरे पर हरिदासी के पास जाकर चुपचाप बैठ गया। हरिदासी ने देखा। कहा, ''सुना तुमने?

''क्यों? क्या हुआ?'' कालीपद ने घुटनों पर हाथ बाँधते हुए पूछा।

''कुछ ऐसी खास बात नहीं,'' हरिदासी ने उँगली मुड़काकर कहा, ''वह है न?'' न?''

''कौन?'' कालीपद ने धीरे से अपनी समस्या सुलझा दी।

''अरे, वही गफ्फार की विधवा।''

''हाँ, हाँ, तो?'' कालीपद ने भौं उठाई।

''मर रही है, और क्या?'' हरिदासी ने हँसकर कहा।

कालीपद को तीर-सा चुभा। उसने कठोर स्वर में पूछा, "तो तू क्या हँसकर जीवन दे देगी उसे?''

''ओ हो!'' हरिदासी ने सिर हिलाकर कहा, ''बड़ी बात कह रही हूँ? बुरा लगा है न? बेचारी के इतना न होता, तो क्या इतने दिन चला लेती? वह तो भगवान को ही मंजूर नहीं, वरना उसको कमाऊ मर्दों की क्या कमी।''

कालीपद झेंप गया। उसने कहा, "देख, तू यों ही कह देती है! अब कोई मर रहा है, तो दो मीठे बोल में तेरी इज्ज़त चली जाएगी? पास-पड़ोस किसलिए होता है, बोल?''

हरिदासी ने मुस्कराकर कहा, "पास-पड़ोस की महिमा से ही तो यह महल बचा है। बेचारे पड़ोसियों के कंधे इसे बनाने में ही तो ईंट ढोते-ढोते रह गए। तब क्या थे यह जब हमारे घर जमराज आए थे? हम आज घर से बेघर, ज़मीन बेच के जो भूखे कुत्तों-से पड़े हैं, सो किसी को चिंता है हमारी कि कल हम जिएंगे कि मरेंगे? मैं कहती हूँ, तुम भोले हो। उसको तो रुद्रमोहन गाड़ देगा, मगर तुम दो पैसे के लिए रही-सही सकत बचाके रखो!''

कालीपद चुप हो गया। उठा। जाकर ढूँढा। तंबाकू भी नहीं थी। गुस्से से नारियल को उठाकर ज़मीन पर दे मारा। हरिदासी फिर हँस दी, जैसे यह सब उसे मालूम था। लौटकर कालीपद कुछ देर उसके पास खड़ा रहा, फिर लेट गया। वह वैसे घुटने पर ठोड़ी

रखे ज़मीन कुरेदती रही, कुरेदती रही.

पेड़ों के पीछे से कहीं से रोने की आवाज़ आने लगी। दोनों ने सुना और दोनों पर गंभीर, विषादपूर्ण भारीपन छा गया, जैसे दो केकड़ों ने दो मछलियों को मुँह में भरकर, भींचकर बालू में पटक दिया हो और धीरे-धीरे उनको दबाकर उनके प्राण ले रहे हों..

और धान अब भी अछूता-सा पड़ा था, किंतु दोनों में से किसी को भी उसे फेंक देने का साहस न था, क्योंकि वे अभी तक जो जी रहे थे, जिंदे ही मर रहे थे।

माँ

छोटे-से टी स्टाल की भीड़ देखकर विस्मय होना एक साधारण बात थी। पास-पड़ोस में अनेक हैं। सभी ऐसे ही दिन-रात घिरे रहते हैं। पहाड़ी, राजपूत, गुरखा, डोगरा, सभी तरह के फौजी यहाँ आते हैं, चाय पीते हैं और गालियाँ दे-देकर गंदे मज़ाक करते हैं और चले जाते हैं। उनके चेहरों पर कठोरता छाई रहती है। खाकी, केवल खाकी रंग के कारण वहाँ सब कुछ रेगिस्तान की तरह खुश्क नज़र आता है। उनके भारी बूट जब पृथ्वी पर धम-धम करते हुए बजते हैं, तब साधारण लोग, जो सेना के बाहर के आदमी हैं, अपने आप हट जाते हैं जैसे उन्हें उन पर विश्वास नहीं हो। दिन में कहीं कोई स्त्री मुश्किल से दिखाई देती है। सिपाही, जो रास्ते में आता है, यदि वह मैले-से कपड़े पहने है तो ज़बर्दस्ती डाँट देते हैं क्योंकि वे जानते हैं, उनके हाथ में बंदूक है और वे कुछ का कुछ कहकर बच सकते हैं। कोई इतनी खोजबीन करने वाला नहीं है।

शाम हो गई। पड़ावों पर अँधेरा झूलने लगा। रेलवे लाइन के इधर-उधर पहरा पड़ गया। टी स्टाल पर ग्रामोफोन बजने लगा। सिपाही आ-आकर अनेक झुंड बना-बनाकर कुर्सियों पर बैठने लगे और रात की उस नीरव धुंध में गाने की धुन में मस्त होकर चाय पीने लगे। भोला वहीं चुपचाप बैठा खोमचा बेचता रहा। एक समय था जब पहाड़ताली से भी आगे वह मजदूरी करता था। लेकिन धीरे-धीरे वे सब मज़दूर भाग चुके थे। अब वह स्वयं इस पहाड़ताली के छोटे-से स्टेशन पर इस चाय वाले के यहाँ नौकर हो गया था। दिन-भर उसकी पुरानी मिठाई लेकर खोमचा लगाता और रात को, जब तक दुकान चाय की बनी रहती, वह वहीं रहता। उसके बाद उसे छुट्टी मिल जाती। अकसर वह वहीं किसी कोने में किसी सामान के पीछे छिपकर सो जाता ताकि कोई उसे सोते समय ढूँढ़कर परेशान न करने लगे।

दिन चढ़े ही जब फौजी कारखाने में काम शुरू हो गया, भोला ने अपना खोमचा जाकर पास में ही लगा दिया। आते-जाते समय ड्यूटी से निकलकर फौजी आते और कुछ न कुछ ज़रूर खाते। कभी भी अँगरेज़ नहीं आते, अमेरिकी देखकर हँसते और भोला देखता, वे अँगरेज़ों से अच्छे थे। लेकिन सिर्फ अँगरेज़ों से अच्छे। कालों को वे भी नापसंद करते और उनकी गंदगी और गरीबी को देख नाक-भौं सिकोड़ते। पहले जो फौजियों को

देखकर एकदम डर लगता था, वह तो अब नहीं रहा। अब भोला कीमत लगाता। यदि राज़ी है लो; नहीं है, मत लो।

दोपहर को जब मज़दूर इकट्ठे होने लगे, मज़दूरिनें भी वहीं आकर जमा होने लगीं। खोका पास ही बैठा रहता, जो मिलता उसे वहीं खा डालता। एक न एक मज़दूरिन को कुछ न कुछ ज़रूर खिलाता। भोला को मानता, उससे दो बातें करता। कहता, ''इससे जी की जलन दूर होती है भैया।'' फिर वह ठेकेदार को दस गालियाँ देता। बीच-बीच में कोई-कोई अँगरेज़ी में भी, और फिर कहता, ''भैया! बड़ी तकलीफ होती है कसम से बड़ी बुरी बीमारी है।''

"तुझे कैसे हुई?'' भोला पूछता।

''हुई कैसे? इन्हीं में से कोई दे गई। खाता भी तो नहीं।''

''तू है भी बड़ा मनचला,'' भोला मुस्कराकर कहता।

खोका हँसता और कहता, "यार, एक बात है। तू ही बता, अब कौन बचा है जिसके लिए धरम करूँ? मिल जाती हैं तो क्या बुरा है? अपन क्या है? हो गई है बीमारी। मगर क्या जी मानता है? कौन नहीं जानता खोका को है, खूब है, मगर रोज़ एक नई देखते हो कि नहीं मेरे साथ? खाने को देता हूँ बाबू सा'ब, खाने को। बाबू लोगों को तो नई चाहिए। यहाँ किस औरत को बीमारी नहीं है? देखा नहीं है? वह उधर डेरों में फौजी पड़े रहते हैं। सबको, एक सिरे से सब सालों को गर्मी और सूजाक हो गई है। वह भी तो बड़े रईस बने थे। रंडीबाज़ी करेंगे। उधर डॉक्टर और सालों की नाक में दम कर देता है।''

और वह संतोष की एक हँसी हँसता, मानो उनका वह दुःख ही उसके एक बड़े सुख के समान था, क्योंकि वह उनका कुछ भी नहीं बिगाड़ सकता था। कारखाने में आए रोज़ उसे निकालने की नौबत आ जाती। लौटकर कहता, ''सुना भैया, साले ने आज निकाल ही दिया होता। उल्लू के पट्ठे से पूछो। कहता है, हममें ज़ोर नहीं है, जल्दी-जल्दी काम नहीं होता। अगर हमारी तरह भूखा रहता तो साला पानी पीने भी न उठ पाता। खाता है डट डटकर बैल की तरह...''

और वह कुछ अश्लील बातें करके चिड़चिड़ाता, "बात करने के पहले साला बूट मार देता है। भला हम आदमी नहीं हैं? हमारे जान नहीं है। मगर वह जो फौजी है, वही तो एक लाट सा'ब का बच्चा है। देखें, साला लड़ाई के बाद क्या करेगा?''

वह फिर हँसता। इस हँसी में एक कटुता होती, जो वास्तव में गुलामी की घोर वेदना थी। भोला इस सबको नहीं समझता। वह कहता, ''तू तो बात-बात में अकड़ जाता है। अरे, जरा चाल से काम लिया कर। इन्हें बनाते क्या देर लगती है। ज़रा हुज़ूर, सरकार कही नहीं कि सब ठीक है। ज्यादा से ज्यादा दो गाली और देगा। और भैया जो तनख्वाह के लिए गर्दन कटाएगा, उसका भी सिर नहीं फिरेगा, तो किसका फिरेगा फिर? क्यों ठीक है न?''

भोला उसकी ओर आँख उठाकर देखता और उस समय खोका या तो मुस्कराता या फिर इधर-उधर देखता रहता। भोला चुप हो जाता। सोचता कि वास्तव में यह फौजी

उतने बुरे नहीं होते जितने यह बदनाम हो गए हैं। होता उनके भी एक दिल है। जब देश के लोग उन्हें पसंद नहीं करते, तो वे ही क्यों सिर झुकाएँ? फिर उनके हाथ में बंदूक है, ताकत है।

भोला का खोमचा फौज से ही चलता, अतः उसे अपने दिल में उनके लिए जगह निकालने को मजबूर होना पड़ा था। वह देखता, आए दिन मज़दूरों से बहुत बुरा बर्ताव होता। औरतों को पाना बहुत आसान काम था। किंतु वह चुप रहता। वह क्या करे? उसके किए क्या हो सकता था? उसे तो किसी तरह अपनी गाड़ी को चलंतू रखना है। खोमचे के पास ही पेशेवर भिखमंगे, लावारिस बच्चे आ बैठते, जिन्हें वह गालियाँ देकर या मार-पीटकर भगा देता। उस समय सिपाही उसकी तारीफ करते। खोका ने जब अगले दिन दोना लिया, अपने आप एक स्त्री बढ़कर खाने लगी। इसे देखकर आसपास के लोग हँसने लगे। औरत हँस उठी। जब उसका मुँह भोला की ओर हुआ, भोला ने पहचाना। वह शायद उसी के गाँव के जुलाहे चंदा की बहू थी, जिसे उसका पति अकाल के कारण छोड़कर भाग गया था।

जाने क्यों सब कुछ पराया होकर भी अपने गाँव की स्त्री को इस प्रकार खुलेआम वेश्या बनकर घूमते देखकर उसका मन अपने आप घुमड़ उठा जैसे कुछ कचोट उठा हो। उसके देखते ही देखते खोका और चंदा की बहू चले गए। दूसरे दिन वह फिर आई। अबकी उसके साथ एक सिपाही था। जब सिपाही चला गया, भोला ने उसे बुला लिया। वह आकर पास बैठ गई और एक बार उसने उसे रस-भरी आँखों से देखा, जो भोला के अधेड़ शरीर से टकराकर फैल गई।

भोला ने कहा, ''तू चंदा की बहू है न?''

''थी कभी,'' औरत ने कंधा उचकाकर कहा, "अब तो नहीं हूँ। जब बखत था तब तो छोड़ गया। मैं क्या कोई पागल हूँ जो जनम-जिंदगी उसके नाम को रोऊँगी?''

भोला ने समझाते हुए कहा, ''देख, मैं तो तेरे ही भले के लिए कहता हूँ। खाना नहीं मिलता तो क्या इज्ज़त बेच देनी चाहिए?''

''इज्ज़त?'' वह मुस्कराई, ''तो क्या इज्जत से पेट भर जाता?''

''कमबखत ऐसी जिंदगी से तो मर जाना अच्छा है।''

और वह हँसकर बोल उठी, ''तुम औरत होते तो ऐसी बात कभी नहीं कहते।''

औरत की बात सुनकर भोला क्षण-भर को चुप हो गया, फिर अपने आप से कहता हुआ-सा बोला, ''तुम्हारी मर्ज़ी। गाँव का नाम तो डूब ही गया, मगर कुछ परमात्मा की भी तो फिकर कर। ईमान का खा, कम खा।''

किंतु चंदा की स्त्री ने ठुमका मारकर कहा, ''परमात्मा भी तो मर्द है। मर्दों का क्या?'' फिर सिर हिलाकर बोली, ''तुम, तुम यह सब क्यों कहते हो? जानती हूँ। मैं खूब जानती हूँ, तुम बूढ़े हो गए हो...'' हा-हा-हा करके वह खिलखिला उठी। भोला फुंकार उठा।

इसके बाद वह भी एक साधारण बात हो गई। भोला कभी उसकी चिंता नहीं करता।

कभी-कभी लड़कों को देखकर उसे एक भूली-सी बाद हो आती और फिर अपने आप खो जाती। वह शाम को ठेकेदार के पास देखता। पठान नामक काला गुंडा वहीं बैठा रहता और दोनों हँस-हँसकर बातें करते रहते। चंदा की बहू भी उसके सामने ही होकर टी-स्टाल के भीतरी भाग में चली गई। भोला ने निस्तब्ध आँखों से देखा और फिर मुँह फेर लिया।

रात हो गई। कई दिन बीत गए। भोला को विस्मय हुआ। चंदा की बहू उसे कई दिन से नहीं दिखी। भोला भीतर जाकर सो रहा। थोड़ी ही देर बाद चारों तरफ भीड़ इकट्ठी होने लगी। सिपाही लोग अब चाय की जगह शराब पीने लगे। चारों ओर एक नया उन्माद भीषण विक्षोभ बनकर अँधेरे पर ठोकरें खाता झूलने लगा।

एक ओर पठान सो रहा था। उसके भारी खुर्राटों से वायु आगे-पीछे खिसक रही-सी लगती थी। थोड़ी देर बाद एक सिपाही उधर आ निकला।

सिपाही शराब के नशे में चूर था। वह झूमता हुआ आया और अँधेरे में उसने भारी बूट अनजाने ही काले और मोटे पठान पर रख दिया। पठान का हाथ कुचल गया, वह हड़बड़ाकर उठ खड़ा हुआ। सिपाही उसके सामने झूमकर कह रहा था, ''सूअर का बच्चा! हट जा सामने से...'' पठान को बहुत क्रोध हो आया। उसने पूरी शक्ति से सिपाही के एक कर्रा धप्पड़ जड़ दिया, जिससे सिपाही गिर गया। पठान भागकर भीड़ में मिल गया और सिपाहियों को भर-भरकर शराब पिलाने लगा। सिपाही ऐसे बैठे थे किसी मैखाने में पियक्कड़ जमे हुए हों। काले और मोटे पठान को देखकर वे लोग ठठाकर हँस पड़े। उस समय जितने शराब पिला रहे थे, वे सब स्त्रियाँ थीं। अधिकांश मल्लाहों की औरतें या फिर मुसलमान जुलाहिनें। एक पंजाबी ने उठकर पठान को अपनी भुजाओं में कसकर पकड़ लिया और उसके गालों को ज़ोर से चूम लिया, जिसके कारण चारों तरफ अत्यंत कोलाहल होने लगा। अट्टहासों से कमरा भर गया। दो सिपाही गाने लगे। वह एक गंदा गीत धा जिसके शुरू के बोल थे, 'अरी, मुझे जरा नाड़े पर हाथ तो रख लेने दे....'

उनके भारी-भारी मज़बूत शरीर नशे में एक-दूसरे से टकरा जाते थे और उनके गंभीर हास्यों से तमाम वातावरण विक्षुब्ध होकर काँप रहा था।

गाने पर अनेक फब्तियाँ कसी गईं। अधेड़ उम्र का एक सिपाही भौंटे स्वर से गाने वालों के साथ गाने लगा जिससे सब उत्सुक हो गए और नशे में पूरी तरह झूमते हुओं ने भी दो-एक बार उस कड़ी को अंतःकरण की आवाज़ से मिलाकर दुहरा दिया।

पठान पंजाबी से छूटकर अलग खड़ा हो गया और हँसने लगा। ऐसा लगता था जैसे उसके शरीर का अलग-अलग प्रत्येक स्थूल भाग हर्ष से काँप रहा था। वह एक नंबर का गुंडा था। ठेकेदार उसे अपना दायाँ हाथ मानता था। जब कभी कोई झगड़ा उठ खड़ा होता, पठान के इशारे पर गुंडे-लठैतों की भीड़ इकट्ठी हो जाती और ठेकेदार उनके बल पर अपना वह दबदबा रखता कि किसी को उससे बोलने तक की हिम्मत नहीं पड़ती। लड़ाई ने उसे लखपती बना दिया था। उसकी चाय की दुकान रात के दस बजे बाद जब चुपचाप शराब की दुकान हो जाती तब भीतर के कमरों में अनेक अधनंगी मल्लाहों और

धीवरों की अनाथ और विधवा औरतें पड़ी-पड़ी सिपाहियों का मन बहलाव करतीं। ठेकेदार उन्हें सहायता- भोजनालयों अथवा विधवालयों से सस्ते दामों पर खरीद लेता, जहाँ कोई उनकी तरफ से बोलने को नहीं होता। दिन में वे लड़कियाँ अंदर घुटा करतीं और रात में ये निर्लज्ज रूप से बिका करतीं। उन्हें दो या तीन ही दिन में बीमारियाँ पकड़ लेतीं और वे भयानक रूप से कामुक हो जातीं। जब आदमी एक बार कीचड़ में फँस जाता है, तब उसके पास जितने भी बाहर निकलने के प्रयत्न होते हैं, वे उसे अधिकाधिक दलदल में फाँसते चले जाते हैं। जब राह का हरएक पत्थर धोखा देकर सामने से राह छोड़ दे तो पथिक कहाँ तक बचे? लड़कियाँ अधिकांश जवान होतीं। वे बालों को कानों पर चिपकाकर पिन लगातीं उनके गाल बैठ जाते, किंतु आँखें फिर भी चमकती रहतीं जैसे चिता की भयानक धधक अपने आसपास की सारी हवा को इतनी दहका देती है कि फिर चक्कर मारकर वह विक्षुब्ध वायु रेत में सिर मारने लगती है। उन लड़कियों का मोल भारतवर्ष की साधारण वेश्याओं से भी गया—बीता था। वे कभी शिकायत नहीं करती थीं। जैसे जो कुछ था वह सब ठीक था। उससे बेहतर उनका जीवन कभी भी नहीं बीत सकता था। यौवन पथ का भिखारी था, उन्माद उनकी सत्ता की घुटन, वह संतोष पतन की दुर्गंध-सा धीरे-धीरे उनकी आत्मा को सड़ा रहा था।

रात को उस कोलाहल में सब अपने आप को शराब के जिस नशे में भूले हुए थे, उसी में अपनी सारी थकान मिटाने के बहाने फौज का मनोविनोद करने वाले वे कलाकार जो लड़ाई के मैदानों में जाकर उन्हें नाच-ड्रामे दिखाते थे, वह भी उस भीड़ में मिलकर नाच-गा रहे थे। चारों ओर शराब की असह्य दुर्गंध व्याप्त हो रही थी।

भोला एकाएक नींद से जाग गया। कोलाहल सुनकर वह बाहर चला आया। नित्य की भाँति ही आज भी सब कुछ हो रहा था। भीतर ही के कमरे में अनेक सिपाही अनेक-अनेक स्त्रियों को नंगा करके उनसे खेल रहे होंगे। मन की वासना बुझ गई। भोला के मुँह पर घृणा कसकर तमाचा मार उठी। वह बाहर की तरफ चला। रात के काले आसमान पर कुछ हलके बादल और उनके पीछे बहुत पीछे तारे झलक रहे थे। हवा ठंडी हो गई थी। वह बाहर की एक राह के किनारे जा खड़ा हुआ। यहाँ चारों ओर अंधकार था। पीछे तनिक हटकर ही अनेक पेड़ों के झुंड थे, जिनमें से अनेक फौजों ने काट दिए थे।

भोला चौंक उठा। उसने सुना, कोई करुण स्वर से कराह रहा था जैसे उसे असह्य यातना हो, जो भीतर से प्राणों को ऐंठती हुई भयानक मरोड़ें दे रही हो। वह समझ नहीं सका, कहाँ से आ रही है यह आवाज़? यह तो बिलकुल पशुओं की-सी घरघराहट है। और गौर से सुना। जैसे कोई औरत बुरी तरह कराह रही है। हृदय आतुर हो उठा।

कैसा भी पुरुष हो, उसके लिए स्त्री की वेदना में एक विशेष अनुभूति रहती है। वह पेड़ों की ओर चल दिया। आवाज़ उसके मर्म की समस्त संवेदना में चुभने लगी थी। सामने ही पेड़ हिल रहे थे। उनके पीछे ही तो वह कुछ था। उसे देखकर भोला ठिठक गया। अँधेरे में केवल इतना दीखता था कि मलबे के एक छोटे ढेर में कोई दम तोड़ रहा है। उसकी यह कराहें मानो उसकी वेदना की फूटती ललकार हैं। पास पहुँचकर भोला

ने देखा, उस स्त्री के शरीर पर अनेक गंदे, बदबूदार फोड़े थे। वह चिथड़ों से ढकी हुई थी। उसके कपड़े खून से लथपथ थे। पेट फूला हुआ था क्योंकि वह गर्भवती थी। उसकी कुरूपता की सीमा नहीं थी। भोला ने सोचा कि वह बच्चा भी तो एक जीती-जागती बीमारी की तरह घिनौना और गलीज होगा जो साँस लेने के पहले कै करेगा और जिसके हाथ-पाँव पर यह फोड़े कोढ़ की तरह छाए होंगे।

घृणा से उसका मन सिहर उठा। उठा और चलने लगा। औरत अत्यंत करुण स्वर से फिर कराह उठी। भोला के पाँव रुक गए, वह लौट आया। आकर पास बैठ गया। यह औरत निश्चय ही इन चकलों में से निकाली गई है, क्योंकि अब इसकी बीमारी छिपाए नहीं छिप सकती, भोला को याद आया। वैसे तो प्रायः सभी औरतों को वहीं यह भयानक बीमारी है, किंतु यह सीमा के बाहर हो गई थी। तदैव इसे बाहर निकाल दिया गया है।

वह स्त्री ऐसे पड़ी-पड़ी कराह रही थी जैसे राह के किनारे कुतिया प्रसव-यंत्रणा से चिल्लाया करती है।

भोला की घृणा सहानुभूति में बदल गई। वह घुटनों के बल बैठ गया। एक हाथ से उसने औरत को छूकर कहा, ''क्या हुआ तुझे? क्यों बोलती क्यों नहीं?''

औरत ने पहले कुछ नहीं कहा। वह दाँत किचकिचाती रही, फिर घृणा से कह उठी, ''आ गया पिशाच! तू भी उन्हीं में से एक है निर्दयी, चला जा ..'

और वह फिर असह्य वेदना से तड़फड़ा उठी। उसका पुरुषों के विरुद्ध क्रोध और अविश्वास जो उसने जलती आग पर भूनकर अपने मन में संचित किया था, दुगने अपमान से तड़प रहा था, क्योंकि पेट में उसके किसी बर्बर पुरुष की धरोहर थी, जिसे वह घृणा करके भी नहीं कर पाई थी। वह लाचार थी। सारी वेदना, सारी पीड़ा, चीत्कार, केवल उस ममता के सहारे उसे खींचे लिए जा रहे थे।

भोला ने कुछ परेशानी नहीं महसूस की। वह उठा और एक तामचीनी के बर्तन में थोड़ा पानी ले आया। स्त्री का संसार में कोई नहीं था। भोला ने उसे पानी पिलाया। कुछ होश ठिकाने हुए। किंतु वह फिर कराहने लगी। उसकी छटपटाहट में उसके कपड़े इधर-उधर होने लगे। भोला निर्विकार-सा गंभीर फिर भी चुपचाप बैठा रहा। औरत के बच्चा होने वाला था। उसे उस भयानक वेदना में भी एक घोर लाज थी। आज वह इतना आम जीवन बिताकर मातृत्व के प्राप्त होते ही लज्जा अनुभव कर रही थी।

एकाएक वह बड़ी ज़ोर से चिल्ला उठी। एक बार बहुत ज़ोर से हाथ-पाँव फेंके। भोला ने मुँह फेर लिया। कपड़े खून से फिर भीग गए। औरत बेहोश हो गई।

होश में आने पर भोला ने उसे पानी पिलाया, उससे तनिक चित्त शांत हुआ। अतीव स्नेह से उसने कहा, ''मेरा बच्चा...''

भोला ने चुपचाप उसकी बगल में बच्चा लिटा दिया। औरत ने स्नेह से उस पर हाथ फेरा और फिर स्तन उसके मुँह में देने का प्रयत्न किया, किंतु बच्चे ने मुँह नहीं खोला। बीड़ी के लिए माचिस जलाकर भोला ने देखा, चंदा की बहू ने लाश जनी थी। वह फिर भी बैठा रहा और औरत फिर कराह उठी।

सभ्य समाज

उस दिन क्लब को अनेक विडंबनाओं से सजाया गया था। अनेक रंगों से लिपी-पुती ललनाएँ अपनी मांसल भुजाओं को खोले किलकारियों के बीच, अकाल से पीड़ित मानवता के प्रति सहानुभूति दिखातीं, पुरुषों का मन बरबस अपनी ओर आकर्षित कर लेती थीं। आज बहुत बड़े-बड़े व्यापारी, अफसर, विद्वान आ-आकर इकट्ठे हो रहे थे। सबमें एक उत्साह था। देश के लिए काम था, सभी को उसमें सहयोग देना अवश्यंभावी था। हिंदू-मुसलमान का भेद छोड़कर वे एकत्र हो रहे थे। अमिताभ दूर एक कोने में फ्लोरा को लिए बैठा था। बहुत दिनों से उसकी लालसा थी कि वह उसे प्राप्त करे। आज पच्चीस रुपए का टिकट लेकर वह उसे अपने साथ ले गया था। फ्लोरा बैठी-बैठी भारतीय संस्कृति पर कुछ बातें जानने की दिलचस्पी दिखा रही थी, जिसको सुन-सुनकर अमिताभ को कभी-कभी अचरज होने लगता था। कुछ देर बाद जब सब लोग बैठ गए, नृत्य होने लगा।

लोगों ने देखा, भारतमाता अलंकारों से सज्जित होकर नृत्य कर रही थी। धीरे-धीरे रंगमंच पर अंधकार छाने लगा। नेपथ्य में कुछ चीत्कार सुनाई देने लगे। भैरव पगध्वनि गूँजती रही। भयानक स्वर से संगीत पीछे गंभीर घोष से रुक-रुककर काँपने लगा।

इसके बाद एक पिशाच अपने हाथ में मशाल लेकर घुस आया। उसने आते ही भयानक प्रहारों से सबको आर्त कर दिया। प्रकाश में लोगों ने देखा, भारतमाता आहत-सी क्रंदन करती इधर-उधर भाग रही थी। पिशाच चला गया। फिर चारों ओर अँधेरा छा गया। धीमा-धीमा उजाला फैलाने लगा। उन्होंने देखा, भारतमाता हाथ जोड़कर ईश्वर से प्रार्थना कर रही थी। उसी समय किसी का स्वर नेपथ्य में गूंज उठा—

जनगणमन अधिनायक जय
हे भारत भाग्य विधाता।

पटाक्षेप होते ही एकदम तालियाँ बज उठीं। थोड़ी देर के बाद ही सभा में फिर से चारों ओर निस्तब्धता छा गई। आज क्लब के कुछ सदस्यों ने बाहर से कुछ विद्यार्थियों को एक छोटा-सा नाटक दिखाने को आमंत्रित किया था। उन्हें विश्वास था कि वे कम से कम पाँच हज़ार रुपया इकट्ठा कर सकेंगे और सचमुच यह उनका कर्त्तव्य था कि वे देश की पूरी-पूरी सेवा करें। उसी सिलसिले में इकबाल ने एक नाटक लिखकर उसको तैयार करके यहाँ पदार्पण किया था। क्लब से ही एक लड़की भी स्त्री-पात्र का काम करने को तैयार हो गई थी, क्योंकि अब वह पुराना ज़माना नहीं था जब स्त्रियाँ व्यर्थ की लाज करती रहें। उन्हें पुरुषों के साथ समानाधिकार लेने थे।

धीरे-धीरे पर्दा उठने लगा। नृत्य के बाद यह नाटक-छटा देखने को लोगों का मन आतुर हो उठा। स्त्रियों ने मुस्कराकर आँखें जमा दीं। उन्होंने देखा, और देखा कि रंगमंच के अतिरिक्त अन्य बत्तियाँ बुझ चुकी थीं। उसी समय अमिताभ ने फ्लोरा के गले में अपनी बाँह डाल दी और वे नाटक देखने लगे। फ्लोरा ने देखा—

एक कमरा जिसमें बाईं ओर एक खिड़की और दाईं ओर एक द्वार।

अणिमा—और शक्कर डालूँ?

शरद—नो, थैंक्स, काफी है।

सुधांशु—तो फिर शरद बाबू, पिकनिक के लिए क्या तय किया?

शरद—समझ में नहीं आता, बाबू सुधांशु! क्या आप सड़कों पर आजकल नहीं निकलते? मालूम होता है, आपकी आँखें बंद हैं।

अणिमा—लीजिए। (प्याला देती है।)

[सुधांशु लेता है, शरद भी]

सुधांशु—क्यों?

शरद—आपने शायद यह नहीं सुना कि पिकनिक के लिए जाना आजकल कितना बड़ा अत्याचार समझा जाएगा...''

[चुपचाप चाय पीते हैं। नेपथ्य में कोई चिल्लाता है—बाबा! मेहनत करता हूँ, खाना नहीं मिलता। अरे बँगलों में रहने वालो! क्या तुम इंसान नहीं हो? कुत्तों के लिए जूठन फेंकते हो; इंसान के लिए कुछ नहीं कर सकते?]

सुधांशु—कौन है यह?

अणिमा—कोई गरीब भूखा है।

सुधांशु—मगर कलकत्ते जैसे बड़े शहर में कौन-सा ऐसा वक्त था, जब आदमी भूखे नहीं मरते थे?

अणिमा—(चीखकर) सुधांशु! यही मैंने कल उस जेम्स के मुँह से सुना था, जो कहता था कि बंगाली सदा के भूखे हैं।

शरद—(हँसकर) ओह! सुना था आपने भी?

अणिमा—उफ! (सिर पर हाथ रखकर खिड़की पर चली जाती है। बाहर देखने लगती है।)

[नेपथ्य में—माँ कुछ खाने को दो! देखो, मेरा बच्चा भूख से तड़प-तड़पकर मर गया है। देखो, उसका मुँह जैसे अब भी कुछ माँग रहा है। माँ, कुछ दे दो, तुम्हारे पास है, इस देश के भूखों के नाम पर दे दो, भुखमरते बच्चों की आहों के नाम कुछ खाने को दो]

[अणिमा कानों पर हाथ रखकर हट जाती है।]

अणिमा—ओह! शरद बाबू! मैं नहीं सुन सकती यह सब! वह देखिए, वह बुड्ढा फुटपाथ पर दम तोड़ रहा है, तड़प रहा है...(कराहें सुन पड़ती हैं।)

अणिमा—वह देखिए, वह लड़का थोड़े-से चावल के लिए एक कुत्ते से लड़ रहा है। ओह, बेचारे को कुत्ते ने काट लिया है और वह बेहोश होकर गिर पड़ा है। पुलिस वाले उसे उठा रहे हैं। आज तो वे भी रो रहे हैं। शरद बाबू! दिल फटा जा रहा है मैं क्या करूँ? मैं यह सब नहीं देख सकती

[तीनों खिड़की पर खड़े होते हैं। नेपथ्य में कुछ आहे, कराहें बाबू! कुछ दे दो, भूखा हूँ। हाय मैं मरा। देश के लिए; भूखे मरते आदमी के लिए बाबा...]

सुधांशु–भयानक!

[एक भूखे का दाईं ओर से प्रवेश। काँप रहा है। उसके हाथों पर एक बच्चा है।]

सुधांशु–कौन हो तुम?

बुड्ढा–आज चार दिन से इसकी ज़बान ऐंठ रही है और हाथ ऊपर उठ जाते हैं, मरता नहीं है...! अस्पताल के सिपाहियों ने अंदर घुसने नहीं दिया। डॉक्टर ने कहा है, इस मर्ज का इलाज दवा नहीं, रोटी है। और रोते हुए लोगों ने अपना सिर पीट लिया। माँ! इससे कहो, यह मर जाए। मैं नहीं देख सकता अपने बच्चे की यह हालत। इसे ले लो, मैं अधिक नहीं सँभाल सकता। ले लो...(बच्चे को हिचकी आती है। दम तोड़ देता है। बुड्ढा काँप उठता है। बच्चा गिर जाता है। बुड्ढा शून्य दृष्टि से देखता है। नेपथ्य में जोर से...रोटी! रोटी!! आह आह!!)!

सुधांशु–बच्चा चल बसा है।

शरद–अरे! क्या बुड्ढा पागल हो गया है?

भूखा–(अट्टहास करता है) हहहह...पागल! पागल! भूखा कभी पागल होता है? बाबू, मैं भूखा हूँ। मेरा बच्चा मर गया है। अब वह कभी नहीं बोलेगा! जिनके पास खाना है, वे खाएँ। मेरे बेटे, मुझे भूख लग रही है। मन में आता है, तुझे ही खा जाऊँ। हहहह... (लड़खड़ाता है) पर नहीं। आँखों के सामने अँधेरा छा रहा है। मेरे बेटे... चल...

[उठा लेता है जाता है।]

अणिमा–(रोती हुई) शरद बाबू! यह क्या हो रहा है?

शरद–अणिमा देवी! भारतवर्ष भूख से हाहाकार कर रहा है। सिंहद्वार पर बर्बर फासिस्ट जापान की भीषण पगध्वनि सुनाई दे रही है। चटगाँव पर उसके बमबार आग उगल रहे हैं और खँडहरों से घायलों के चीत्कार कानों को बहरा बना रहे हैं। यह आग धीरे-धीरे पूरे भारतवर्ष को जलाने के लिए बढ़ रही है। इस बंगाल में नृत्य करते महाकंकाल की बीभत्स पगध्वनि विकराल छाया बनकर समस्त राष्ट्र को घेरने लगी है। बंकिम की (नेपथ्य से–'सुजलां सुफलां मलयजशीतलाम्' की गीत-ध्वनि) धरती में कंकाल-सदृश मनुष्य चीत्कार कर रहे हैं, आज रवींद्र की (नेपथ्य से सोनार बंगाल की गीत-ध्वनि) धरती में लोग दाने-दाने को कुत्तों की तरह मोहताज़ हैं। क्या हिंदुस्तान अंधा है? क्या बेकसों की तड़पती आहें उनकी आँखों को नहीं खोल सकतीं? क्या मरतों की कराहें उनकी मानवता को जगा नहीं सकतीं? यह दरिद्रता और भूख की कोढ़ आज सभ्यता और संस्कृति पर आघात कर रही है। अणिमा, जागो! देखो, माँ बच्चों की लाशों पर रो रही है...

[नेपथ्य में–]

बुला रही हैं हाय कराहें
भुखमरतों की भीषण आहें
जागो, जागो...
सुख में भूले! जागो...
देश तुम्हारा जन, मन अपने

छोड़ोगे क्या उनको मरने?
जागो, जागो
भारतवासी, जागो...
अणिमा—सुधांशु!

शरद—देश के हज़ारों भूखे अपने पेट पर हाथ रखकर चिल्ला रहे हैं। उनकी पुकारों से आसमान दहल रहा है। तब भी क्या हमें हिचकना होगा? आज आदमी के लिए आदमी को हाथ बँटाना है। अरे मरते हुए को बातें नहीं, खाना चाहिए, खाना! क्या वे उभरी हुई हड्डियाँ आज तुमसे पूछेंगी कि खाना हमें किससे लेना होगा? यह भूख अकाल नहीं, सर्वनाश की शंखध्वनि बनकर गूँज उठेगी...

अणिमा—वह कौन गा रहा है?

[नेपथ्य में—गीत]

माँ-बहिनों के चीत्कारों को
मरतों के हाहाकारों को
सुन देख जरा आँखें खोलो...

सुधांशु—(पुकारकर) कौन हो तुम लोग? इधर आओ।

[कुछ लोगों का प्रवेश]

एक लड़का—एक-एक मुट्ठी भी दो, तो बंगाल तुम्हें आशीर्वाद देगा माँ सहस्रों-लाखों का हृदय तुम्हारी करुणा को देखकर प्रफुल्लित हो जाएगा। बच्चों की लाशों से माता की लाश छुड़ाना बड़ा कठिन काम लगता है। बंगाल के दुधमुँहे बच्चों के नाम पर, भूखों, दम तोड़तों के नाम पर कुछ दे दो माँ! पीछे न हटो!

एक और व्यक्ति—कौन-सा ऐसा पत्थर है जो इन हाहाकारों से विचलित न होगा? नहीं माँ! हिंदुस्तान का पूर्वी प्रवेश-द्वार यों ध्वस्त नहीं होगा।

अणिमा—(चिल्लाकर) बंगाल की रक्षा होगी। बंगाल भूखा नहीं मरेगा। इन दर्दनाक कराहों, इस भीषण त्राहि-त्राहि को सुनकर आज हिंदुस्तान पागल हो रहा है।

[चूड़ियाँ उतारकर देती है।]

आज जो बंगाल को देखकर भी नहीं दहलता, वह पत्थर है; वह क्रूर भेड़िया है। आज जो इस आग को फैलते हुए देखकर भी चुप है, वह कायर है। आज जो इन भीषण हाहाकारों से विचलित नहीं हुआ है, उसने मानवता का अपमान किया है; आओ, जिससे इन बुझे हुए दीपकों को फिर से ज्योतित कर सको, आओ! तुम्हें मानवता पुकार रही है, आज तुम्हें मरते हुए को जीवन देना है...

[धीरे-धीरे पर्दा गीत के समाप्त होते-होते पूरा गिरता है—]

प्रचंड सिंहनाद कर
विषाक्त क्षिन्न पाश कर
प्रबुद्ध बंग-मेदिनी!
अमर्त्य चित्तरंजना

प्रशुभ्र कीर्ति वंदना
कुहर कराल भेदिनी
प्रबुद्ध बंग-मेदिनी

[पटाक्षेप]

समस्त जन-समुदाय चित्रलिखित-सा देखता रहा। जब पैसा इकट्ठा करके कार्यकर्त्ता सामान बाँधकर चले गए और क्लब फिर वैसे ही उत्साह से चलने लगा और आज लोगों के हृदय में राष्ट्र की अपार सेवा करने का गर्व हिलोरें ले रहा था, अभिताभ भीतर के एक कमरे में दरवाज़े लगाए बोतल खोल रहा था। सामने उसकी प्रिय वस्तु थी। वही ऐंग्लो इंडियन लड़की बालों को फैलाए हाथ सोफा के पीछे डाल टाँगे फैलाकर थकी-सी बैठी थी। अभिताभ ने मुस्कराकर सोडा उड़ेलते हुए कहा—''फ्लोरा''

फ्लोरा ने अधमुदी आँखों से सिर उठाकर कहा, "क्या है?''

अभिताभ गिलास भर चुका था। उसने कहा, ''आज का खेल कैसा रहा?''

फ्लोरा ने चमककर कहा, ''बहुत अच्छा।'' फिर आगे झुककर बोली, "अच्छा अभिताभ एक बात बताओ।''

अभिताभ ने सिर झुकाकर उसकी ओर देखा जैसे वह प्रश्न कर चुका था। फ्लोरा ने कहा, ''क्या तुम भी यही समझते हो कि मुझे हिंदुस्तानियों से नफरत है? क्या तुम भी यही समझते हो कि मैं बिलकुल बेदिल हूँ? मुझमें कोई इंसानियत नहीं है? देखा आज जब मैं चंदा दे रही थी, तब कुछ लोगों ने मुझे ताज्जुब से देखा था।''

"ओह!'' अभिताभ ने हँस दिया। उसने सिर हिलाकर कहा, ''नो डार्लिंग! वे सब बेवकूफ हैं। गरीबों को दान देना सबसे बड़ा पुण्य है। कौन होगा ऐसा कठोर जो भूख से मरतों को भी नहीं दे सकेगा?''

फ्लोरा की आँखों में एक चमक-सी तरलता तैर उठी। अभिताभ ने देखा, वह तरलता उसके रूप की सबसे बड़ी आग थी, जैसे गर्म-गर्म लावा हो, जो ज्वालामुखी फूटने के समय ऊपर निकलकर छलछलाता-सा बह उठता है। फ्लोरा मुस्करा दी। उसने कहा, ''कल मैं एक पार्टी में गई थी। सब आए थे वहाँ। बड़े-बड़े अफसर, गर्वनर भी आने वाले थे, मगर आ नहीं सके; उनका ए.डी.सी. आया था एक। कई लेडीज़ थीं। सभी को अकाल के लिए बड़ी हमदर्दी थी। कुछ बड़े-बड़े मर्चेंट्स भी थे। उन्होंने भी दान करने को कहा था। तभी से मेरे दिल में भी कुछ करने की आग लग रही थी। मैंने भी तय कर लिया कि कितना भी बलिदान क्यों न देना पड़े, अकाल से मरतों की मदद ज़रूर करूँगी। और आज मैंने, जो कुछ मैं कर सकती थी, किया।

अभिताभ ने कहा, ''हाँ, हाँ। मैं जानता हूँ फ्लोरा! तुममें और अन्य औरतों में यही एक बड़ा भारी भेद है। स्वार्थ तो तुम्हें छू तक नहीं गया।'' उसने दो प्याले उठा लिए और जाकर फ्लोरा के पास सोफा पर बैठ गया। उसको प्याला देकर एक बार वह मुस्कराया और प्याले से प्याला छुआते हुए उसने कहा, ''भूखों की तंदुरुस्ती के लिए।'' फ्लोरा खिलखिलाकर हँस पड़ी। उसके गालों पर एक नारंगी-सी झलमलाती झाईं पड़ती थी और

उसके शरीर से सेंट और अन्य क्रीम आदि की गंध चारों ओर कमरे में दबी दबी-सी घूम रही थी, जैसे उसके उरोज सफेद स्कर्ट्स में दबे-दबे भी एकबारगी उठे हुए, उभरते हुए लगते थे! उसकी हँसी मानो एक विष्कंभक थी, जिसने भारतवर्ष की अथाह वेदनाओं के काले दृश्य को भुला दिया और उसके बाद अभिताभ ने देखा, उसके सामने एक सुगंधित, चिकनी, मांसल, कोमल, हाय-हाय करा देने वाली जवानी बैठी थी। उसके शरीर से प्रभा फूट रही थी, जैसे गुलाब का सफेद फूल खिल गया हो और उस पर कहीं-कहीं गुलाबी छाया झिलमिला उठी हो। उसने प्याले को मुँह से लगाते हुए उसकी जंघा पर हाथ रखकर एक घूँट शराब पी। आग भड़क उठी। उसने अनुभव किया, किसी भी पुण्य से उसे इतना सुख नहीं मिल सकता था जितना नंगी जाँघ पर हाथ के स्पर्श से। फ्लोरा ने अपना प्याला खाली कर दिया। वह फिर भरने लगी। अमिताभ एकटक प्यासे नयनों से उसकी ओर देखता रहा। सामने आज क्या नहीं था! नारी और फिर नारी का घूँसा मारता हुआ यौवन कि बस एक ही तृष्णा रह गई थी कि जाकर उससे बदला ले, कि जाकर उसको अपनी भुजाओं में बाँध ले, और अपने आप को भूल जाए। एक नशे के ऊपर दूसरा नशा था। एक तरल, दूसरा वह ठोस कि जिससे सारा गुबार बह निकले। एक तलवार पर दूसरी तलवार, सभी जैसे काट डालना चाहती थीं। बहता हुआ यह उन्माद जो प्याले में थिरक रहा था, वही इस स्त्री के अंग में मादक स्फूर्ति से काँप रहा था, जैसे घने अंधकार में बिजली काँप रही हो, जैसे तूफान में एक चुंबन की घोर लालसा का उच्छ्वास थिरक उठा हो। उसने फ्लोरा के कंधे पर सिर टेक दिया और उसके वक्षस्थल को घूरने लगा। फ्लोरा लजा गई। अमिताभ ने उसे खींचकर अंक में भर लिया।

बाहर लोग बिलियर्ड्स खेल रहे थे। मिसेज़ सेनगुप्ता बड़ी अच्छी चित्रकार थीं। वे इंगलैंड से लौटीं तभी उनके पति का देहांत हो गया। तभी से देश के लिए उन्होंने जीवन अर्पित कर दिया था। उनका धार्मिक होना प्रसिद्ध था। वह अद्भुत नृत्य करती थीं। उनके पास एक बहुमूल्य करधनी थी, जिसे ग्रीनरूम में एक बार अमिताभ भी बाँध चुका था। वे सुंदर थीं इसमें कोई संदेह नहीं था। वे इस समय बिलियर्ड्स खेल रही थीं। पुरुषों ने सदा यही सुना कि वे उनके विरुद्ध थीं।

खेल समाप्त हो गया, लोगों की भीड़ छँट गई। बगल के कमरे में मिसेज़ सेनगुप्ता जाकर बैठ गईं। काफी देर बीत गई। ऊबकर उन्होंने दूसरे कमरे में जाने के लिए बीच का दरवाजा धक्का देकर खोल दिया। देखकर एकदम वह पीछे हट गईं। उनकी आँखों में खून उतर आया। उन्होंने आगे बढ़कर उस अर्द्धनग्न फ्लोरा के बाल पकड़कर उसे एक जोर का झटका दिया। फ्लोरा नशे में झूमकर गिर गई और बेहोश हो गई। अमिताभ ने आँख खोलकर देखा। उस समय उसके नयनों में गुलाबी मादकता अँगड़ाइयाँ ले रही थी। बहुत दिनों से उनका जीवन अतृप्त था। उन्हें उस पुरुष पर ईर्ष्या हुई, जो सदासुहागी था। उनको कमी ही क्या थी। आज वही आदमी सामने बैठा था, जिसने उन्हें एक दिन नृत्य से पहले सजाया था, बाद में उनके आभूषण उतारे थे। उस समय उन्हें उसका स्पर्श कितना सुखद, कितना दाहपूर्ण, धधकता-सा लगा था। किंतु उस दिन न जाने किस पुरातन

युग की बर्बर संकुचित आत्मा ने सिर उठाकर उन्हें दूर धकेल दिया था और वे कई दिन तक सो भी नहीं सकी थीं। सारा संसार दुखी था, किंतु उनसे बढ़कर शायद ही कोई इतना दुखी हो।

अमिताभ ने उनकी ओर देखकर सिर नहीं झुकाया। नशे में उसकी काँपती आवाज़ गूँज उठी, ''तुम आ गई?''

मिसेज़ सेनगुप्ता जड़-सी खड़ी रहीं। वह कुछ भी नहीं कह सकीं। आज अमिताभ में अद्‌भुत आकर्षण था। वह संकोच में दबी-सी खड़ी रहीं मानो वे इतनी निर्लज्ज न थीं जितनी यह फ्लोरा। वह कभी पैसे के लिए अपने आप को नहीं बेच सकतीं। अमिताभ मुस्कराया। उसने उठकर उस द्वार के भीतर से चटखनी लगा दी और लौटकर बोला, "आइए आप ठीक समय पर आ गईं। आपने देखा, यह फ्लोरा सिर्फ झूठ बोलने के सिवा और कुछ नहीं जानती। अभी आधी बोतल भी नहीं पी कि लुढ़क गई! बेकार लड़की!'' वह हँसा। उसकी हँसी में एक उच्छृंखल आलिंगन का दाह अनेक लपटों का जाल फैलाता मिसेज़ सेनगुप्ता का वह दमदमाता यौवन झुलसा उठा। उन्होंने कहा, "और तुम भी पिए हुए हो?

''क्यों?'' अमिताभ ने कहा, ''अरे! आप अभी तक खड़ी हैं? आप बैठ जाएँ तो फिर मैं भी बैठ जाऊँ।''

लाचार होकर वे बैठ गईं। उनकी आयु अभी अधिक नहीं थी। अधिक से अधिक होगी अट्ठाईस-उनतीस की। किंतु उससे क्या? आज तक अनेक पार्टियों में उन्होंने देखा था, पुरुषों ने उनकी ओर देखकर आँखें विभ्रम के जाल में फँसी हुई पाई थीं। मृत पति की आत्मा को कष्ट न हो, इसीलिए वे सुहागिन के-से शृंगार करती थीं। जब प्रेम अमर है, पवित्र है, तब वह विधवा कहाँ हैं? फिर भी उनका नारीत्व भीतर ही भीतर जानता था कि फ्लोरा अभी पूरी तरह फूटी भी नहीं है जबकि वे फिसल रही हैं, जैसे डूबते चाँद के साथ उन्मत्त ज्वार की लहरें धीरे-धीरे लौटने लगती हैं। उनके मन में आया कि जो वेग कम हो रहा है, क्यों न उसी से वह चट्टान को अपने साथ बहा ले जाएँ कि अनंतकाल तक उस पाषाण से वे अपनी सूनी तरलता को मथ-मथकर फेनों से सारे भँवर ढक दें। अमिताभ ने प्याला भरते हुए कहा, "आज आपने अकाल-पीड़ितों पर जो उपकार किया है, उसे कोई भी अपने को मनुष्य कहकर नहीं भूल सकेगा। उफ़! कितनी वेदना थी उस नृत्य में, कितना हाहाकार था...''

मिसेज़ सेनगुप्ता का वक्षस्थल गर्व से फूल गया। अमिताभ के हृदय में आग फिर लगने लगी। जैसे उसकी यही एक निर्बलता थी कि वह नारी के उरोजों का अभिमान कभी नहीं सह सकता था।

उसने प्याला बढ़ाकर कहा, "पीजिए।''

''मैं तो बिलकुल छोड़ चुकी हूँ,'' उन्होंने प्रतिवाद किया।

''वह तो मैं जानता हूँ मिसेज़ गुप्ता आप मामूली स्त्री नहीं हैं। आपने क्या नहीं त्याग दिया। किंतु मैं इसलिए कहता हूँ कि आप थक गई होंगी कला के साथ कलाकार

का जीवित रहना भी तो आवश्यक है?''

मिसेज़ सेनगुप्ता ने जैसे दवा पी ली। अमिताभ ने दूसरा प्याला भी भर दिया उन्होंने उसे उठाकर धीरे से पी लिया। इसके बाद वे दोनों मुस्कराए। अमिताभ फिर उनके पास जाकर सोफा पर बैठ गया और दोनों पीने लगे। जैसे जो कुछ कहना था वह तो समाप्त हो गया, अब केवल यह आलिंगन ही उनकी सत्ता का सबसे बड़ा उपयोग था।

थोड़ी देर बाद जब लाश घुटती-सी कमरे में उनके तीव्र श्वासों के आघात से छटपटाने लगी, फ्लोरा ने धीरे से उनकी ओर देखते हुए सिर उठाकर कहा, "अमिताभ, एक पैग और..." उसकी आँखें पूरी तरह खुल नहीं पाती थीं। दोनों ने नहीं सुना। फ्लोरा देखती रही, फिर हँसी और फिर खुमार में झूमकर वहीं सिर टेककर सो गई।

उस समय बीच के हॉल में लोग मिसेज़ सेनगुप्ता के महात्याग और अद्‌भुत करुणा की भूरि-भूरि प्रशंसा करके उनका विशेष सम्मान करने की आयोजना पर विचार कर रहे थे।

अपराजित

कलकत्ते के एक खैराती अस्पताल में एक डॉक्टर अपना रजिस्टर सामने फैलाए अपने एक मित्र से बातें कर रहा है। डॉक्टर कम उम्र है और उसका दिल नए दारोगा की तरह अभी कच्चा है। शीघ्र ही वह विचलित हो जाता है और दूसरों का दुःख उसे प्रभावित करने लगता है।

कंपाउंडर नाम बोलता है। वह उन्हें दर्ज करके भीतर भेजता जाता है, जिन्हें काली-सी एक नर्स बिस्तरों पर भीतर लिटा देती है।

"अब भी काफी लोग आते हैं!" दोस्त ने अचरज से कहा।

''रोज!'' डॉक्टर ने सिर उठाकर कहा, ''और बराबर हम जो अधमरे ज़रा सर उठाते हैं, उन्हें निकालते जाते हैं।''

डॉक्टर उठा और मित्र को लेकर भीतर चला। मरीज़ बिस्तरों पर पड़े थे। उनके शरीर की हड्डियाँ निकल रही थीं। चमड़े से मढ़े हुए हड्डियों के ढाँचे पड़े हुए थे। मित्र चौंक उठा। डॉक्टर ने जाकर एक मरीज़ से पूछा, ''क्यों, अब तो पेट में दर्द नहीं होता? पहले से तबियत कुछ अच्छी है?''

मरीज़ ने सिर हिलाया, जैसे कहीं और कुछ कहने पर उसे उस बिस्तर पर से उठाकर फेंक दिया जाएगा।

डॉक्टर ने मुड़कर मित्र से कहा, ''पेट में दाने पड़ते ही सब ठीक हो जाता है। लेकिन,'' और अँगरेज़ी में कहा, ''खाकर भी वह लोग बचते नहीं। हड्डियों में खाना पचाने की ताकत नहीं होती। शरीर में कुछ और भी तो होना चाहिए?''

रोगी अपना शरीर खुजलाने लगा।

डॉक्टर ने फिर अँगरेज़ी में कहा, ''कंबख्त कितने मच्छर हैं, मगर मच्छरदानी एक भी नहीं। इससे मलेरिया खूब बढ़ रहा है।''

मित्र मुस्करा उठा। अस्पताल में प्रायः सब रोगी ऐसे ही थे। डॉक्टर ने अगले रोगी के पास रुककर कहा, "तुम्हारा नाम?''

''बसंतपद,'' क्षीण उत्तर मिला।

डॉक्टर ने मुड़कर अँगरेजी में कहा, ''यह शीघ्र ही मर जाएगा।''

दोनों आगे बढ़ गए। बसंत ने आँखें मींच लीं। प्रकाश सहने की उसमें शक्ति नहीं रही थी।

ढाका नगर के बाह्य भाग की निर्जनता में रात का निविड़ अंधकार साँय-साँय करने लगा। हवा तेज़ी से बहने लगी। दूर-दूर तक पेड़-पात काँप उठते थे। आकाश एक गहरी काली चादर ओढ़कर सो रहा था। निर्जनता प्रबल अंधकार के अंक में हाहाकार कर रही थी। दूर, बहुत दूर बिजली की बत्तियाँ जल रही थीं। एक ओर मनुष्य की गरिमा ने अद्‌भुत चमत्कार दिखाए थे, किंतु इस ओर वृक्ष के नीचे एक ने वृद्ध निर्जीव-सा पड़ा साँसें ले रहा था। निर्बलता के कारण वह हिल-डुल भी नहीं सकता था। कभी-कभी वह ज्वर की तीव्रता के कारण बर्रा उठता था। सुदूर गीदड़ों के कर्कश हूँक में उसकी कराहें डूब जाती थीं।

वृद्ध केवल पड़ा रहा। कभी-कभी वह हाथ-पाँव पटकने लगता था।

एकाएक बूढ़ा काँप उठा। अंधकार में उसके ऊपर कोई डरावनी-सी छाया पड़ उठी। वृद्ध फिर मूर्च्छित-सा हो गया। डरावनी छाया ऊपर देखकर कठोर कर्कश ध्वनि फैलाती हुई हूँक उठी। वह एक गीदड़ी थी। हूँककर वह कुछ दूर हटकर खड़ी हो गई। एक-एक करके तीन गीदड़ उस स्थान पर आ इकट्ठे हुए और चारों ओर से वे चारों उस बूढ़े को घेरने लगे।

वृद्ध फिर हाथ-पैर पटकने लगा जैसे उसे घोर यातना हो रही थी। अंधकार में वे गीदड़ समवेत स्वर से चिल्ला उठे। वृद्ध इस स्वर से जग-सा गया। उसने कहा, ''इंदु... बसंत... मेरा खेत... और मुझे भूख लगी है...''

फिर वह मूर्च्छित हो गया और गीदड़ एकदम उस पर झपट पड़े। उनके दाँत लगते ही वृद्ध अत्यंत पीड़ा से चिल्ला उठा, किंतु गीदड़ एक बार पीछे हटकर फिर उस पर टूट पड़े।

वृद्ध की पुकार निर्जन में केवल घरघराहट बनकर फैल गई। गीदड़ उसे नोच-नोचकर खाते रहे। वृद्ध की छटपटाहट मृत्यु से युद्ध बनकर काँप उठी। गीदड़ों के मुँह में खून लग चुका था। उन्हें मनुष्य नाम के जंतु से तनिक भी सहानुभूति नहीं थी। वह उसे साधारण मांस समझकर पागलों से खाते रहे। एक गीदड़ ने उसके हाथ को अपने मुँह में भर लिया और झटके दे-देकर चबाने लगा।

वृद्ध का आर्तनाद विह्वल-सा छितरा गया वृद्ध मूर्च्छित हो गया। गीदड़ देर तक उससे खेलते रहे। भूमि पर रक्त के छींटे पड़े थे। घावों में से धीरे-धीरे खून बहकर सूखने लगा था।

गीदड़ धीरे-धीरे लौटने लगे। अंतिम गीदड़ चलते-चलते आकाश की ओर अपना लंबा मुँह उठाकर हूँक उठा और नीरवता घहर-घहर बरसने लगी।

पौ फटने लगी। वृद्ध की पलकें हिलीं। उसके मुँह से अर्द्ध स्वर-से फूट पड़े, ''इंदु...बसंत...मेरा खेत, और मुझे भूख लगी है...''

और वह ऊर्ध्व श्वास लेने लगा। एक बार हिचकी आई। मुँह से कुछ फफक का शब्द हुआ जैसे जो साँस निकल आई, वह अब लौट नहीं सकती।

अनेक युद्धों के विजेता राणा साँगा की भाँति उसका शरीर घावों से घिर गया था। गर्दन लुढ़क गई। अपराजित फिर भी मुस्करा रहा था।

•••